锐 思 考

——公安管理前沿问题研究

主　编　魏永忠

副主编　苏　娜

撰稿人（按姓氏笔画排序）

王二院　王文菡　王柏杨　王海宁
邓雁玲　田海龙　乔　菲　刘忠轶
孙穆群　苏　娜　李　辉　杨超群
邹大伟　张　旭　陈永胜　尚　磊
周华兰　徐丹丹　高　岩　高　蓓
郭　伟　韩春梅　魏永忠

群众出版社

·北　京·

图书在版编目（CIP）数据

锐思考：公安管理前沿问题研究/魏永忠主编．—北京：群众出版社，2014.12

ISBN 978-7-5014-5311-5

Ⅰ.①锐…　Ⅱ.①魏…　Ⅲ.①公安学—管理学—研究　Ⅳ.①D035.31

中国版本图书馆 CIP 数据核字（2014）第 291903 号

锐　思　考

——公安管理前沿问题研究

魏永忠　主编

出版发行：群众出版社
地　　址：北京市西城区木樨地南里
邮政编码：100038
经　　销：新华书店
印　　刷：北京普瑞德印刷厂

版　　次：2016 年 8 月第 1 版
印　　次：2016 年 8 月第 1 次
印　　张：15
开　　本：787 毫米×1092 毫米　1/16
字　　数：286 千字

书　　号：ISBN 978-7-5014-5311-5
定　　价：51.00 元

网　　址：www.qzcbs.com
电子邮箱：qzcbs@sohu.com

营销中心电话：010-83903254
读者服务部电话（门市）：010-83903257
警官读者俱乐部电话（网购、邮购）：010-83903253
公安综合分社电话：010-83901870

序　言

2015年2月15日，党中央审议通过并印发了《关于全面深化公安改革若干重大问题的框架意见》及相关改革方案。盘点近一年公安改革实绩，全国公安机关在党中央、国务院和公安部党委统一领导部署下，在地方党委、政府和各地公安机关精心谋划下，200万公安民警勠力同心、蹄疾步稳、精准发力，公安改革全线展开、举措纷呈，已经落地的改革方案大胆先行、示范可鉴，诸多尚未出台的公安改革方案正加快调研论证的节奏，焦点、敏感、热点、难点问题成合纵破解之势，屡屡向社会、百姓示好，事关广大公安民警切身的改革信息也暗香涌动。自2015年岁末，我们明显感觉到公安改革的步伐加大，节奏变快。在2015年12月9日中央全面深化改革领导小组召开的第十九次会议上，审议通过了《关于解决无户口人员登记户口问题的意见》、《关于在全国各地推开司法体制改革试点的请示》、《公安机关执法勤务警员职务序列改革试点方案》、《公安机关警务技术职务序列改革试点方案》。2015年12月28日公安部全面深化改革领导小组召开第十九次（扩大）会议，审议并原则通过《公安部关于修改〈机动车驾驶证申领和使用规定〉的决定》。2016年1月4日公安部召开全面深化改革领导小组第二十次（扩大）会议，强调在新的一年里各级公安机关要以咬定青山不放松的精神，把公安改革牢牢抓在手上，坚定不移地推进各项公安改革目标的实现，研究审议并原则通过《公安机关办理政府信息公开行政复议案件若干问题的规定》、《公安机关执法质量考核评议规定（修订稿）》、《公安机关人民警察执法过错责任追究规定（修订稿）》。2016年1月11日中央全面深化改革领导小组召开第二十次会议，审议通过《关于全面推进政务公开工作的意见》、《关于健全落实社会治安综合治理领导责任制的规定》、《关于规范公安机关警务辅助人员管理工作的意见》。习近平总书记强调指出，全面深化改革头三年是夯基垒台、立柱架梁的三年，今年要力争把改革的主体框架搭建起来；要牢牢扭住全面深化改革各项目标，落实主体责任，厘清责任链条，拧紧责任螺丝，提高履责效能，打通关节、疏通堵点、激活全盘，努力使各项改革都能落地生根。

审视公安改革过往，总体上可以评价为“统筹谋划线路清晰，稳步推进步伐坚实、覆盖面广的公安改革全面开花，各级公安机关上下互动主动有为，成绩斐然”。具体亮点包括：民生警务大平台初具规模，公安行政管理改革举措频出组合拳，现代警务机制提升社会治理效能效果明显，互联网+创新警务管理新模式、“两微一端”成为公安政务新媒体全新抓手，社会治安动态管理机制提升公安机关执政能力，法治公安建设走上高速路，公安管理体制改革尝试多元化格局，公安队伍管理正规化建设凸显时代强音，人民警察分类管理向精细化、职业化发展，弥补警力不足与提升履职能力平行推进，理念转变引发更多惠警政策出台，历史传承与倡导创新齐头并进，顶层设计精准定位与实战部门积极探索警务微改革，年轻民警正成为锐意公安改革的先锋和生力军。

从全面深化公安改革的总体上考虑，为认真贯彻落实党的十八大和十八届三中、四中全会精神，深入贯彻习近平总书记系列重要讲话精神，紧密结合公安机关是人民民主专政重要工具、人民警察是武装性质国家治安行政力量和刑事司法力量的性质特点，紧紧围绕维护社会大局稳定、促进社会公平正义、保障人民安居乐业的职责任务，着眼能力建设，创新体制机制。为此，应明确全面深化公安改革的总体目标，即完善与推进国家治理体系和治理能力现代化、建设中国特色社会主义法治体系相适应的现代警务运行机制和执法权力运行机制，建立符合公安机关性质任务的公安机关管理体制，建立体现人民警察职业特点、有别于其他公务员的人民警察管理制度。到2020年，基本形成系统完备、科学规范、运行有效的公安工作和公安队伍管理制度体系，实现基础信息化、警务实战化、执法规范化、队伍正规化，进一步提升人民群众的安全感、满意度和公安机关的执法公信力。上述目标，既与党和国家“四个全面”的战略布局相符合，又与公安部党委关于大力推进“四项建设”的思路相衔接。同时，要完成改革的七项主要任务，即健全维护国家安全工作机制，创新社会治安治理机制，深化公安行政管理改革，完善执法权力运行机制，完善公安机关管理体制，健全人民警察管理制度，规范警务辅助人员管理。全面深化公安改革，关键是要紧紧抓住影响人民群众安全感和满意度的突出问题，紧紧抓住影响公安机关执法公信力和战斗力的关键环节，把改革的指向聚焦到着力完善现代警务运行机制、提高治安防控水平和治安治理能力上，聚焦到着力推进公安行政管理改革、提高管理效能和服务水平上，聚焦到着力建设法治公安、提高公安机关执法水平和执法公信力上。深刻领会党中央和公安部关于公安改革的这一系列指示精神，是我们把握公安理论研究重点和方向的根本依据。

党的十八大以来，国家驶入了改革的快车道。以习近平同志为总书记的党中央高瞻远瞩，从坚持和发展中国特色社会主义全局出发，提出并形成了全面建成小康社会、全面深化改革、全面依法治国、全面从严治党的战略布局，并相继出台了破解和深化事关国家全局发展的一系列改革举措，为未来发展描绘了清晰可行的蓝图。特别是党的十八届三中全会和四中全会出台的《中共中央关于全面深化改革若干重大问题的决定》和《中共中央关于全面推进依法治国若干重大问题的决定》，为公安改革指明了方向，对公安工作和公安队伍建设都提出了新的更高要求。回望过去，公安事业在改革中砥砺前行，取得了有目共睹的成效，为经济和社会发展提供了强有力的安全保障，确保了国家政治稳定的大局。然而，面对新形势、新任务和新要求，我们应该清醒地认识到，公安工作和公安队伍建设还存在思想观念、能力素质、管理机制和体制等很多方面的不适应，要推动公安事业在新的历史起点上开创新局面、取得新发展，就必须抓住机遇、深化改革。2015 年 2 月党中央出台的《关于全面深化公安改革若干重大问题的框架意见》，是为深入贯彻落实中央深化改革的总体部署而对公安改革作出的具体谋划，也是对当前公安工作在维护国家安全和深化现代治理机制建设、公安管理体制和队伍建设等方面遭遇的挑战和难题作出的回应。2016 年是国家“十三五规划”实施的开局之年，是各项改革全面发力之年，也是公安改革深化和破解难题的关键之年。当前我国改革进入深水区，社会经济长期快速发展积累的矛盾日益凸显，公安工作在发展过程中也面临着许多困惑、难点和瓶颈，有的问题已经严重制约了公安工作的发展，如户籍管理制度、社会治安治理机制、警察执法权力运行机制、人民警察管理制度等。对公安实践者和理论者来说，要在公安改革和发展中有所作为，就必须深刻领会中央关于公安改革的精神，把工作着力点放到公安改革“1 +3”的框架意见和改革方案上来，只有这样才能方向明、共识高、聚力强，公安改革和发展才能取得更大的成效。

公安改革实践在全国公安机关已成江河奔涌之势，对此公安实践者和理论研究者绝不能置身其外，甘当看客，而应该关心公安改革、投身公安改革，通过积极的思考、理性的总结，为先试先行的实践进行必要的理论提炼，以此指导更多地方公安机关高效能地加快改革步伐，当然这也正是公安理论研究的价值所在。从事公安理论研究的同仁，要有参与公安改革的热情、超前的学术眼光、深厚的理论修养、自觉的理论担当，坚持为公安改革鼓与呼、论与导，促推公安改革一步步走向成熟、走向深入，使公安改革花开满园、硕果累累。

魏永忠

2016 年 6 月 18 日

目 录

专题一

精准理解全面深改的要义 深入探究公安管理前沿问题

魏永忠*

党的十八大以来，习近平总书记围绕全面深化改革问题发表了一系列重要论述，为全面深化改革绘制了蓝图，指明了发展方向，提出了实施路径。这些重要论述主要包括：始终高举改革开放大旗，实践发展永无止境，改革开放只有进行时，没有完成时；牢牢把握改革的正确方向，坚持社会主义市场经济改革方向，以促进社会公平正义、增进人民福祉为出发点和落脚点；紧紧抓住全面深化改革的重点，以重大问题为导向，发挥经济体制改革牵引作用，解决我国发展面临的一系列突出矛盾和问题；全面把握深化改革的重大关系，稳中求进，协同推进，把改革的力度、发展的速度和社会可承受的程度统一起来。

一、全面深化改革的要义

党的十八届三中全会作出全面深化改革的决定，吹响了新一轮改革的奋斗号角。贯彻落实全会精神，必须科学认识全面深化改革的本质要求、把握全面深化改革的内在规律、正确处理全面深化改革的重大关系，不断夯实全面深化改革的思想认识基础，确保政治上不偏向、工作上不失误，确保中央决策部署的坚决贯彻落实，确保全面建成小康社会、中华民族伟大复兴中国梦的实现。党的十八届三中全会适应党和国家事业发展的新要求，以当前亟待解决的重大问题为提领，以改革为主线，提出一系列全面深化改革的新举措，是全面贯彻落实十八大精神的战略部署和统筹安排，不仅明确了“路线图”和“时间表”，而且更加全面系统地总结和丰富了党的改革理论。在改革的总目标上，提出完善和发展中国特色社会主义制度，推进国家治理体系和治理能力现代

* 魏永忠，中国人民公安大学公安管理学院副院长、教授，学科带头人。

化；在改革的本质上，指出改革开放是党在新的时代条件下带领全国各族人民进行的新的伟大革命；在改革的性质上，指出改革是社会主义制度的自我完善和发展，坚定走中国特色社会主义道路；在改革的作用上，提出改革开放是决定当代中国命运的关键抉择，是党和人民事业大踏步赶上时代的重要法宝；在改革的主体上，要求坚持以人为本，尊重人民的主体地位，发挥群众首创精神，紧紧依靠人民推动改革；在改革的价值目标上，强调以促进社会公平正义、增进人民福祉为出发点和落脚点；在改革动力上，提出进一步解放思想、解放和发展社会生产力、解放和增强社会活力；在改革的方法上，要求把顶层设计与摸着石头过河相结合，使整体推进和重点突破相促进。这一系列的重大政策突破和理论创新，表明我们党对改革规律认识的不断深化，彰显了我们党对改革的充分自觉和坚定自信。全面深化改革要抓住重点、突出重点和突破重点。全面深化改革要有强烈的问题意识，只要抓住了牵一发而动全身的重点问题、久攻不克并经常反复的难点问题、群众反映强烈的热点问题，就抓住了主要矛盾和矛盾的主要方面，就抓住了全面深化改革的“牛鼻子”，也就找到了解决问题的切入点、着力点和突破口。

总之，党的十八届三中全会确定了全面深化改革的指导思想，即全面深化改革，必须高举中国特色社会主义伟大旗帜，以马克思列宁主义、毛泽东思想、邓小平理论、“三个代表”重要思想、科学发展观为指导，坚定信心，凝聚共识，统筹谋划，协同推进，坚持社会主义市场经济改革方向，以促进社会公平正义、增进人民福祉为出发点和落脚点，进一步解放思想、解放和发展社会生产力、解放和增强社会活力，坚决破除各方面体制机制弊端，努力开拓中国特色社会主义事业更加广阔的前景。

深入贯彻落实党的十八大、十八届三中全会、十八届四中全会和中央经济工作会议、中央政法工作会议精神，深入贯彻落实习近平总书记系列重要讲话精神，就要主动适应我国经济发展新常态，牢牢把握稳中求进工作总基调，坚持以全面深化公安改革为动力，以建设法治公安目标为引领，以大力推进“四项建设”为载体，突出能力建设，注重机制创新，强化风险管控，狠抓责任落实，进一步提升公安机关依法履职能力和队伍作风形象，进一步提升人民群众安全感、满意度和执法公信力，切实肩负起维护社会大局稳定、促进社会公平正义、保障人民安居乐业的职责使命。展望2016年公安改革总体态势，围绕“三个聚焦”、七项重点任务的基本定位，公安改革将会连续出台一系列指导性意见、规定和方案，在推出更多改革新举措进程中势必要涉险破浪、攻坚克难，今明两年将是公安改革攻城拔寨、九转功成的关键时期。

全面深化公安改革包括七个方面的主要任务，涵盖一百多项具体改革措施。重点表现在：一是健全维护国家安全工作机制，二是创新社会治安治理机制，三是深化公安行政管理改革，四是完善执法权力运行机制，五是完善公安机关管理体制，六是健全人民警察管理制度，七是规范警务辅助人员管理。新一轮全面深化公安改革有以下六大特征：

（一）全面与深化齐发力，确保公安改革不留死角

十八届三中全会公报指出："全面深化改革的总目标是完善和发展中国特色社会主义制度，推进国家治理体系和治理能力现代化。"正确认识"全面深化公安改革"，不能偏离这一主线，与以往改革相比，这次改革是一次全面系统的改革。根据中央关于全面深化改革的部署要求，经深入调研论证出台了"一揽子"改革举措，包括七个方面的主要任务、一百多项具体措施，几乎涵盖了公安工作和公安队伍建设的各个层面、各个领域。既有公安管理体制的改革，又有警务运行机制的完善；既回应了人民群众的期待，又回答了基层关注的问题；既务实解决当前突出问题，又注重推动公安事业长远发展。因此，各级公安机关在改革中要把握这条主线一以贯之。此次公安改革要在"全面"和"深化"上发力，改革的覆盖面涉及公安工作全方位和公安机关各个层级、层面上，事关各项公安业务工作，包括体制、机制性问题。

（二）坚持法治思维，确保法治公安建设和全面深化公安改革同步推进

党的十八届四中全会审议通过的《中共中央关于全面推进依法治国若干重大问题的决定》提出，面对新形势新任务，必须更好发挥法治的引领和规范作用。从最初的公安机关改革经验中发现，有些地方推出的警务体制机制改革，如撤销公安分局、整合"大派出所"等，原本初衷很好，但实际执行下来却出现与检察院对接难、辖区距离远出警慢等问题，使公安改革生命短暂，甚至又回到了老路上。这种问题的症结在于缺乏法制保障和法治思维。全面深化公安改革与建设法治公安不能割裂开来，依法治国、依法行政、建设法治公安的精神就是要做到，一方面要"依法"推进改革，重大改革要于法有据，没有法律依据可以先行完善立法，大胆尝试改革也需要善用法治思维。另一方面要不断完善立法，使公安执法规范化建设取得明显成效，执法质量和执法水平不断提升。从完善执法办案制度、执法司法衔接机制、执法责任制和人权保障制度等方面提出一系列改革举措，努力在执法办案各个环节都设置"隔离墙"，架上"高压线"，确保公安机关权力始终在法治轨道上运行，朝着建设法治公安的目标前进。

（三）民生保障是主线，民意引领是着力点

公安改革只有为群众着想，让群众得到实惠，才会赢得群众认同和点赞。公安机关既肩负着打击违法犯罪、维护国家安全和社会安定的重大使命，也承

担着治安、户籍、边防、消防、出入境和交通等众多管理服务职能。而民生是公安改革的品格追求和要义之源，人民群众向往更加安全、公正和便利的服务。因此，在新一轮全面深化公安改革中，要适应时代的新发展和人民的新期待，及时回应关乎人民群众和广大公安民警利益的期盼和要求，牢牢抓住民生需求、民意导向推进公安改革，在治安、户籍、边防、消防、出入境、交通等行政管理方面进行改革探索，出台一系列便民利民措施，只有这样才会受到广大人民群众的欢迎，公安改革才能取得成效。

（四）问题导向是思维路径，"任务清单"是推进公安改革的路线图

党的十八大以来，以习近平同志为总书记的党中央从坚持和发展中国特色社会主义全局出发，提出并形成了全面建成小康社会、全面深化改革、全面依法治国、全面从严治党的战略布局。这一战略布局的展开，对公安工作和公安队伍建设都提出了新的更高要求。全面深化公安改革也是因问题倒逼而产生的，随着我国经济社会的快速发展，社会动态化、信息化带来的巨大变化，公安工作和公安队伍建设出现了一些不适应的问题，如思想理念上的滞后，能力素质上的不足，体制机制的制约和不相适应，警力不足，警务保障不到位等。要坚持问题导向、民意引领，积极稳妥推进公安改革，公安机关各部门、各层级就要拿出改革的"任务清单"，真正使广大人民群众和基层公安民警感受到公安改革带来的实惠和效果。

（五）科学规划与先试先行，强调理性创新基础上的务实高效

新一轮全面深化公安改革既是一次综合配套的系统工程，也是中央全面深化改革的重要组成部分，还是深化司法体制和社会体制改革的重要组成内容。公安改革的一个重要特点，就是更加注重从维护国家安全和社会稳定、促进经济社会发展的战略全局高度进行宏观思考、顶层设计，更加注重与相关部门、相关领域的改革统筹配套、协同推进，确保各项改革举措良性互动、相互促进。其中不少重大举措，需要由有关部门共同发力、综合施策，配套出台相关政策措施，包括厘清职责，剥离中央与地方公安机关的职权划分，同时将一部分非警务工作剥离出去，更加凸显公安机关的专业职能性，提升现代执政能力。全面深化公安改革，既需要大胆尝试，先试先行，也需要理性分析和科学规划，特别是要抓住影响人民群众安全感和满意度的突出问题，抓住影响公安机关执法公信力和战斗力的关键环节，把改革的指向聚焦到着力完善现代警务运行机制、提高治安防控水平和治安治理能力提升上；聚焦到着力推进公安行政管理改革、提高管理效能和服务水平上；聚焦到着力建设法治公安、提高公安机关执法水平和执法公信力、提高依法用权促进社会公平正义上。这就要充分利用现代科技手段，加大基础警务信息化建设力度，不断提高办事效率和服务水平。

（六）从严治警与从优待警落地开花，着力建设一支专业化、正规化公安队伍

党中央对公安队伍建设的关心重视体现在从严治警和从优待警两个方面。一方面是从严治警，按照习近平总书记“政治过硬、业务过硬、责任过硬、纪律过硬、作风过硬”的指示要求，紧密结合公安工作和公安队伍建设实际，依法从严治警。主要体现在以下三点：第一，坚持政治建警。具体是明确把坚持党的领导作为全面深化公安改革必须坚持的重要原则，把理想信念摆在公安队伍建设第一位，严守政治纪律和政治规矩，着力打造忠诚可靠的公安队伍。第二，规范权力运行。主要体现在建立实行权力清单制度，完善执法权力运行机制方面，切实把警察权力关在严密的制度笼子里，为公安机关深入推进党风廉政建设奠定坚实基础。第三，强化监督制约机制。主要体现在深化执法公开、自觉接受监督、落实执法办案责任制、完善执法过错纠正和责任追究制度、建立领导干部干预执法办案活动、插手具体案件处理的记录通报和责任追究制度等方面。另一方面是从优待警，出台科学、合理、细化且充分体现对全国200多万人民警察亲切关怀的举措。充分考虑公安机关的性质任务和人民警察的职业特点，重点解决任务重、风险高、压力大、升职慢、待遇低、保障差、警力少等长期困扰公安事业发展的老问题。这次改革明确提出建立有别于其他公务员的人民警察管理制度和保障机制，其重点就是建立人民警察分类管理制度、健全符合人民警察职业需求的招录培养机制、完善人民警察职业保障制度。除此之外，规范警务辅助人员管理也成为本次改革关注的问题。

我们相信，中央推出这些掷地有声的改革措施和办法，一定会极大地鼓舞公安队伍的士气，有利于充分调动公安民警的积极性，有利于人民警察安心公安事业，有利于广大公安民警履行职责、服务人民，有利于营造民众和社会对警察职业的高度认同并形成对警察职业肃然敬慕的社会环境。

二、公安管理亟待破解的若干课题

2015年2月，《关于全面深化公安改革若干重大问题的框架意见》及相关改革方案经中央审议通过后正式印发实施。该文件明确指出，全面深化公安改革的总体目标是：完善与推进国家治理体系和治理能力现代化、建设与中国特色社会主义法治体系相适应的现代警务运行机制和执法权力运行机制，建立符合公安机关性质任务的公安机关管理体制，建立体现人民警察职业特点，有别于其他公务员的人民警察管理制度。到2020年，基本形成系统完备、科学规范、运行有效的公安工作和公安队伍管理制度体系，实现基础信息化、警务实战化、执法规范化、队伍正规化，进一步提升人民群众的安全感、满意度和公

安机关的执法公信力。评价公安改革是否成功关键看惠民惠警。对公安改革进程作出冷静思考，不难发现人民群众安全感还不明显，民警长期期盼解决的待遇问题还有待改观，公安改革疲倦意识悄然萌动，人民群众安全感尚未明显提升，侵财类犯罪在数量、类型上呈渐升势头还没有被明显控制住，暴恐犯罪引发新的社会安全危机时有发生，网络新型犯罪重灾区问题突出，重大决策风险引发社会安全问题时常出现，经济下行潜藏社会稳定新的危机，农村基层政权组织乏力使社会治理体制机制能力堪忧，改变警力严重不足的招数不多，民警勤务繁重、加班延时工作呈常态化一时难以改变，国（境）内外组织插手国内敏感社会安全案（事）件有增无减，体现警察职业特征的养老退休制度尚未建立，警察履职权益保障措施依然显得苍白乏力，公安教育训练改革尚未形成清晰的发展线路，基于警务实战和立足问题导向的警务微改革宣传匮乏等。展望未来深深感到公安改革更加步履维艰，全面深化公安改革亟待破解的重点难点需要重点突破、攻坚克难、勇于创新。

全面深化公安改革的总体考虑是，认真贯彻落实党的十八大和十八届三中、四中全会精神，深入贯彻习近平总书记系列重要讲话精神，紧密结合公安机关是人民民主专政重要工具、人民警察是国家武装性质治安行政力量和刑事司法力量的性质特点，紧紧围绕维护社会大局稳定、促进社会公平正义、保障人民安居乐业的职责任务，着眼能力建设，创新体制机制。为此，明确了全面深化公安改革的总体目标：完善与推进国家治理体系和治理能力现代化，建设与中国特色社会主义法治体系相适应的现代警务运行机制和执法权力运行机制，建立符合公安机关性质任务的管理体制，建立体现人民警察职业特点、有别于其他公务员的管理制度。到 2020 年，基本形成系统完备、科学规范、运行有效的公安工作和公安队伍管理制度体系，实现基础信息化、警务实战化、执法规范化、队伍正规化，进一步提升人民群众的安全感、满意度和公安机关的执法公信力。上述目标，既与党和国家“四个全面”的战略布局相符合，又与公安部党委关于大力推进“四项建设”的思路相衔接。同时，提出了改革的七项主要任务，即健全维护国家安全工作机制，创新社会治安治理机制，深化公安行政管理改革，完善执法权力运行机制，完善公安机关管理体制，健全人民警察管理制度，规范警务辅助人员管理。我们认为，全面深化公安改革，关键是要紧紧抓住影响人民群众安全感和满意度的突出问题，紧紧抓住影响公安机关执法公信力和战斗力的关键环节，把改革的指向聚焦到着力完善现代警务运行机制、提高治安防控水平和治安治理能力上，聚焦到着力推进公安行政管理改革、提高管理效能和服务水平上，聚焦到着力建设法治公安、提高公安机关执法水平和执法公信力上。

专题二

群众感知视角下警务微博品牌价值对警察网络形象的影响分析

——兼论警民关系的作用机制①

李　辉*

一、研究问题的提出

西方国家网络社交媒介已经被广泛应用。例如，研究表明，截至2011年年底，美国59%的成年人至少会使用一种网络社交媒介；② 另据2009年11月的调查资料显示，美国31%的网络用户会利用社交媒介关注政府部门的相关资讯，③ 且社交新媒介（如推特、脸书④）的运用不仅方便群众与政府部门对话、增加政务部门工作透明度，⑤ 还有利于提高参与者的创造力、与他人的沟通能力。⑥ 此外，随着网络信息化在我国的日益普及，近年来，微博用户的数量也急剧增加。据《第33次中国互联网络发展状况调查统计报告》的统计资

---

① 本报告为2014年中国人民公安大学基本科研业务费项目支持青年教师项目（项目编号：2014jkf01081）的研究报告。

* 李辉，中国人民公安大学公安管理学院讲师、博士。

② Hampton K., Sessions L. G., Rainie L., & Purcell K.. Social Networking Sites and Our Lives. Pew Internet and American Life Project. Washington DC: Pew Research Center, 2011.

③ Smith A.. Government Online. Pew Research Center. Retrieved May 31, 2010. http://www.pewinternet.org//media//Files/Reports/2010/PIP_Government_Online_2010.pdf.

④ 推特英文"Twitter"，与中国微博功能类似；脸书英文"Facebook"，与中国人人网类似。——作者注

⑤ Kaplan A. M., & Haenlein M.. Users of the World, Unite! The Challenges and Opportunities of Social Media. Business Horizons, 2010(53):59 – 68.

⑥ Mergel I.. Social Media Adoption and Resulting Tactics in the U.S. Federal Government. Government Information Quarterly, 2013,30(2):123 – 130.

料显示，2013 年我国微博用户就已达 2.808 亿。[①] 微博用户人数的增加不仅为人民群众之间快速有效地分享和交流资讯提供了便利，同时，也为政府行政部门利用微博渠道及时发布权威信息以及与群众良性互动提供了一个即时的沟通平台。

与其他政务部门或私人微博不同的是，警务微博因发布的信息具有社会舆论关注度广、权威性强以及公信力高等鲜明公安特色而备受关注。据 2014 年最新资料显示，公安知名微博“公安部打四黑除四害”被评为全国十大政务机构微博第一名、十大部委微博第一名，[②] 这说明警务微博对警务工作具有积极的推动作用。主管政法工作的党和国家领导人也多次对警务微博发展方向作出重要指示。例如，中共中央政治局委员、中央政法委书记孟建柱就曾专门强调指出，要在新时期充分利用新媒体的特点和规律，着力打造出一批政法微博、微信品牌；[③] 国务委员、公安部部长郭声琨也在 2014 年 9 月召开的全国公安厅局长座谈会上指出，要大力推进基础信息化建设，以信息引领，提高人民群众的安全感和满意度。[④] 警务微博不仅特色鲜明，而且其规模效应和品牌效应也逐渐凸显。截至 2014 年 8 月，全国已有高达 3.6 万个（包括政务和个人）警务微博投入公安工作中，“公安部打四黑除四害”新浪微博粉丝数量已超 1000 万，公安微博规模效应显著，并且形成了政务微博与民警个人微博互补、省市县微博群联动的良好局面。同时，“平安北京”、“中国维和警察”以及“警民直通车 - 上海”等警务微博已经是微博领域的“驰名商标”，其品牌影响力也在不断扩大。在信息化普及的当前形势下，如何进一步发掘警务微博的品牌价值，使其更好地服务人民群众、服务警务工作，成为公安实践中面临的一个重要课题。此外，信息化背景下的警察网络形象建设对于有效推进和改善公安工作也具有积极的现实意义。[⑤] 鉴于此，本研究一方面将警务微博品牌价值、警民关系以及警察网络形象建设纳入同一理论框架进行现有文献中鲜有涉及的量化分析；另一方面基于群众感知视角科学测度和分析三者之间的作用机制，不仅符合公安实践要服务人民群众的宗旨，而且群众感知下的理论探讨比较“接地气”、有说服力，亦能够更好地为提升公安信息化建设水平提供有

---

① 毛宇锋：《微博背景下应对社会突发事件的路径选择》，载《山东师范大学学报（社会科学版）》2014 年第 4 期，第 28 - 31 页。

② 中国公安部：http://www.mps.gov.cn/n16/n1237/n1342/n803680/4132868.html。

③ 中国公安部：http://www.mps.gov.cn/n16/n1237/n1342/n803680/4132868.html。

④ 中国公安部：http://www.mps.gov.cn/n16/n1237/n1342/n803680/4167500.html。

⑤ 蔡蓉英：《警察网络形象建设研究》，载《中国人民公安大学学报（社会科学版）》2009 年第 4 期，第 84 - 90 页。

益思路。

二、变量界定及研究假设

（一）警务微博品牌价值与警察网络形象

1. 警务微博品牌价值的理论界定

“品牌”自20世纪50年代被提出，至今俨然成为多个领域中被广泛应用的词汇，尤其在营销学界已成为应用频率最高的词汇。一方面，从营销学的角度来讲，具有较高价值的品牌不仅有利于顾客有效识别产品或服务层次，而且有利于降低顾客感知风险。① 另一方面，品牌对于企业而言，是其取得市场竞争优势的关键来源和重要无形资产，② 而品牌价值则是企业市场无形价值的最有效载体。③ 相关研究表明，品牌价值是一个多维度的理论概念。例如，Aaker 基于顾客视角出发，研究认为，成本价值、风险价值以及功能价值是构成品牌价值的关键维度；④ 张曙临认为成本价值、关系价值以及权力价值共同构成一个品牌的价值；⑤ 有学者从其象征价值视角出发，将其界定为包含品牌名称、价格、属性以及广告风格等因素的无形总和；⑥ Baldinger 和 Rubinson 则将品牌价值界定为包含产品功能性利益、服务承诺和情感三个维度的象征性价值；⑦ 龚艳萍和谌飞龙认为品牌价值是一个隶属于企业的概念，是企业品牌资产的货币化形式。⑧ 也有学者从其他研究视角对品牌价值进行理论界定，如将

---

① Backhaus K. , Steiner M. , Lügger K. . To Invest, or Not to Invest, in Brands? Drivers of Brand Relevance in B2B Markets. Industrial Marketing Management ,2011, 40(7): 1082 – 1092.

② Backhaus K. , Steiner M. , Lügger K. . To Invest, or Not to Invest, in Brands? Drivers of Brand Relevance in B2B Markets. Industrial Marketing Management ,2011, 40(7): 1082 – 1092.

③ Kevin Lane Keller. Strategic Brand Management: Building, Measuring, and Managing Brand Equity(Third Edition). Pearson Education, Inc. , 2008.

④ David A. Aaker. Managing Brand Equity: Capitalizing on the Value of a Brand Name. New York: The Free Press, 1991.

⑤ 张曙临：《品牌价值的实质与来源》，载《湖南师范大学社会科学学报》2000 年第 2 期，第 38 – 42 页。

⑥ David Oglivy. Brand Chartering – Getting to a Common Understanding of the Brand. Journal of Brand Management, 2005(3) :145 – 155.

⑦ Baldinger, Rubinson J. . Brand Loyalty. The Link between Attitude and Behavior. Journal of Advertising Research, 2006,36(6) :22 – 34.

⑧ 龚艳萍、谌飞龙：《品牌价值评估的理论演进与实践探索》，载《求索》2014 年第 3 期，第 24 – 30 页。

其界定为品牌资产的衍生物、品牌的财务体现、品牌无形资产的增值等。①

对综上文献梳理可知，现有研究对品牌价值概念的界定可谓视角丰富、含义多维，但是，从整体而言，品牌价值的概念界定可以总括为企业视角下的价值、消费者视角下的价值以及社会视角下的价值三个方面。② 由于本文重点关注群众视角下的警务微博品牌价值，与消费者视角下的品牌价值类似，故本研究偏重于借鉴消费者的视角去解读警务微博品牌价值。从最近的研究现状来看，在消费者视角下对品牌价值的界定主要是基于消费者对某种产品或服务所寄予的价值认知和情感期望来具体呈现。例如，宋国栋和邓黎黎认为，品牌价值就是消费者对某种品牌产生的价值感知；③ 谌飞龙认为品牌价值主要源于消费者对品牌的价值认知；④ 唐玉生等则利用实证方法系统提炼出了品牌价值的六因素模型：功能价值、服务价值、情感价值、社会价值、成本价值和创新价值，⑤ 这个品牌价值分类得到了学界的广泛认可。由此，本研究便借鉴唐玉生等对品牌价值的分析，将群众感知视角下警务微博品牌价值的理论含义界定为：公安机关、警务工作或是警员个人微博品牌能够给群众带来的理性认知价值和感性心理价值的总和。其中，理性认知价值主要是指警务微博品牌形象、发布信息带给群众相对显性的功能型和服务型价值的感知；而感性心理价值则是指群众能够从警务微博品牌中获得的情感效用，心理上对警务微博品牌产生情感认同后获得的愉悦感。

2. 警务微博品牌价值与警察网络形象的作用关系

警察网络形象是警察形象的有机组成部分，既是警察组织或警察个体通过网络媒介展示给网络公众的具体而又直观的总体印象，也是网络公众对警察组织或个体的整体认识和主观评价。⑥ 另外，就警务微博品牌而言，也是通过其发布的服务信息内容或是品牌形象设计展示给群众的一种“总体印象”，与警

---

① 王成荣著：《品牌价值评价与管理（第二版）》，中国人民大学出版社 2011 年版。

② 王晓灵：《品牌价值的结构、影响因素及评价指标体系研究》，载《现代管理科学》2010 年第 11 期，第 95－97 页。

③ 宋国栋、邓黎黎：《品牌认知价值来源及构成探析》，载《现代商贸工业》2011 年第 4 期，第 136－137 页。

④ 谌飞龙：《考虑品牌延伸“强化—稀释”效应的品牌价值计量模型与实证研究》，载《财贸经济》2011 年第 7 期，第 84－90 页。

⑤ 唐玉生、曲立中、孙安龙：《品牌价值构成因素的实证研究》，载《商业研究》2013 年第 9 期，第 110－116 页。

⑥ 蔡蓉英：《警察网络形象建设研究》，载《中国人民公安大学学报（社会科学版）》2009 年第 4 期，第 84－90 页。

察网络形象的核心要义具有本质上的一致性。并且，有研究表明，群众对警察形象的评价具有信息级联效应，[①] 即若群众对警察形象的感知一旦出现差评，那么这种差评可能会产生级联效应，导致更多的差评随之而来；反之，好评也会强化警察形象的积极效应。[②] 按照信息级联效应逻辑分析，在网络背景下，群众感知到的警务微博品牌价值的高低其实就相当于他们给予警务工作的"好评"和"差评"，那么不论该品牌价值是理性认知价值还是感性心理价值，都会因此给警察网络形象带来级联效应下的积极影响或消极影响。鉴于此，本研究提出如下假设：

H1：警务微博品牌中的感性心理价值对警察网络形象具有正向影响。

H2：警务微博品牌中的理性认知价值对警察网络形象具有正向影响。

（二）警民关系的理论界定及其作用机制

1. 警民关系的理论界定

警民关系不仅对于利用警务微博品牌改善公安信息服务工作质量具有重要意义，而且对于提升网络背景下便捷服务群众的工作效率亦具有重要的现实意义。就目前而言，不同学者对警民关系进行了不同视角的理论界定。例如，韩宝忠等从人际关系视角出发，将警民关系界定为由警察和群众两者共同构成的人际关系；[③] 李敏蓉等认为警民关系主要是指由公安机关、民警和群众三者在警务工作基础上产生的互动关系；[④] 王光森基于政治学视角将警民关系界定为立足平等尊重观念，在平衡权力和权利基础上生成的关系；[⑤] 任捷等基于管理学视角认为警民关系的理论根本在于清晰的警察角色定位，不断提升警察服务质量；[⑥] 倪义福从文化建设视角出发，认为警民关系的本质就是文化关系，这

---

① 信息级联效应主要是解释公众"随大流"现象和社会环境中的模仿现象的一个术语（梁慧稳，2013）。

② 梁慧稳：《服务型公安形象建设中的信息级联效应》，载《中国人民公安大学学报（社会科学版）》2013 年第 6 期，第 59 – 63 页。

③ 韩宝忠、王鑫、何英华：《关于构建和谐警民关系情况的调查与思考》，载《公安研究》2009 年第 2 期，第 79 – 86 页。

④ 李敏蓉、张明、佟志伟：《和谐警民关系评价指标体系研究》，载《北京人民警察学院学报》2011 年第 3 期，第 57 – 64 页。

⑤ 王光森：《警民关系建设的路径缺失与建构——基于政治学的视角》，载《公安研究》2011 年第 1 期，第 73 – 78 页。

⑥ 任捷、孙锦连、冯聪、连爽：《警民关系研究的多视角解读及当前理论创新辨析》，载《辽宁警专学报》2012 年第 3 期，第 71 – 76 页。

种文化关系以增进警民关系和满足群众需要为根本目标；① 周博文基于经济转型时期的社会现实，将和谐警民关系细分为相互沟通、相互理解、相互宽容、相互信任、相互尊重以及相互扶持六个层面的关系，并且认为警民关系首要解决的问题就是群众的民生问题；② 王锦则基于网络时代背景，深入研究和分析警民关系新时期面临的机遇和挑战，并认为开放性是网络时代警民关系得以发展的前提。③ 综上，本研究结合关系视角和管理学视角，将警民关系的含义界定为：立足警察自身角色定位，在服务人民群众和提升服务质量的警民互动过程中，由警察和人民群众两者共同建立起的人际互信、互助关系。

2. 警民关系的作用机制

警务微博既是互联网时代的产物，也是警务工作中相对较晚兴起的一种新媒介，所以，并不是所有的人民群众都能完全了解和信任这种新兴的网络产物。当人民群众遇到困难或是急需重要警务帮助时，更多人仍会选择传统方式去解决，即直接到基层派出所或上级警务部门寻求帮助。也就是说，让人民群众完全接受警务微博或者是完全认可其权威性需要一个客观的适应过程。本研究认为，上述群众对警务微博的适应过程应该包含两层含义：一是感性心理价值层面的适应，即群众通过不断熟悉、应用警务微博之后，对其品牌价值产生的一种心理情感方面的依恋或是因其及时性和便捷性而产生心理愉悦感；二是理性认知价值层面的适应，即群众在多次应用警务微博之后，基于群众理性认知而对其品牌价值产生的理性认可，如群众可能会理性思考其使用的警务微博到底给其带来了多少便利？与传统方式相比，警务微博是否真的有利于解决个人警务问题？由此可见，群众感知下的两种不同的警务微博品牌价值经由警民关系后，对警察网络形象产生影响的价值传递路径也会有所不同。

（1）基于感性心理层面而言，上述群众逐渐适应警务微博和认知警务微博品牌价值的过程，其实就是警民之间形成深度、频繁交流互通关系的过程，即警务微博品牌价值对警民关系具有正向影响。研究表明，良好的警民关系是公安工作的生命线，其对于树立警察形象具有积极意义，对于促进警察与群众

① 倪义福：《论警民关系文化建设》，载《公安研究》2013 年第 2 期，第 77 – 81 页。

② 周博文：《经济转型时期构建和谐警民关系问题研究》，载《公安研究》2013 年第 7 期，第 71 – 78 页。

③ 王锦：《网络时代警民关系自组织发展条件研究》，载《中国人民公安大学学报（社会科学版）》2014 年第 2 期，第 101 – 106 页。

之间的良性互动也具有积极作用，[①②] 即良好的警民关系对于警察形象具有积极效应。由此可以合理推断，网络背景下，在人民群众感知到警务微博品牌感性心理价值后，这种价值感知会首先影响警民之间的关系，随着警民关系的不断加深直至达到一定积累足以实现和谐警民关系后，警务微博品牌的感性心理价值才能得以进一步传递并影响警察网络形象。换言之，警务微博品牌的感性心理价值影响警察网络形象是一个逐步实现的过程，而这个过程中警民关系则会起到具有“枢纽作用”的中介效应，即其品牌感性心理价值的传递路径为：警务微博品牌价值→警民关系→警察网络形象。鉴于此，本研究提出如下假设：

H3：警民关系对警务微博品牌的感性心理价值与警察网络形象之间的关系具有中介效应。

（2）基于理性认知层面而言，群众逐渐适应警务微博和认知警务微博品牌价值的过程，本质上也可以被视为群众因理性思考后感知到警务微博品牌价值的“量化”表征，同样会作用到群众对警察网络形象的影响中去。而在这个理性认知层面的价值传递途径中因为没有牵扯群众个人情感，所以作为依靠情感沟通建立起的警民关系并不会起到枢纽作用，在两者作用关系之间也不会具有中介效应。但是，这并不代表警民关系对于警务微博品牌理性认知价值与警察网络形象之间不存在任何关联，相反，本研究认为，其可能会对两者关系起到调节作用。具体推断如下：理性认知价值的传递过程虽然较为直截了当，然而，任何理性的判断也难免会受到之前已有感性认知的影响，已有感性认知也是其理性判断的依据之一。例如，就警民关系而言，在高警民关系的情况下，群众感知下的警务微博品牌理性认知价值也可能会令群众作出“既然有能力处理好警民关系，也就有能力做好微博品牌”的合理研判，反之，在低警民关系情况下，群众可能会作出“既然警民关系都搞不好，那么警务微博品牌也不会具有较高价值”的判断。由此，综上可知，警民关系的高低会影响“警务微博品牌理性认知价值→警察网络形象”直接路径的价值传递过程，即警民关系对警务微博品牌理性认知价值与警察网络形象之间的作用关系具有调节效应。鉴于此，本研究提出如下假设：

H4：警民关系对警务微博品牌的理性认知价值与警察网络形象之间的关

---

① 夏德才、蔡奕奕：《新时期警民关系研究》，载《公安研究》2009 年第 4 期，第 69 – 75 页。

② 李敏蓉、张明、佟志伟：《和谐警民关系评价指标体系研究》，载《北京人民警察学院学报》2011 年第 3 期，第 57 – 64 页。

系具有正向调节效应。

综上，本研究提出如下图所示的理论模型。

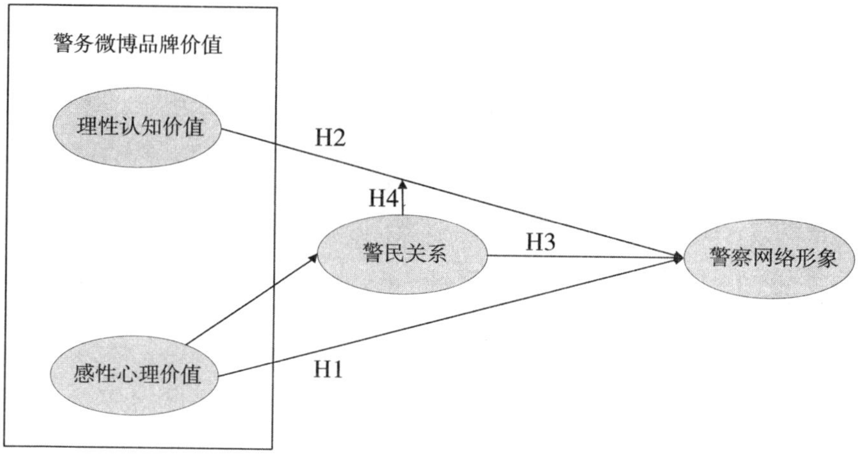

本研究的理论模型

三、数据来源及分析

（一）变量测量

文献中对品牌价值的测量有指数测量法、英特品牌测量法以及问卷测量法等多种方法，由于本研究是针对群众感知视角下的品牌价值，带有较强的主观倾向性，故比较适合采用问卷测量法。[①] 对警务微博品牌价值的测量参考唐玉生等人的部分观点将其设置为 8 个问项，其中，品牌感性心理价值和品牌理性认知价值各包含 4 个问项；警民关系量表参考李敏蓉等人的部分观点，将其设定为 5 个问项；警察网络形象参考蔡蓉英的部分观点，将其设定为 5 个问项。

（二）探索性因子分析

分别在北京朝阳区、丰台区和海淀区各随机拦截群众发放预调研问卷，每区发放 40 份，共发放 120 份，回收 116 份，其中有效问卷 105 份。利用 PASW Statistics 软件对有效样本进行探索性因子分析（Exploratory Factor Analysis, EFA），其 KMO 值为 0.857，且 Bartlett's 检验的统计量在小于 0.001% 的水平上显著，其他统计结果如表 1 所示：除警察网络形象 C4 因子交叉载荷因大于 0.5 而被剔除后，其他因子载荷均不存在交叉载荷现象；各变量的特征值也满

① 本研究均采用 Likert 7 点量表对问项进行测量，其中，1 ~ 7 表示同意程度由低至高。

足大于 1 的要求；各变量的 Cronbachα 系数也在 0.7 以上。综上，根据学界通行标准，本研究测量问卷具有较好的可信度（Hair 等，1998）。

表 1 本研究各变量探索性因子分析结果（n = 105）

测量问项	感性心理价值	理性认知价值	警民关系	警察网络形象
A4：×品牌警务微博几乎成了我的“好朋友”	.807	.147	.165	.162
A2：×品牌警务微博在我心中的位置无可替代	.795	.137	.134	.204
A1：我很信赖×警务微博品牌	.753	.328	.186	.146
A3：我对×警务微博品牌有一种亲切感	.737	.283	.205	.212
A6：×品牌警务微博满足了我的警务信息需求	.169	.785	.261	.028
A8：×品牌警务微博信息方便了我的生活	.220	.694	.257	.100
A5：×品牌警务微博功能齐全、实用	.215	.664	.249	.332
A7：使用×品牌警务微博节省了我很多精力	.160	.658	.203	.365
B3：我很熟悉我所在社区的民警	.159	.293	.829	.204
B1：我很信任我所在社区的民警	.127	.364	.818	.135
B2：我很支持我所在社区民警的工作	.135	.286	.762	.183
B5：我很满意我所在社区民警的工作态度	.482	.166	.708	.115
B4：我有事很愿意找警察寻求帮助	.414	.227	.680	.178
C2：警察网络服务效率较高，很及时、周到	.195	.201	.144	.793
C3：警察能够在网上热情主动地帮我解决难题	.276	.121	.192	.672
C1：网站较好地展示了警察执法理念	.281	.193	.255	.608
C5：警察网站界面庄重、色彩柔和，视觉效果好	.121	.309	.391	.504
总体特征值	6.790	2.428	1.744	1.021
解释变异%	50.879	7.356	5.285	3.094
累计解释变异%	50.879	58.235	63.520	66.614
内部一致性 α 系数	0.892	0.808	0.910	0.785

（三）正式调研与验证性因子分析

1. 数据来源及总体样本结构

在北京、青岛和杭州三个城市①共发放问卷600份，有效问卷为529份，有效率占88.17%。其中，男性群众占67.67%，女性群众占32.33%；30岁及以下占17.96%，31～40岁占58.03%，41～50岁占16.82%，51岁及以上占7.73%；教育程度大专及以下占20.60%，本科占74.48%，硕士及以上占4.92%。

2. 共同方法偏差检验

为防止人为共变影响研究结论的精确性，本研究利用周浩和龙立荣建议的潜在误差变量控制法验证是否存在共同方法偏差（common method biases）。②由表2统计结果可得，含有共同方法因子的结构方程模型的各项拟合指标没有显著优于不含共同方法因子的结构方程模型，所以，基于该结果可知本研究不会受到共同方法偏差的影响。

表2　共同方法偏差检验结果

	χ^2	*df*	χ^2/df	RMSEA	NFI	CFI	IFI	GFI
不含共同方法因子	288.43	101	2.86	0.057	0.98	0.99	0.99	0.97
含有共同方法因子	245.91	90	2.73	0.055	0.99	0.99	0.99	0.98

3. 验证性因子分析及效度检验

因为警务微博感性心理价值和理性认知价值是警务微博品牌价值的两个维度，故在利用结构方程模型进行验证性因子分析时将其合并为一个因子构建模型2，其余模型则是包含4因子的全模型1以及1因子的单阶模型3。验证性因子分析结果如表3所示，除模型3拟合较差外，模型1和模型2各拟合指数均达到学界标准（侯杰泰等，2004），但是，从模型1和模型2的各拟合指标比较来看，模型1明显优于模型2（$\chi^2/df_{M1} < \chi^2/df_{M2}$；$RMSEA_{M1} < RMSEA_{M2}$；$NNFI_{M1} < NNFI_{M2}$；$GFI_{M1} < GFI_{M2}$）。由此证实，本研究理论模型具有较好的区分效度。

① 考虑到农村地区可能互联网普及率较低，故仅选择城市群众发放。

② 周浩、龙立荣：《共同方法偏差的统计检验与控制方法》，载《心理科学进展》2004年第6期，第942－950页。

表 3 变量区分效度的验证性因子分析结果

模型	所含因子	χ^2	df	χ^2/df	RMSEA	NNFI	CFI
模型 1	PMEB；PMRB；PPR；PII（4 因子）	263.25	99	2.66	.051	.99	.99
模型 2	PMEB + PMRB；PPR；PII（3 因子）	248.97	81	3.07	.059	.97	.97
模型 3	PMEB + PMRB + PPR + PII（1 因子）	69.31	17	4.08	0.85	.92	.92

注：PMEB、PMRB、PPR、PII 分别表示警务微博感性心理价值、警务微博理性认知价值、警民关系以及警察网络形象。

四、假设检验及分析

（一）各变量相关系数

由表 4 结果可知，正式调研数据中各研究变量的 Cronbach's α系数（表中加粗数字）都高于0.7，具有良好信度。且从相关系数结果来看，各变量间的相关关系也比较显著，能够初步证实本研究的基本理论假设。

表 4 各主要变量间的相关系数及信度系数（N = 529）

变量	均值	标准差	1	2	3	4	5	6	7
1. 性别	1.38	1.095	—						
2. 年龄	3.27	.886	.572	—					
3. 教育程度	2.14	.932	.316	.153	—				
4. PMEB	4.20	.987	.027*	.065	.369*	**.842**			
5. PMRB	3.24	.519	.143	.162	.122**	.053*	**.795**		
6. PPR	3.52	.656	.472	.118	.169*	.398***	.175**	**.903**	
7. PII	5.08	1.143	.310*	.082	.277	.242***	.403***	.257***	**.868**

注：PMEB、PMRB、PPR、PII 分别表示警务微博感性心理价值、警务微博理性认知价值、警民关系以及警察网络形象；*** $p<0.001$，** $p<0.01$，* $p<0.05$。

（二）警务微博品牌价值对警察网络形象的影响分析

由表 5 可知，在控制人口统计学变量后，模型 M2 较模型 M1 的解释力显著增强（$\Delta R^2=0.022$），且警务微博品牌感性心理价值对警察网络形象具有积极的正向影响（$\beta_{感性价值}=0.217$，$p<0.001$），假设 H1 得到验证。同理，比较模型 M2 和 M3 可知，模型 M3 较 M2 的解释力进一步增强（$\Delta R^2=0.063$），且警务微博品牌理性认知价值对警察网络形象同样具有积极的正向影响（$\beta_{理性价值}=0.328$，$p<0.001$），假设 H2 得到验证。

表 5 本研究实证结果

变量	PII				PPR	PII	ZPPI
模型→	M1	M2	M3	M4	M5	M6	M7
性别	.295*	.292*	.289*	.293*	.328	.290*	.281*
年龄	.071	.068	.067	.069	.099	.065	.062
教育程度	.256	.255	.253	.252	.146*	.248	.251
PMEB		.217***	.204***		.132***	.116***	.198***
PMRB			.328***				.307***
PPR				.226***		.219***	.204***
ZPMRB × ZPPR							.085**
F	97.37***	152.37***	214.72***	178.31***	88.45***	289.49***	264.68**
R^2	.263	.285	.348	.292	.301	.315	.412
ΔR^2	—	.022	.063	.029	—	.030	.054
DW 值	—	—	1.982	2.158	1.873	1.851	1.995

注：PMEB、PMRB、PPR、PII 分别表示警务微博感性心理价值、警务微博理性认知价值、警民关系以及警察网络形象；*** $p<0.001$，** $p<0.01$，* $p<0.05$。

（三）警民关系的作用机制分析

第一，按照 Baron 和 Kenny 提出的依次回归程序①对警民关系影响警务微博品牌感性心理价值与警察网络形象的中介效应进行检验。其基本步骤为：首先，对主效应路径进行检验，即证实警务微博品牌感性心理价值对警察网络形象的影响（假设 H1 已经验证）；其次，对警务微博品牌感性心理价值影响警民关系的路径进行验证，由表 5 中模型 M5 的结果可知，警务微博品牌感性心理价值对警民关系具有显著的正向影响（$\beta=0.132$，$p<0.001$），该路径得到

① Baron R. M. ,Kenny D. A. . The Moderator – mediator Variable Distinction in Social Psychological Research：Conceptual, Strategic, and Statistical Considerations. Journal of Personality and Social Psychology, 1986(6)：1173 – 1182.

验证；再次，由表5中模型M4的结果可知，警民关系对警察网络形象具有显著的正向影响（$\beta=0.226$，$p<0.001$）；最后，由表5中模型M6的结果可知，将中介变量警民关系放入警务微博品牌感性心理价值对警察网络形象的影响路径后，两者之间的路径系数显著变小（$\beta_{主效应}=0.217<\beta_{中介效应}=0.116$，$Z=5.713$，$p<0.001$）。由此，证实警民关系对警务微博品牌感性心理价值与警察网络形象之间的作用关系具有部分中介作用，假设H3得到验证。

第二，在对各变量进行中心化处理后（中心化后的变量前面加“Z”），利用Ahuja推荐的逐步回归方法①对警民关系的调节效应进行检验。首先，由表5中模型M3、模型M4的结果可知，自变量（警务微博品牌理性认知价值）和调节变量（警民关系）均对警察网络形象具有显著的正向影响（$\beta_{理性价值}=0.328$，$p<0.001$；$\beta_{警民关系}=0.226$，$p<0.001$）。更进一步地，模型M7结果表明，在增加警务微博品牌理性认知价值与警民关系的交互项后，模型M7的解释力显著增强（$\Delta R^2=0.054$，$p<0.001$），且交互项具有显著的正向调节效应（$\beta=0.085$，$p<0.001$），假设H4得到验证。

综上，本研究假设均得到了实证支持。

五、结论与启示

（一）研究结论

本研究在对警务微博品牌价值、警民关系以及警察网络形象等概念进行理论界定的基础上，不仅基于群众感知视角对细分后的警务微博品牌价值的两个维度影响警察网络形象的具体机制进行了深入分析，而且系统论证了警民关系对两者关系的深层次作用机制。利用529个有效样本对本研究所提理论模型进行实证分析后，得到如下研究结论：

其一，群众感知视角下的警务微博品牌价值对警察网络形象具有正向影响。本研究不仅证实了警务微博品牌感性心理价值对警察网络形象具有显著正向影响，而且亦证实了警务微博品牌理性认知价值对警察网络形象具有显著正向影响。现有研究中更多的是定性论证警务微信、微博品牌对警务工作的影响机制，鲜有文献对互联网背景下的新兴产物（如警务微博品牌价值与警察网络形象）进行量化分析，本研究则是基于群众感知视角下尝试性地验证了两者之间的定量作用关系，这对完善新形势下的警务信息化管理实践具有一定启发。另外，本研究利用群众具有的感性和理性感知两个维度对其品牌价值进行

---

① Ahuja G.. Collaboration Networks, Structural Holes and Innovation: A Longitudinal Study. Administrative Science Quarterly,2000(45):425 –455.

了理论切分和界定，且证实了两个维度对警察网络形象建设的积极效应，由于警务微博兴起时日不长，对其品牌价值的深度发掘和系统研究较少，所以，这对丰富警务实践品牌管理也具有一定的现实意义。

其二，警民关系对警务微博品牌感性心理价值与警察网络形象之间的作用关系具有中介效应。本研究结论表明，警务微博品牌感性心理价值对警察网络形象产生影响时，其价值传递过程需要经过警民关系这个关键“枢纽”才能更好地发挥作用。警民关系是现有警务管理研究的焦点和热点，但是，仅有较少研究深入考证警民关系在群众感知视角下的中介效应。本研究则基于此证实了警民关系在群众感性心理层面的作用，对网络背景下树立良好警察网络形象提供了可操作化的思路。另外，本研究也从侧面证实了警务微博品牌价值对警民关系具有积极影响，这也为有效构建网络信息时代的新型警民关系提供了理论依据。

其三，警民关系对警务微博品牌理性认知价值与警察网络形象之间的作用关系具有调节效应。本研究结论表明，即使警务工作中遇到较为“理性”的群众，和谐的警民关系也会提升警务微博品牌理性认知价值对警察网络形象的作用强度。本研究结论的一个更重要的意义还在于：当警察网络形象因某种原因不尽如人意时，可以通过强化和优化警民关系的渠道改善人民群众的理性认知，进而利用警务微博品牌理性认知价值的方式来切实改善和提升警察网络形象。

（二）实践启示

本研究对警务实践的主要启示为：

其一，重视警务微博品牌价值对警察网络形象的提升作用。就目前的警务实践而言，警务微博品牌价值的开发以及警察网络形象的构建已经成为警务信息化建设不可或缺的关键举措，而有效利用警务微博品牌价值改善警察网络形象也将是一种重要手段。例如，警务实践中可以通过及时更新微博中的即时警务信息为群众提供必要便利，改善网络警察亲民形象；通过不断完善警务微博的实用性功能，改善网络警察真心服务群众的形象；通过完善不同区域微博品牌定位的方式，充分发挥警务微博品牌价值的“个性化”特点，利用“个性微贴”改善网络警务个性化服务形象；通过外观和功能的“人性化”设计延展警务微博品牌价值的张力，改善网络警察人性化服务形象。此外，要建立健全警务微博舆情监测体系，通过发挥其品牌价值对群众能够产生正确的舆情导向，进而增强人民群众对网络警察形象的正确认知。

其二，重视警民关系的培养和利用，充分发挥其价值传递“枢纽”以及调节效应。培养良好的警民关系一直是警务工作的重点，也是建设服务型公安的重要保障。本研究认为现在大多数警务工作的重心更多是放在了如何培养良好的警民关系上，但是，对于如何发挥和利用警民关系的论述相对不足。而本研究的一个核心观点就是既要多途径培养警民关系，更要有效发挥网络环境下其对警务工作的提升作用。例如，可以充分利用警民关系中已经与群众建立的情感互通，让群众去熟悉和应用警务微博，不断扩大警务微博的群众基础，以增强其情感心理品牌价值，进而更好地促进和改善警察网络形象；可以利用警民关系中已经与群众建立起的信任感，使警务微博感性心理价值更有效率地传递到警察网络形象层面，进而达到让群众充分信任网络警察的目的。此外，还可以充分利用警民关系将一些警务微博中做过的“客观贡献”快速及时传递给人民群众，让群众理性判断其品牌价值，进而实现警务微博品牌理性认知价值到警察网络形象层面直接积极效应的快速传递。

（三）研究局限

本研究有以下不足：其一，研究广度有待进一步扩充。当今网络环境复杂多变，这就决定了警务信息化建设和警察网络形象建设也应该是一个系统工程，而本研究仅是将警务微博作为研究对象显然不足以囊括警察网络形象建设中的所有问题。所以，未来研究需要在有机融合警务微博的情况下，进一步延展警务信息化和警察网络形象建设问题探讨的广度，以达到理论更好地服务于警务实践的目的。其二，研究深度有待进一步深化。本研究虽然构建了基本可以反映警务微博品牌价值影响警察网络形象的理论模型，也较为深入地探讨了警民关系的作用机制，但是，警务微博品牌价值与警察网络形象建设之间可能仍会受到其他作用机制的影响。所以，未来研究可以立足本研究的理论模型，继续深化研究诸如警民信任感、网络服务质量等变量对警察网络形象建设的量化影响机制，以增强该理论模型对警务实践的解释力。

参考文献：

[1] 谌飞龙：《考虑品牌延伸“强化—稀释”效应的品牌价值计量模型与实证研究》，载《财贸经济》2011 年第 7 期。

[2] 蔡蓉英：《警察网络形象建设研究》，载《中国人民公安大学学报（社会科学版）》2009 年第 4 期。

[3] 龚艳萍、谌飞龙：《品牌价值评估的理论演进与实践探索》，载《求索》2014 年第 3 期。

[4] 韩宝忠、王鑫、何英华：《关于构建和谐警民关系情况的调查与思考》，载《公安研究》2009 年第 2 期。

[5] 侯杰泰、温忠麟、成子娟著:《结构方程模型及其应用》,教育科学出版社2004年版。

[6] 李敏蓉、张明、佟志伟:《和谐警民关系评价指标体系研究》,载《北京人民警察学院学报》2011年第3期。

[7] 梁慧稳:《服务型公安形象建设中的信息级联效应》,载《中国人民公安大学学报(社会科学版)》2013年第6期。

[8] 毛宇锋:《微博背景下应对社会突发事件的路径选择》,载《山东师范大学学报(社会科学版)》2014年第4期。

[9] 倪义福:《论警民关系文化建设》,载《公安研究》2013年第2期。

[10] 任捷、孙锦连、冯聪、连爽:《警民关系研究的多视角解读及当前理论创新辨析》,载《辽宁警专学报》2012年第3期。

[11] 宋国栋、邓黎黎:《品牌认知价值来源及构成探析》,载《现代商贸工业》2011年第4期。

[12] 唐玉生、曲立中、孙安龙:《品牌价值构成因素的实证研究》,载《商业研究》2013年第9期。

[13] 王成荣著:《品牌价值评价与管理(第二版)》,中国人民大学出版社2011年版。

[14] 王光森著:《警民关系建设的路径缺失与建构——基于政治学的视角》,载《公安研究》2011年第1期。

[15] 王锦:《网络时代警民关系自组织发展条件研究》,载《中国人民公安大学学报(社会科学版)》2014年第2期。

[16] 王晓灵:《品牌价值的结构、影响因素及评价指标体系研究》,载《现代管理科学》2010年第11期。

[17] 夏德才、蔡奕奕:《新时期警民关系研究》,载《公安研究》2009年第4期。

[18] 周博文:《经济转型时期构建和谐警民关系问题研究》,载《公安研究》2013年第7期。

[19] 周浩、龙立荣:《共同方法偏差的统计检验与控制方法》,载《心理科学进展》2004年第6期。

[20] 张曙临:《品牌价值的实质与来源》,载《湖南师范大学社会科学学报》2000年第2期。

[21] 张有绪:《品牌资产测度方法构建研究》,载《商业研究》2011年第1期。

[22] Ahuja G.. Collaboration Networks, Structural Holes and Innovation: A

Longitudinal Study. Administrative Science Quarterly,2000(45):425 –455.

[23] Backhaus K., Steiner M., Lügger K.. To Invest, or Not to Invest, in Brands? Drivers of Brand Relevance in B2B Markets. Industrial Marketing Management ,2011, 40(7): 1082 –1092.

[24] Baldinger, Rubinson J.. Brand Loyalty. The Link between Attitude and Behavior. Journal of Advertising Research, 2006,36(6) :22 –34.

[25] Baron R. M. ,Kenny D. A.. The Moderator – mediator Variable Distinction in Social Psychological Research: Conceptual, Strategic, and Statistical Considerations. Journal of Personality and Social Psychology, 1986(6): 1173 –1182.

[26] Bertot J. C., Jaeger P. T., & Grimes J. M.. Promoting Rransparency and Accountability Through ICTs,Social Media, and Collaborative E – government. Transforming Government: People, Process and Policy, 2012,6(1):78 –91.

[27] David A. Aaker. Managing Brand Equity: Capitalizing on the Value of a Brand Name. New York: The FreePress,1991.

[28] David Oglivy. Brand Chartering – Getting to a Common Understanding of the Brand. Journal of Brand Management, 2005(3) :145 –155.

[29] Hair J. F. Jr., Anderson, R. E. ,Tatham, R. L. ,& Black, W. C.. Multivariate Data Analysis (5th ed.). New Jersey: Prentice Hall,1998.

[30] Hampton K., Sessions L. G., Rainie L., & Purcell K.. Social Networking Sites and Our Lives. Pew Internet and American Life Project. Washington DC: Pew Research Center'2011.

[31] Kaplan A. M., & Haenlein M.. Users of the World, Unite! The Challenges and Opportunities of Social media. Business Horizons, 2010(53):59 –68.

[32] Kevin Lane Keller. Strategic Brand Management: Building, Measuring, and Managing BrandEquity(Third Edition). Pearson Education, Inc., 2008.

[33] Mergel I.. Social Media Adoption and Resulting Tactics in the U. S. Federal Government. Government Information Quarterly, 2013,30(2):123 –130.

[34] Smith A.. Government Online. Pew Research Center. Retrieved May 31, 2010 http://www. pewinternet. org//media//Files/Reports/2010/PIP_Government_Online_2010. pdf.

专题三

长三角地区基层公安机关警力资源需求的影响因素分析

——基于层次分析法的实证研究①

徐丹丹*

一、层次分析法简介

层次分析法（Analytic Hierarchy Process，AHP）是一种兼具定性分析和定量分析特点的多目标系统分析方法，是美国运筹学家萨蒂于20世纪70年代初在为美国国防部研究“根据各个工业部门对国家作的贡献大小而进行电力分配”课题时，发明的一种层次权重决策分析方法。目前，由于其易于操作、分析系统、灵活实用等特点，在各种决策活动中有着极为广泛的应用。层次分析法的主要功能是将复杂的问题分解为各个组成元素，进一步按支配关系将这些元素建立成递阶的层次结构，在此基础上通过两两比较判断各层次中各个元素的相对重要性，然后建立判断矩阵，计算得到各风险因素的权重。

（一）层次分析法基本原理

由于现实中基层公安机关警力资源需求的问题涉及众多因素，决策结果难以直接准确计量，并且这些因素中有很大的比例不可以通过定量模型进行分析。尤其是对于基层公安机关警力需求影响因素之类的问题，涉及了包括现有基层管理者及基层民警能力、基层公安机关制定安排、基层民警工作态度等主观因素，这些方面很难通过定量的方法进行衡量。因此，层次分析法便可以充分发挥其作用。层次分析法可以通过建立判断矩阵，层层分析众多的复杂因素，并根据相关专家的社会实践经验，对种种因素进行分析评价，并最终用定

① 本报告为2014年中国人民公安大学基本科研业务费项目支持青年教师项目（项目编号：2014jkf 01088）的研究报告。

* 徐丹丹，中国人民公安大学公安管理学院副教授。

量的形式将评价结果表示出来，从而使决策人员能对复杂的问题有一个直观的了解，进而作出正确的决策。

（二）层次分析法的基本步骤

层次分析法主要按照以下几个步骤进行。

1. 建立递阶层次结构

递阶层次结构体现了这种从上至下的支配关系。在确定研究问题之后，需要广泛收集相关资料，并通过对研究问题的深入分析，建立递阶层次结构。递阶层次结构往往包括目标层、准则层和方案层，但在众多现实问题中，方案层常常并不包含在该结构中。目标层只有一个元素，为决策目标；中间层包含准则层和子准则层，其中子准则可以有多层，准则层受决策目标的支配，子准则又受上一层次的准则支配，各个层次之间元素的支配关系有完全和非完全之分，一般情况下我们指的都是完全的支配和被支配关系。

2. 构建两两比较矩阵

相关专家在对项目的充分了解和充分对比以往经验的基础上，通过对同一层次相关因素相对重要程度的比较构建判断矩阵。因素的比较常使用思维判断数量化 A. L. Saytt 的 1－9 标度方法反映各个指标的相对重要程度，历史实践表明该方法能够准确反映大多数人的判断。在同层级的因素相对重要性比较中，若指标 B_1 对于指标 B_2 的相对重要程度为 1，则认为两个指标具有同等的重要性；若 B_1 对于指标 B_2 的相对重要程度为 3，则表示 B_1 比 B_2 稍微重要；若 B_1 对于指标 B_2 的相对重要程度为 5，则表示 B_1 比 B_2 重要；若因素 B_1 对于 B_2 的相对重要程度为 7，则表示 B_1 比 B_2 重要得多；若 B_1 对于指标 B_2 的相对重要程度为 9，则表示 B_1 与 B_2 相比非常重要。反之，如果 B_1 对于 B_2 的相对重要程度为 1/3、1/5、1/7、1/9，则分别表示 B_1 比 B_2 稍微次要、次要、很次要、次要得多。重要程度为 2、4、6、8 或 1/2、1/4、1/6、1/8，则表示因素之间的相对重要程度介于相邻的判断之间。具体的两两比较的重要度定义表和次要度定义表如表 1、表 2 所示。

表 1　重要度定义表

标度	含　义
1	具有同等重要性
3	一个因素比另一个要素稍微重要
5	一个因素比另一个要素重要
7	一个因素比另一个要素重要得多

续表

标度	含　　义
9	一个因素比另一个要素极其重要
2、4、6、8	介于上述两个相邻判断的中间值

表 2　次要度定义表

标度	含　　义
1	具有同等重要性
1/3	一个因素比另一个要素稍微次要
1/5	一个因素比另一个要素次要
1/7	一个因素比另一个要素很次要
1/9	一个因素比另一个要素次要得多
1/2、1/4、1/6、1/8	介于上述两个相邻判断的中间值

3. 确定因素相对权重

在得出两两比较的判断矩阵基础上，下一步就是计算各指标的相对权重，在实践中，常用和积法、方根法等方法来计算判断矩阵的权重向量和特征根。理论分析中常使用 matlab 工具计算精确的特征向量和特征值，但是在决策实践中，常使用和积法计算判断矩阵特征向量和特征值的近似值，这种方法简单易行，偏差较小。在判断矩阵确定之后，权重向量的计算分为以下几个步骤。

第一，计算出判断矩阵每一列的加和 $\sum_{i=1}^{n} a_{ij}$ ，并作归一化处理，即将矩阵每列的各个元素 a_{ij} 除以相应列的加和 $\sum_{i=1}^{n} a_{ij}$ ，归一化之后得到矩阵 $(b_{ij})_{n\times n}$ ，其中，$b_{ij} = a_{ij} \Big/ \sum_{i=1}^{n} a_{ij} \quad (i,j = 1,2,\cdots,n)$ 。

第二，将正规化后的判断矩阵 $(bj)_{n\times n}$ 按行相加求和，得到和向量 $W = (W_1 W_2 \cdots W_n)^T$ ，其中 $W_i = \sum_{j=1}^{i} b_{ij} \quad (i,j = 1,2,\cdots,n)$ 。

第三，将和向量 W 作正规化处理便得到权重向量 $\overline{W}$ ，$\overline{W} = (\overline{W}_1 \overline{W}_2 \cdots \overline{W}_n)^T$ ，其中 $\overline{W}_i = W_i \Big/ \sum_{i=1}^{n} W_i \quad (i,j = 1,2,\cdots,n)$ 。

4. 一致性检验

一致性检验是最终确认指标权重不可或缺的一个步骤，是为防止各评判之间出现内部矛盾，保持项目评价专家对多因素评判的思想逻辑的一致性而进行的工作。当评价具有完全一致性时，有判断矩阵中 $a_{ij} \times a_{jk} = a_{ik}(i,j,k = 1,2,\cdots,n)$ 成立，若不存在上述关系，则认为没有完全一致性，此时就必须引入一致性指标 CI 和平均随机一致指标 RI。如果一致性指标 $CR = (CI/RI) < 0.1$ 成立，则认为判断矩阵具有相对满意的一致性，所得的权重向量可以使用；若一致性指标 $CR = (CI/RI) < 0.1$ 不成立，则认为判断矩阵没有相对满意的一致性，权重向量不可用。此时就必须对判断矩阵作出适当调整，直到出现相对满意的一致性或完全一致性为止。判断矩阵的一致性其步骤如下。

第一，计算出判断矩阵的最大特征根 λ_{max}，最大特征根的计算公式为：

$$\lambda_{max} = \sum_{i=1}^{n} \left[{}^{(A\overline{W}_i)_i} \Big/ {}_{n(\overline{W}_i)_i} \right] \quad (i,j = 1,2,\cdots,n)$$

第二，在得出最大特征根的基础上，计算出一致性指标 CI。

$$CI = (\lambda_{max} - n)/(n - 1)$$

第三，根据指标数量确定平均随机一致性指标 RI。RI 是为了度量不同阶判断矩阵是否具有满意的一致性而引入的，对于 1 - 9 阶判断矩阵，平均随机一致性指标 RI 的值可从表 3 中查得。

表 3　平均随机一致性指标 *RI*

n	3	4	5	6	7	8	9	10	11	12
RI	0.58	0.89	1.12	1.26	1.36	1.41	1.46	1.49	1.52	1.54

第四，计算出 CR 值，对判断矩阵的一致性作出判断。

CR 的计算公式为 $CR = (CI/RI)$，如果 $CI = CR = 0$，则意味着判断矩阵具有完全的一致性；对于不完全一致的情况，只要满足 $CR = (CI/RI) < 0.1$，我们就认为判断矩阵的判断结果是可以接受的；对于 $CR = (CI/RI) > 0.1$ 的情况，就要对判断矩阵做进一步调整。

5. 计算组合权重

权重分为单层次权重和综合权重，组合权重是建立在单层次权重的基础上的。所谓组合权重，是指最底层指标相对于目标层的重要程度，组合权重的计算较为简单，在求得的一级指标权重和二级指标权重之后，二级指标的组合权重是该指标的权重和上一级指标的组合权重的乘积。例如，已知二级指标 C_{ij} 相对于一级指标 B_i 的特征向量集 $\overline{W}_i$ 和一级指标 B_i 相对于评价目标 A 的特征

向量 $\overline{W}$，那么二级指标 C_{ij}相对于目标 A 的系统权重向量 U 可以表示为：$U = \overline{W}_i \times \overline{W}$。

二、基层公安机关警力资源需求影响因素分析

为确定基层公安机关警力资源需求各个影响因素的权重，本研究邀请了 32 名公安理论和实践专家，专家中包括高校相关教授 8 人，知识领域涵盖公安管理学、治安管理学、人力资源管理等专业领域；长三角地区公安分局局长 1 人；基层派出所所长 6 人；副所长 2 人；教导员 5 人；基层民警 10 人，其中 6 人工作年限在 12 年以上，另外 4 人工作年限为 6 年左右，均未曾更换工作。在此基础上，首先，由每类专家针对其对基层公安机关警力需求的理解，列举出影响基层公安机关警力需求的相关因素，并且对各个因素进行归纳分类，构建出递阶层次结构的指标体系；其次，专家对各个因素的相对重要性进行评分，然后将专家评估结果分析汇总，得出判断矩阵；最后，计算出单层次权重和组合权重。

（一）递阶层次结构构建

构建基层公安机关警力需求的递阶层次结构，须综合分析影响基层公安机关警力需求的各种因素，并将因素进行分类汇总，确定归属关系。通过专家访谈，初步构建递阶层次结构后，基于公安管理学专家及长三角基层派出所领导意见，剔除了其中可能存在的内容包含和交叉项，最终确定了递阶层次结构：警员编制、警员素质、考核指标和警情难度四个维度，下设编制制度落后、警员数量匮乏、警员结构失调、警员岗位不足、警员心理素质、警员业务素质、警员身体素质、警员能力培训、警员教育程度、群众满意度、业务绩效考核、派出所破案率、警容风纪监督、专案要案执行力、投诉反馈、警情广度增加、非公安类警情、跨区域作案多、网络犯罪增加和接处警标准提升 20 个二级指标，如下图所示。

（二）判断矩阵构建

在建立的递阶层次结构和上文的评分法则基础上，根据专家对每一层级因素相对重要性的评价，构建出因素的判断矩阵。

1. 一级指标判断矩阵

在所建立的评价指标体系中，共包括警员编制因素、警员素质因素、考核指标因素和警情难度因素四个一级指标，在相关专家对四个一级指标重要程度的评价的基础上，整理得到以下判断矩阵（见表 4）。

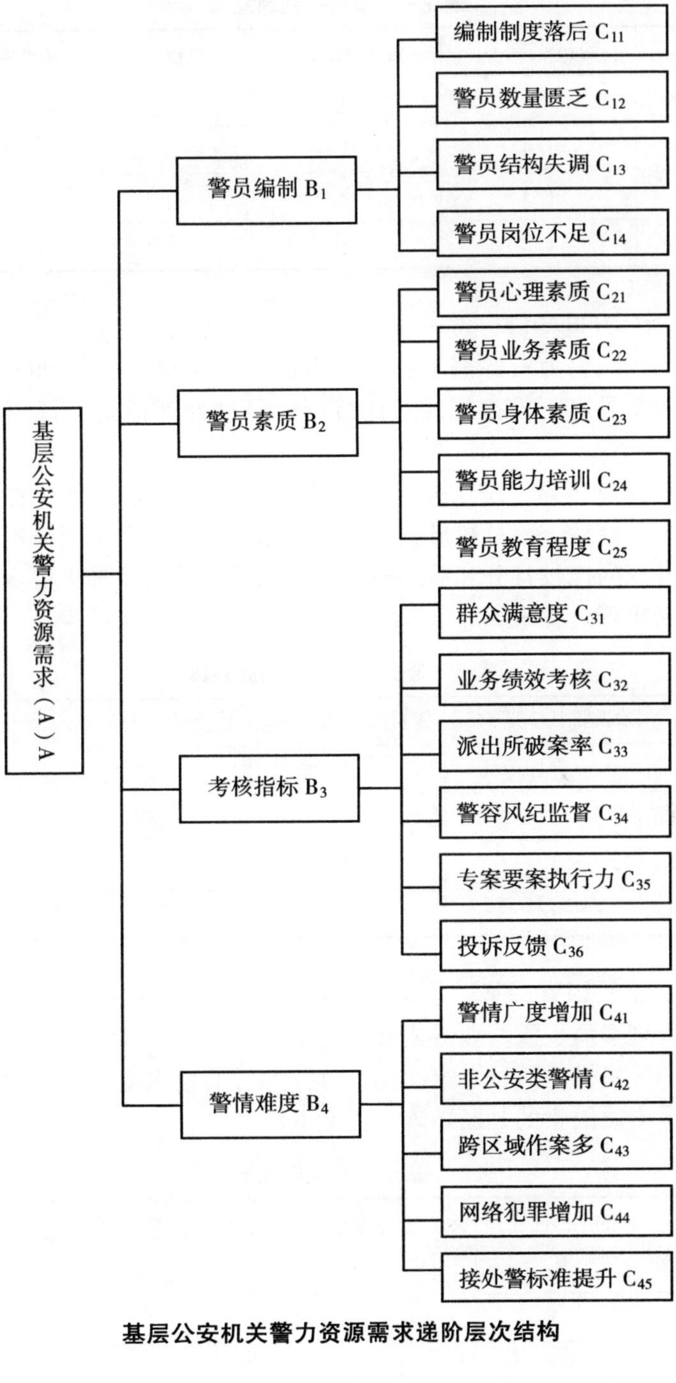

基层公安机关警力资源需求递阶层次结构

表4　一级指标判断矩阵

	警员编制 B_1	警员素质 B_2	考核指标 B_3	警情难度 B_4
警员编制 B_1	1	4	3	2
警员素质 B_2	1/4	1	1/2	1/3
考核指标 B_3	1/3	2	1	1/3
警情难度 B_4	1/2	3	3	1

2. 二级指标判断矩阵

基层公安机关警力资源需求影响因素的四个维度共包括20个二级指标，通过专家对每个维度下设指标的对比打分，经过处理得到了每个维度的判断矩阵。

（1）警员编制因素。基层公安机关警力资源需求影响因素的警员编制因素下设编制制度落后、警员数量匮乏、警员结构失调、警员岗位不足4个二级指标，通过专家的比较打分和后期整理得到基层公安机关警力资源需求警员编制因素的判断矩阵（见表5）。

表5　警员编制因素判断矩阵

警员编制 B_1	编制制度落后 C_{11}	警员数量匮乏 C_{12}	警员结构失调 C_{13}	警员岗位不足 C_{14}
编制制度落后 C_{11}	1	4	2	3
警员数量匮乏 C_{12}	1/4	1	1/2	1/2
警员结构失调 C_{13}	1/2	2	1	2
警员岗位不足 C_{14}	1/3	2	1/2	1

（2）警员素质因素。基层公安机关警力资源需求影响因素的企业文化因素下设警员心理素质、警员业务素质、警员身体素质、警员能力培训、警员教育程度5个二级指标，通过专家的比较打分和后期整理得到基层公安机关警力资源需求警员素质因素的判断矩阵（见表6）。

表6　警员素质因素判断矩阵

警员素质 B_2	警员心理素质 C_{21}	警员业务素质 C_{22}	警员身体素质 C_{23}	警员能力培训 C_{24}	警员教育程度 C_{25}
警员心理素质 C_{21}	1	1/3	1/2	1/3	1/4
警员业务素质 C_{22}	3	1	2	2	1

续表

警员素质 B_2	警员心理素质 C_{21}	警员业务素质 C_{22}	警员身体素质 C_{23}	警员能力培训 C_{24}	警员教育程度 C_{25}
警员身体素质 C_{23}	2	1/2	1	1/2	1/3
警员能力培训 C_{24}	3	1/2	2	1	1/2
警员教育程度 C_{25}	4	1	2	2	1

(3) 考核指标因素。基层公安机关警力资源需求影响因素的考核指标因素下设群众满意度、业务绩效考核、派出所破案率、警容风纪监督、专案要案执行力和投诉反馈6个二级指标，通过专家的比较打分和后期整理得到基层公安机关警力资源需求考核指标因素的判断矩阵（见表7）。

表7　考核指标因素判断矩阵

考核指标 B_3	群众满意度 C_{31}	业务绩效考核 C_{32}	派出所破案率 C_{33}	警容风纪监督 C_{34}	专案要案执行力 C_{35}	投诉反馈 C_{36}
群众满意度 C_{31}	1	2	3	1/3	1/2	2
业务绩效考核 C_{32}	1/2	1	1/2	1/4	1/3	1/2
派出所破案率 C_{33}	1/3	2	1	1/5	1/3	1/2
警容风纪监督 C_{34}	3	4	5	1	2	4
专案要案执行力 C_{35}	2	3	3	1/2	1	2
投诉反馈 C_{36}	1/2	2	2	1/4	1/2	1

(4) 警情难度因素。基层公安机关警力资源需求因素的警情难度因素下设警情广度增加、非公安类警情、跨区域作案多、网络犯罪增加和接处警标准提升5个二级指标，通过专家的比较打分和后期整理得到基层公安机关警力资源需求警情难度因素的判断矩阵（见表8）。

表 8 警情难度因素判断矩阵

警情难度 B_4	警情广度增加 C_{41}	非公安类警情 C_{42}	跨区域作案多 C_{43}	网络犯罪增加 C_{44}	接处警标准提升 C_{45}
警情广度增加 C_{41}	1	2	3	3	5
非公安类警情 C_{42}	1/2	1	2	2	3
跨区域作案多 C_{43}	1/3	1/2	1	1	3
网络犯罪增加 C_{44}	1/3	1/2	1	1	2
接处警标准提升 C_{45}	1/5	1/3	1/3	1/2	1

（三）指标权重确定及一致性检验

在整理得到指标判断矩阵的基础上，根据指标权重的计算法则，首先需要计算出判断矩阵的特征向量，然后计算出最大特征值进行一致性检验，如果通过检验，则将特征向量做归一化处理后所得的向量即代表各指标相对于上一级指标的权重。根据上述运算法则，可以计算出警员编制因素、警员素质因素、考核指标因素和警情难度因素四个维度相对于基层公安机关警力资源需求的影响权重；编制制度落后、警员数量匮乏、警员结构失调、警员岗位不足相对于警员编制因素的权重；警员心理素质、警员业务素质、警员身体素质、警员能力培训、警员教育程度相对于警员素质因素的权重；群众满意度、业务绩效考核、派出所破案率、警容风纪监督、专案要案执行力和投诉反馈相对于考核指标因素的权重；以及警情广度增加、非公安类警情、跨区域作案多、网络犯罪增加和接处警标准提升相对于警情难度因素的权重。

1. 一级指标权重确定

警员编制因素、警员素质因素、考核指标因素和警情难度因素四个维度相对于基层公安机关警力资源需求的影响权重计算过程如下。

①将一级指标的判断矩阵 A 规范化后得到以下矩阵。

$$\begin{bmatrix} 0.4800 & 0.4000 & 0.4000 & 0.5455 \\ 0.1200 & 0.1000 & 0.0667 & 0.0909 \\ 0.1600 & 0.2000 & 0.1333 & 0.0909 \\ 0.2400 & 0.3000 & 0.4000 & 0.2727 \end{bmatrix}$$

②将矩阵按照行相加得到向量 W。

$$W = \begin{bmatrix} 1.8255 \\ 0.3776 \\ 0.5842 \\ 1.2127 \end{bmatrix}$$

③为求得相对权重，需要将向量 W 规范化后得到向量 $\overline{W}$。

$$\overline{W} = \begin{bmatrix} 0.4564 \\ 0.0944 \\ 0.1461 \\ 0.3032 \end{bmatrix}$$

④进行一致性检验。

$$A\overline{W} = \begin{bmatrix} 1 & 4 & 3 & 2 \\ 1/4 & 1 & 1/2 & 1/3 \\ 1/3 & 2 & 1 & 1/3 \\ 1/2 & 3 & 3 & 1 \end{bmatrix} \begin{bmatrix} 0.4564 \\ 0.0944 \\ 0.1461 \\ 0.3032 \end{bmatrix} = \begin{bmatrix} 1.8787 \\ 0.3826 \\ 0.5881 \\ 1.2529 \end{bmatrix}$$

可求得最大特征值：

$$\lambda_{max} = (1.8787/0.4564 + 0.3826/0.0944 + 0.5881/0.1461 + 1.2529/0.3032)/4 = 4.0817$$

$$CI = (\lambda_{max} - n)/(n-1) = (4.0817-4)/(4-1) = 0.0272$$

$$CR = CI/RI = 0.0272/0.89 = 0.0306 < 0.1$$

由以上计算可知，通过一致性检验，所得向量，即权重 $\overline{W}$ 可用。

2. 二级指标权重确定

此部分是根据已有的判断矩阵，计算警员编制因素、警员素质因素、考核指标因素和警情难度因素四个维度各自下设的各个指标的相对权重。

（1）警员编制因素二级指标权重确定。编制制度落后、警员数量匮乏、警员结构失调、警员岗位不足相对于警员编制因素的影响权重计算过程如下。

①将警员编制因素的判断矩阵 A_1 规范化后得到以下矩阵。

$$\begin{bmatrix} 0.4800 & 0.4444 & 0.5000 & 0.4615 \\ 0.1200 & 0.1111 & 0.1250 & 0.0769 \\ 0.2400 & 0.2222 & 0.2500 & 0.3077 \\ 0.1600 & 0.2222 & 0.1250 & 0.1538 \end{bmatrix}$$

②将矩阵按照行相加得到向量 W_1。

$$W_1 = \begin{bmatrix} 1.8860 \\ 0.4330 \\ 1.0199 \\ 0.6611 \end{bmatrix}$$

③为求得相对权重，需要将向量 W_1 规范化后得到向量 $\overline{W}_1$。

$$\overline{W}_1 = \begin{bmatrix} 0.4715 \\ 0.1083 \\ 0.2550 \\ 0.1653 \end{bmatrix}$$

④进行一致性检验。

$$A_1\overline{W}_1 = \begin{bmatrix} 1 & 4 & 2 & 3 \\ 1/4 & 1 & 1/2 & 1/2 \\ 1/2 & 2 & 1 & 2 \\ 1/3 & 2 & 1/2 & 1 \end{bmatrix}\begin{bmatrix} 0.4715 \\ 0.1083 \\ 0.2550 \\ 0.1653 \end{bmatrix} = \begin{bmatrix} 1.9106 \\ 0.4363 \\ 1.0380 \\ 0.6666 \end{bmatrix}$$

可求得最大特征值：

$$\lambda_{max} = (1.9106/0.4715 + 0.4363/0.1083 + 1.0380/0.2550 + 0.6666/0.1653)/4 = 4.0459$$

$$CI = (\lambda_{max} - n)/(n-1) = (4.0459-4)/(4-1) = 0.0153$$

$$CR = CI/RI = 0.0153/0.89 = 0.0172 < 0.1$$

由以上计算可知，通过一致性检验，所得向量，即权重可用。

（2）警员素质因素二级指标权重确定。警员心理素质、警员业务素质、警员身体素质、警员能力培训、警员教育程度相对于警员素质因素的影响权重计算过程如下。

①将警员素质因素的判断矩阵 A_2 规范化后得到以下矩阵。

$$\begin{bmatrix} 0.0769 & 0.1000 & 0.0667 & 0.0571 & 0.0811 \\ 0.2308 & 0.3000 & 0.2667 & 0.3429 & 0.3243 \\ 0.1538 & 0.1500 & 0.1333 & 0.0857 & 0.1081 \\ 0.2308 & 0.1500 & 0.2667 & 0.1714 & 0.1622 \\ 0.3077 & 0.3000 & 0.2667 & 0.3429 & 0.3243 \end{bmatrix}$$

②将矩阵按照行相加得到向量 W_2。

$$W_2 = \begin{bmatrix} 0.3818 \\ 1.4646 \\ 0.6310 \\ 0.9810 \\ 1.5415 \end{bmatrix}$$

③为求得相对权重，需要将向量 W_2 规范化后得到向量 $\overline{W}_2$。

$$\overline{W}_2 = \begin{bmatrix} 0.0764 \\ 0.2929 \\ 0.1262 \\ 0.1962 \\ 0.3083 \end{bmatrix}$$

④进行一致性检验。

$$A_2\overline{W}_2 = \begin{bmatrix} 1 & 1/3 & 1/2 & 1/3 & 1/4 \\ 3 & 1 & 2 & 2 & 1 \\ 2 & 1/2 & 1 & 1/2 & 1/3 \\ 3 & 1/2 & 2 & 1 & 1/2 \\ 4 & 1 & 2 & 2 & 1 \end{bmatrix} \begin{bmatrix} 0.0764 \\ 0.2929 \\ 0.1262 \\ 0.1962 \\ 0.3083 \end{bmatrix} = \begin{bmatrix} 0.3796 \\ 1.4752 \\ 0.6263 \\ 0.9784 \\ 1.5516 \end{bmatrix}$$

$\lambda_{max} = (0.3796/0.0764 + 1.4752/0.2929 + 0.6263/0.1262 + 0.9784/0.1962 + 1.5516/0.3083)/5$

$= 5.1317$

$CI = (\lambda_{max} - n)/(n-1) = (5.1317-5)/(5-1) = 0.0329$

$CR = CI/RI = 0.0329/1.12 = 0.0294 < 0.1$

由以上分析可知，通过一致性检验，所得的权重可用。

（3）考核指标因素二级指标权重确定。群众满意度、业务绩效考核、派出所破案率、警容风纪监督、专案要案执行力和投诉反馈相对于考核指标因素的权重计算过程如下。

①将考核指标因素的判断矩阵 A_3 规范化后得到以下矩阵。

$$\begin{bmatrix} 0.1364 & 0.1429 & 0.2143 & 0.1316 & 0.1071 & 0.2000 \\ 0.0682 & 0.0714 & 0.0357 & 0.0987 & 0.0714 & 0.0500 \\ 0.0455 & 0.1429 & 0.0714 & 0.0789 & 0.0714 & 0.0500 \\ 0.4091 & 0.2857 & 0.3571 & 0.3947 & 0.4286 & 0.4000 \\ 0.2727 & 0.2143 & 0.2143 & 0.1974 & 0.2143 & 0.2000 \\ 0.0682 & 0.1429 & 0.1429 & 0.0987 & 0.1071 & 0.1000 \end{bmatrix}$$

②将矩阵按照行相加得到向量 W_3。

$$W_3=\begin{bmatrix}0.9322\\0.3954\\0.4601\\2.2753\\1.3130\\0.6597\end{bmatrix}$$

③为求得相对权重，需要将向量 W_3 规范化后得到向量 $\overline{W}_3$。

$$\overline{W}_3=\begin{bmatrix}0.1545\\0.0655\\0.0762\\0.3770\\0.2175\\0.1093\end{bmatrix}$$

④进行一致性检验。

$$A_3\overline{W}_3=\begin{bmatrix}1&2&3&1/3&1/2&2\\1/2&1&1/2&1/4&1/3&1/2\\1/3&2&1&1/5&1/3&1/2\\3&4&5&1&2&4\\2&3&3&1/2&1&2\\1/2&2&2&1/4&1/2&1\end{bmatrix}\begin{bmatrix}0.1545\\0.0655\\0.0762\\0.3770\\0.2175\\0.1093\end{bmatrix}=\begin{bmatrix}0.9671\\0.4022\\0.4612\\2.3557\\1.3587\\0.6730\end{bmatrix}$$

可求得最大特征值：

$$\begin{aligned}\lambda_{max}&=(0.9671/0.1545+0.4022/0.0655+0.4612/0.0762+2.3557/0.3770\\&\quad+1.3587/0.2175+0.6730/0.1093)/6\\&=6.1843\end{aligned}$$

$$CI=(\lambda_{max}-n)/(n-1)=(6.1843-6)/(6-1)=0.0369$$

$$CR=CI/RI=0.0369/1.26=0.0293<0.1$$

由以上计算可知，通过一致性检验，所得向量，即权重 $\overline{W}_3$ 可用。

（4）警情难度因素二级指标权重确定。警情广度增加、非公安类警情、跨区域作案多、网络犯罪增加和接处警标准提升相对于警情难度因素的权重计算过程如下。

①将警情难度因素的判断矩阵 A_4 规范化后得到以下矩阵。

$$\begin{bmatrix} 0.4225 & 0.4615 & 0.4091 & 0.4000 & 0.3571 \\ 0.2113 & 0.2308 & 0.2727 & 0.2667 & 0.2143 \\ 0.1408 & 0.1154 & 0.1364 & 0.1333 & 0.2143 \\ 0.1408 & 0.1154 & 0.1364 & 0.1333 & 0.1429 \\ 0.0845 & 0.0769 & 0.0455 & 0.0667 & 0.0714 \end{bmatrix}$$

②将矩阵按照行相加得到向量 W_4。

$$W_4 = \begin{bmatrix} 2.0503 \\ 1.1957 \\ 0.7402 \\ 0.6688 \\ 0.3450 \end{bmatrix}$$

③为求得相对权重，需要将向量 W_4 规范化后得到向量 $\overline{W}_4$。

$$\overline{W}_4 = \begin{bmatrix} 0.4101 \\ 0.2391 \\ 0.1480 \\ 0.1338 \\ 0.0690 \end{bmatrix}$$

④进行一致性检验。

$$A_4\overline{W}_4 = \begin{bmatrix} 1 & 2 & 2 & 2 & 5 \\ 1/2 & 1 & 2 & 2 & 3 \\ 1/3 & 1/2 & 1 & 1 & 3 \\ 1/3 & 1/2 & 1 & 1 & 2 \\ 1/5 & 1/3 & 1/3 & 1/2 & 1 \end{bmatrix} \begin{bmatrix} 0.4101 \\ 0.2391 \\ 0.1480 \\ 0.1338 \\ 0.0690 \end{bmatrix} = \begin{bmatrix} 2.0787 \\ 1.2148 \\ 0.7450 \\ 0.6760 \\ 0.3469 \end{bmatrix}$$

可求得最大特征值：

$$\begin{aligned} \lambda_{max} &= (2.0787/0.4101 + 1.2148/0.2391 + 0.7450/0.1480 + 0.6760/0.1338 \\ &\quad + 0.3469/0.0690)/5 \\ &= 5.0528 \end{aligned}$$

$$CI = (\lambda_{max} - n)/(n-1) = (5.0528-5)/(5-1) = 0.0132$$

$$CR = CI/RI = 0.0132/1.12 = 0.0118 < 0.1$$

由以上计算可知，通过一致性检验，所得向量，即权重 $\overline{W}_4$ 可用。

3. 组合权重的确定

基层公安机关警力资源需求 A 的组合权重向量 U 的计算公式为 $U = \overline{W}_i \times \overline{W}$。以上计算已求出 $\overline{W}$、$\overline{W}_1$、$\overline{W}_2$、$\overline{W}_3$ 和 $\overline{W}_4$ 的具体值，在此基础上利用公式求解组合权重，并将结果汇总整理为表 9 所示。

表9　基层公安机关警力资源需求影响因素组合权重

目标层	一级指标	权重	二级指标	权重	组合权重
基层公安机关警力资源需求（A）	警员编制 B_1	0.4564	编制制度落后 C_{11}	0.4715	0.2152
			警员数量匮乏 C_{12}	0.1083	0.0494
			警员结构失调 C_{13}	0.2550	0.1164
			警员岗位不足 C_{14}	0.1653	0.0754
	警员素质 B_2	0.0944	警员心理素质 C_{21}	0.0764	0.0072
			警员业务素质 C_{22}	0.2929	0.0276
			警员身体素质 C_{23}	0.1262	0.0119
			警员能力培训 C_{24}	0.1962	0.0185
			警员教育程度 C_{25}	0.3083	0.0291
	考核指标 B_3	0.1461	群众满意度 C_{31}	0.1545	0.0226
			业务绩效考核 C_{32}	0.0655	0.0096
			派出所破案率 C_{33}	0.0762	0.0111
			警容风纪监督 C_{34}	0.3770	0.0551
			专案要案执行力 C_{35}	0.2175	0.0318
			投诉反馈 C_{36}	0.1093	0.0160
	警情难度 B_4	0.3032	警情广度增加 C_{41}	0.4101	0.1243
			非公安类警情 C_{42}	0.2391	0.0725
			跨区域作案多 C_{43}	0.1480	0.0449
			网络犯罪增加 C_{44}	0.1338	0.0406
			接处警标准提升 C_{45}	0.0690	0.0209

三、主要研究结论

通过以上的组合权重表可以看出，警员编制、警员素质、考核指标和警情难度四个维度对于基层公安机关警力资源需求的影响由大到小排列为：警员编制＞警情难度＞考核指标＞警员素质。其中，警员编制相对于基层公安机关警力资源需求的权重达到了45.64%，这说明警员编制是影响基层公安机关警力资源需求最为重要的因素；警情难度的权重为30.32%，仅次于警员编制因素，意味着警情难度的高低在很大程度上影响着基层公安机关警力资源需求，良好的警情难度是优化流程管理的关键因素之一；考核指标因素的权重为14.61%，而警员素质因素所占权重仅为9.44%，对基层公安机关警力资源需求的贡献较小。因此，在目前优化基层公安机关警力资源需求的过程中，基层公安机关应注重优化警员编制因素和警情难度因素，由此可以达到事半功倍的效果；而警员素质和考核指标因素在现阶段可适当减少投入。笔者认为这与目前的基层公安机关发展现状较为吻合，因为随着经济和公安类人才培养的发展，公安类人才在很大程度上都能够基本满足基层警务发展需要，并且现在对基层公安机关指标考核比较规范化和固定化，所以这两个因素对基层公安机关警力资源需求的影响会相对弱化。若要进一步了解二级指标对基层公安机关警力资源需求的贡献度，则需要对二级指标按照权重大小进行排序，具体如表10所示。

表10　基层公安机关警力资源需求影响因素组合权重排序

一级指标	二级指标	权重	组合权重
警员编制 B_1	编制制度落后 C_{11}	0.4715	0.2152
警情难度 B_4	警情广度增加 C_{41}	0.4101	0.1243
警员编制 B_1	警员结构失调 C_{13}	0.2550	0.1164
警员编制 B_1	警员岗位不足 C_{14}	0.1653	0.0754
警情难度 B_4	非公安类警情 C_{42}	0.2391	0.0725
考核指标 B_3	警容风纪监督 C_{34}	0.3770	0.0551
警员编制 B_1	警员数量匮乏 C_{12}	0.1083	0.0494
警情难度 B_4	跨区域作案多 C_{43}	0.1480	0.0449
警情难度 B_4	网络犯罪增加 C_{44}	0.1338	0.0406
考核指标 B_3	专案要案执行力 C_{35}	0.2175	0.0318
警员素质 B_2	警员教育程度 C_{25}	0.3083	0.0291
警员素质 B_2	警员业务素质 C_{22}	0.2929	0.0276
考核指标 B_3	群众满意度 C_{31}	0.1545	0.0226
警情难度 B_4	接处警标准提升 C_{45}	0.0690	0.0209
警员素质 B_2	警员能力培训 C_{24}	0.1962	0.0185
考核指标 B_3	投诉反馈 C_{36}	0.1093	0.0160
警员素质 B_2	警员身体素质 C_{23}	0.1262	0.0119

续表

一级指标	二级指标	权重	组合权重
考核指标 B_3	派出所破案率 C_{33}	0.0762	0.0111
考核指标 B_3	业务绩效考核 C_{32}	0.0655	0.0096
警员素质 B_2	警员心理素质 C_{21}	0.0764	0.0072

由组合权重排序表可知，超过5%平均水平的影响因素由高到低依次为编制制度落后、警情广度增加、警员结构失调、警员岗位不足、非公安类警情和警容风纪监督，其中3项属于警员编制因素，2项属于警情难度因素，1项属于考核指标因素，警员素质因素中无指标超过平均水平。在这6项因素中，编制制度落后的权重达到了21.52%，远远超过了其他因素，警情广度增加的权重为12.43%，排在第二位，这说明在基层公安机关警力资源需求中，导致警情难度增加的因素为警情广度增加问题。在考核指标因素中，排名最为靠前的是警容风纪监督和专案要案执行力，警员素质因素中的警员教育程度和警员业务素质指标排名相对较高，也是在警力资源需求中不可忽视的方面。并且，可以从警员素质和考核指标进行基层公安机关警力资源需求的优化。

四、研究启示

综上，基层公安机关在进行警力资源需求优化设计时，可优先在编制制度落后和警情难度方面进行努力，进一步改善编制制度与基层公安机关人员紧缺之间的矛盾，同时将努力采取措施有效降低警情难度，提升办案效率。由于考核指标因素对基层公安机关警力资源需求的贡献相对较小，在实践中意味着群众满意度、业务绩效考核等因素对基层公安机关警力资源需求的影响不是特别显著，因此，考核指标只要正确应用现有业务绩效考核就可以有效加快工作效率。另外，虽然警员素质因素对基层公安机关警力资源需求的贡献最小，但并不意味着基层公安机关就可以忽视警员素质的优化，基层公安机关如果想获得长远的发展，优化警员素质是必不可少的重要因素。

参考文献：

[1] 韩宝忠、王鑫、何英华：《关于构建和谐警民关系情况的调查与思考》，载《公安研究》2009年第2期。

[2] 李敏蓉、张明、佟志伟：《和谐警民关系评价指标体系研究》，载

《北京人民警察学院学报》2011 年第 3 期。

[3] 梁慧稳:《服务型公安形象建设中的信息级联效应》，载《中国人民公安大学学报（社会科学版)》2013 年第 6 期。

[4] 倪义福:《论警民关系文化建设》，载《公安研究》2013 年第 2 期。

[5] 任捷、孙锦连、冯聪、连爽:《警民关系研究的多视角解读及当前理论创新辨析》，载《辽宁警专学报》2012 年第 3 期。

[6] 王光森:《警民关系建设的路径缺失与建构——基于政治学的视角》，载《公安研究》2011 年第 1 期。

[7] 王锦:《网络时代警民关系自组织发展条件研究》，载《中国人民公安大学学报（社会科学版)》2014 年第 2 期。

[8] 周博文:《经济转型时期构建和谐警民关系问题研究》，载《公安研究》2013 年第 7 期。

专题四

网络警察团队组织建设研究

杨超群*

在我国的公安工作中，由于习惯于按照行政级别分层级部署警务工作，这使得决策的级别越高，从决策到具体执行的传达周期越长，执行内容越容易异化和弱化，这种组织模式的惯性导致了我国网络警察工作的模式相对陈旧。公安民警在工作行为上表现出习惯于计划管理模式，思维方法和行为模式僵化，不愿意接受新事物、新方式，习惯于传统模式，抵触基于网络的工作模式，阻碍工作模式创新，造成无法打破警种界限对各类资源进行整合共享的局面，进一步导致工作的条块分割、各自为政，不能形成合力。之所以出现这种情况，原因主要在于四个方面：一是全国各地地方财政状况的差异，二是各地公安机关领导对网络警察团队组织建设重视程度不同，三是公安部没有统一的标准，四是各地网络警察团队组织建设的硬件和软件配套均不相同。

例如，长三角地区的网络警察已形成“打防控管”的立体网络，各种信息资源丰富齐备、高度关联共享，能够在旅游业、银行业、监狱等多个数据库对查控对象进行自动查询比对，极大地提高了工作效率，而西部欠发达地区由于经济、财政和观念等方面的原因，目前相关信息滞后、分散而无法建立立体化网络。

此外，由于工作模式原因各地公安机关对网络警察工作模式和机制的要求也不相同，有些地方部分台账既要手动填写又要录入电脑，造成重复劳动，再加上培训工作没有到位，民警普遍缺乏电脑维护知识，导致公安内网上病毒肆虐，既造成了信息损失又增加了民警工作负担。所以对网络警察组织结构进行创新、激活警员工作积极性的意义重大，建设基于团队的水平式网络警察组织结构正是对这方面的有益探索。

---

* 杨超群，中国人民公安大学公安管理学院讲师。

一、加强网络警察团队组织建设的必要性

当前的计算机犯罪之所以如此猖獗，一个非常重要的原因就是由计算机犯罪的高技术特性所决定的，作案时间短、手段隐蔽并且对计算机硬件甚至数据信息都不会造成任何损害，犯罪很容易，但是侦破很困难。因此，对计算机犯罪进行侦查与防范，同样也要求警察具备较高的计算机技术。计算机犯罪与反计算机犯罪，不仅是与法律的对抗，还是与技术的对抗、智力的对抗、团队的对抗和组织的对抗。从当前网络警察队伍的现状来看，让普通的警员与计算机犯罪去斗争，力量还显得不够强大。这就要求加强团队建设，理顺各方面的关系，建立专门的网络警察团队。团队就是由员工和管理层组成的一个共同体，该共同体合理利用每一个成员的知识和技能协同工作、解决问题，达到共同的目标。而公安工作中的团队作业可以定义为公安工作过程中各成员之间的广泛合作，而公安机关则是服务于某种特定对象或过程中的诸多公安部门成员所从事的活动集成，由于这些活动涉及多个部门成员和多种公安职能，因此，团队是这些过程的重要部分。

二、网络警察团队组织建设中存在的问题

（一）配置不平衡

由于网络警察所需要的专业水平较高，专业方向较集中，而我国现在的专业人才培养渠道还比较少。中国人民公安大学和各省警察院校承担着相当一部分网络警察的培养任务，但是就整体数量来说，还远达不到公安机关网络警察队伍建设的要求。普通高校的计算机专业方向的大学生也有一部分通过国家公务员考试和各省的公务员考试进入网络警察队伍。但是近年来网络的发展势头非常迅猛，很多人都认为人类历史上的大数据时代已经到来。

那么，大数据究竟有多大？一组名为“互联网上一天”的数据告诉我们，一天中互联网产生的全部内容可以刻满1.68亿张DVD；发出的邮件有2940亿封之多（相当于美国两年的纸质信件数量）；发出的社区帖子达200万个（相当于《时代》杂志770年的文字量）；卖出的手机为37.8万台，高于全球每天出生的婴儿数量37.1万个。2012年，互联网数据量已经从TB（1024GB = 1TB）级别跃升到PB（1024TB = 1PB）、EB（1024PB = 1EB）乃至ZB（1024EB = 1ZB）级别。国际数据公司（IDC）的研究结果表明，2008年全球产生的数据量为0.49ZB，2009年的数据量为0.8ZB，2010年增长为1.2ZB，2011年的数据量更是高达1.82ZB，相当于全球每人产生200GB以上的数据。而到2012年为止，人类生产的所有印刷材料的数据量是200PB，全人类历史

上说过的所有话的数据量大约是5EB。IBM的研究称，整个人类文明所获得的全部数据中，有90%是过去两年内产生的。而到了2020年，全世界所产生的数据规模将达到今天的44倍。所以，越来越多的人开始相信，一个不同于以往任何时代的“大数据时代”到来了。它是如此迫不及待，在我们还没有意识到的时候，呼啸而至，并且以极快的速度生长着。“大数据时代”需要有强大的数据采集、组织、管理、分析、共享、协同、评价的能力，以及有效地利用数据信息解决相关问题的能力。网络警察在日常的警务工作中也需要有这样的能力。所以如何提高我国网络警察配置水平，提升网络警察的工作能力是今后网络警察发展的重中之重。

（二）经验较缺乏

国家对网络警察的开发力度近年来在不断加大，网络警察的队伍也在不断增大。但是一般网络警察的人才普遍都来自专业高校，没有对网络犯罪惩处的经验，整个队伍又很年轻，不免会对网络犯罪团伙的犯罪伎俩产生困惑，所以国家还要加大培养力度，给这支年轻的队伍更多时间。

（三）配合不够默契

打击网络犯罪的过程是一个各种团队协同作战的过程，需要计算机、法学、刑侦、治安等队伍共同完成，所以对警察专业在校生应该根据当前网络犯罪的最新形势进行全面培养，理论联系实际，既要有理论素养，又能够紧贴网络实战。同时，上级应该更好地发挥指挥职能，全面统筹协调，加强各团队之间的合作，增强组织间团队协作的默契。

网络信息浩如烟海，网络犯罪也极为隐蔽。仅仅靠公安机关的力量是难以应对的，必须充分调动各个网络机构和网民的积极性，共同管理网络安全，制止网络犯罪。对一些重要的政府、商业、金融网站，可以通过建立网络安全防范机构，在维护本单位网络安全的同时，及时向公安机构通报网络危险信息，协助警察组织追踪犯罪线索，共同维护网络安全，打击网络犯罪活动。

三、网络警察团队组织建设的战略构想

（一）坚持科学发展的总体战略

坚持科学发展，必须牢固树立和深入贯彻科学发展观，努力实现公安事业全面协调可持续发展。既要遵循全面发展的原则，进一步加强和改进公安工作，提升公安工作水平，又要积极推进公安队伍正规化建设，提高公安队伍整体素质；既要充分发挥刑事司法职能，维护重要战略机遇期的社会稳定，又要切实履行行政执法职能，提高服务经济社会发展的能力水平；既要遵循协调发展的原则，正确处理打击犯罪与保障人权、严格执法与热情服务的关系，又要

统筹兼顾东中西部、城市与农村、各部门与各警种的工作；既要强调公安执法队伍的统一性，又要因地制宜、区别对待、分类指导，实现公安工作的整体推进、协调发展；既要遵循可持续发展的原则，立足当前，抓紧解决公安工作中的突出问题，又要着眼长远，继承发扬优良传统，与时俱进开拓创新。

（二）实施科技强警的战略

网络警察团队组织建设过程中必须实施科技强警战略，这是顺应时代潮流、完成网络警察工作的需要，也是遵循网络公安工作的内在规律、加快推进公安工作现代化的需要。要在关键技术的研发上取得新突破，重点加强对应急指挥技术、处置技术等的研发；要在科学技术的普及和应用上取得新突破，加强相关知识的宣传和教育培训，提高网络警察的科技素质和科技应用能力，真正发挥科技强警的作用。

（三）实施文化育警的战略

在网络警察团队组织建设中，要特别重视文化建设，文化建设是先导，文化育警是号角。警察文化是公安机关及其警察队伍在长期的警察建设和警务实践活动中所共同形成和认可的价值观念、行为准则、职业道德规范以及职业精神的总和。警察文化是以警察价值观念为核心，以警察物质设施及装备为基础，以完善的警察制度体系为规范，以文明的执法服务行为为表现的。加强新时期网络警察文化建设，实施文化育警战略，必须紧紧围绕网络警察队伍树立“立警为公，执法为民”的核心价值观念，大力塑造和弘扬忠诚可靠、团结奋进、英勇善战、秉公执法、纪律严明、无私奉献的新时期人民警察精神，实施对网络警察的人本化管理，落实全心全意为人民服务的宗旨和从优待警的措施，充分发挥文化育警功能，以此推动公安工作的发展。

四、网络警察团队组织建设的原则要求

（一）发挥团队领导者的个人魅力与网络警察组织力量相结合的原则

强调团队精神，就是强调领导的个人思想性格与整个团队的思想性格相结合。这两者有效结合的结果，实际上就是形成团队精神理念的过程。领导的思想与性格影响整个团队，领导的性格可以变成团队的性格，领导的思想可以变成团队的思想，这种思想可以变成团队的精神内核，无论此领导是在任还是离职，这种精神都不会被改变，这是一个非常重要的价值理念。

（二）强调协作原则

协作原则是网络警察团队精神最重要的内容。网络各项规章制度的制定与安排要注意强调协作原则，网络的管理岗位设计要贯彻协作原则，网络对民警的提拔任用也要体现协作原则。警察团队中的每一个人都应该以协作原则为工

作的最高原则，这个原则统领网络警务的一切工作。

民警要在价值理念上认同该原则，理解其含义，若各部门人员一味强调自己的利益，最终将难以形成合力，难以塑造团队精神，网络的总体工作也难以展开。现在网络的监管工作中有些民警难以同别人协作，就是因为在价值理念上不承认协作原则，看不到团队组织的重要性。如果一个警察组织没有团队精神理念的存在，仅仅靠个人英雄主义，必然会危害组织的整体利益，最终危害网络安全工作，妨碍公安工作的大局。

（三）坚持优势互补原则

人的能力是有差异的，这种差异在某种程度上也造就了每个人的比较优势，团队精神重视发挥人的比较优势，把发挥人们各自的比较优势作为核心，把人们各自的比较优势组合在一起。但一个组织若没有团队精神，互相看不起对方的比较优势，在这种情况下比较优势是难以组合的。在网络警察团队组织的制度设计中，应该强调塑造团队精神，网络工作的活力就在于要充分发挥团队成员的比较优势，只有比较优势能有效发挥，才可实现网络警察组织建设的战略目标。

（四）强调团结原则

在工作中有的民警之间互相瞧不起，看不到对方的优势，导致内耗不断，严重影响了网络警察队伍的整体发展。所以塑造警察团队精神，要强调团结的原则。民警个人之间的矛盾，只能以团队精神来协调。那些不利于警察团队精神的行为要服从于有利于警察团队精神的行为，大家要以维护网络警察的团队精神为重。

五、网络警察团队组织的构建——基于团队的水平式网络警察组织结构

（一）理论依据

管理学教授斯蒂芬·罗宾斯（Stephen P. Robbins）认为组织结构就是组织中正式确定的使工作任务得以分解、组合和协调的框架体系。在当前信息爆炸的时代，组织的信息获取、筛选、处理以及反应能力对组织效率和组织行为的结果影响巨大。从组织信息流动的视角研究组织结构提供了很好的思路，组织结构实际上是组织中能够提供实现组织总目标所必需的所有纵向和横向信息流的一种结构形态。在传统的金字塔式的组织结构中，纵向管理层级之间等级明确，横向职能部门之间界限清晰，强调下级服从上级，纵向的信息流动较慢。在计划管理体制下这种组织结构发挥了巨大的作用，但是如今，组织所处的环境发生了重大的变化，外部环境变幻莫测，要求组织对于信息快速反应、迅速

决策、积极创新，横向流动顺畅，纵向信息流动更迅速。而网络警察这样一个要求快速反应的特殊组织，在信息反应的速度上有更高的要求。传统的层级制结构以其复杂的中间管理层阻碍信息有效传递，精细的分工和森严的等级制度压抑了员工的创造能力，已经严重阻碍了组织的核心能力的形成，影响到组织的生存和发展。基于以上考虑，笔者提出以团队为核心的水平式网络警察组织结构。

（二）组织结构模型

组织结构的扁平化是现代企业管理理论对于组织发展趋势的基本判断之一，由于信息社会的到来，组织规模的扩张以及计算机网络技术的发展，组织层级可以实现技术上的压缩，组织跨度可以增大，也就是组织的横向掌控能力得到了很大的提升。而警务信息化的实施使网络警察的硬件设备得到空前的提升，为水平式组织结构的实施打下了良好的基础。这是笔者提出基于团队的水平式网络警察组织结构的大背景。而为了快速聚集具有不同核心能力的网络警察成员，又需要该组织模式与团队建设的基本理念相结合，也就是以项目为导向，当有警务项目的时候，能够很快捷地将各方面的警务资源进行整合，项目结束时，团队随之解散。这样循环发展，真正做到了公安机关内部资源配置效能最大化。这个理念在某种程度上也是笔者在《基于互联网的跨区域警务合作与虚拟警务模式初探》一文中提出的虚拟警务模式的具体化。该模式是在虚拟企业理论的基础上结合我国当前网络警务发展的新趋势提出来的。传统的组织结构大多是自上而下、逐级控制的金字塔式结构，组织层级比较多。由于机构庞大、责权不明等原因，中层在上下层之间传递信息的有效性以及同级部门之间的协调性都大打折扣。在虚拟企业中，借助于高效的信息技术和计算机网络，企业的主管可以直接与每个子任务群进行交互式沟通，并迅速采取应变措施。各子任务群的目标任务明确而具体，自主性也大，因而也就更少存在推诿和拒绝现象。这种扁平化组织结构使工作效率得以提高。虚拟企业把从上到下的静态分割的职能管理转变为以过程为主线的项目管理。

基于团队的水平式网络警察组织结构（见图1）是扁平式组织结构的再发展，为什么称其为水平式组织结构，就是因为其组织层次很少，组织结构足够扁平化，接近于水平。这样的组织结构使上下级之间的沟通成本大大降低，提高了组织的效率。

按层级关系来分可以将其分为战略层和执行层两部分，其中执行层又分为战术层和操作层，战略层即为该组织的总部。它们通过执行层接受外部环境的信息，通过对信息的整理加工制定出该组织的战略，并将战略思想传递给执行层，指导执行层的工作。执行层由不同的团队组成，每个团队都是一个独立的工作模块，从战略层得到战略思想，按照战略方向制定自己团队的具体实施方案，具有极大的自主权，同时将团队从外部获得的信息迅速有效地传递给战略层。从整体上来看，该组织结构强调分权，重视员工的自主性，拓宽了战略层的管理跨度，减少战略层的日常管理工作，使其有更多的时间从事战略活动。同时又具有团队和水平式结构的双重优势，促进了信息横向和纵向的顺畅流动，极大地提高了组织效率。

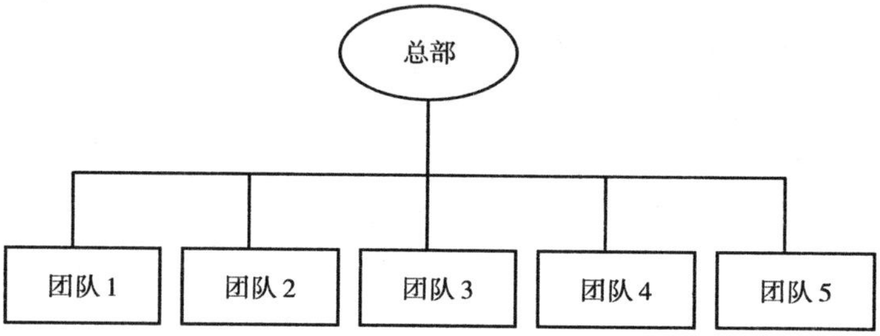

图1　基于团队的水平式网络警察组织结构示意图

（三）运行机制

这种基于团队的组织结构包括两个部分，一个是任务分解团队（Work Breakdown Team，WBT），另一个是人力资源团队（Human Resource Team，HRT）。WBT将组织中的工作划分为若干单元，并将工作任务传送到HRT。HRT指派责任人，由责任人向HRT下的各技能部门寻求团队成员，组建团队。团队组建成功后，团队责任人以任务为导向，向各团队成员细化任务以求完成任务。在团队成员被调配到团队后，成员由团队责任人负责，临时性地中断与原有技能部门的从属关系。在团队完成任务后，团队责任人和团队成员再回到原技能部门等待新任务的分派和新团队的组建。某些团队成员允许被分配到两个或两个以上的团队，作为团队与团队之间的联系人和信息传播者，加强团队之间的沟通和交流，提高组织整体绩效。在WBT和HRT之上有一个战略团队，负责组织的战略决策。它由WBT和HRT责任人和战略专家以及组织最高领导者组成。这就是基于团队的水平式网络警察组织结构的运行机制（见图2）。

我们将这种组织结构分为三个层次，分别是战略层、战术层和操作层。

1．战略层

战略层向团队负责，它由组织最高领导者、WBT和HRT的责任人以及一些战略专家组成。战略层要为组织发展创造条件，制定能够适应未来环境变化的战略，并能够很好地贯彻到WBT和HRT直至各个团队，使其上下一心，步

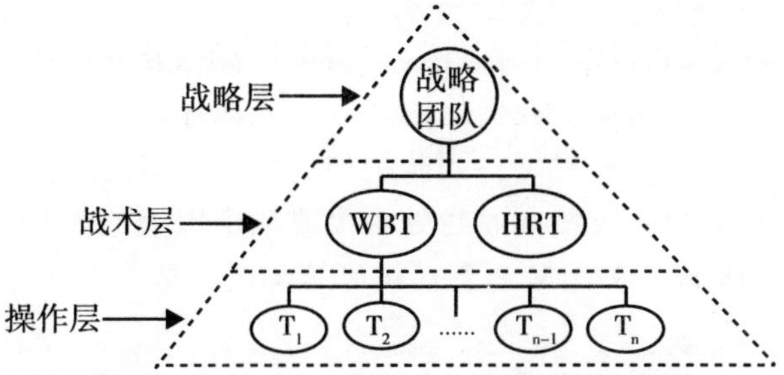

图2 基于团队的水平式网络警察组织结构的运行机制

调一致。同时，为保证组织制定的战略符合组织成员的利益，战略层还要制定各团队之间的协调标准，以尽量减少团队之间的冲突。在具体工作过程中，应该以讨论为主，充分发挥各团队成员的才智和优势，制定适合组织的、鼓舞人心的战略，使组织充满生机和活力。

2. 战术层

战术层由两个团队组成，分别是WBT和HRT。它们的责任主要是计划、组织和监督。

（1）WBT。WBT的责任人由精通计划、任务分配和监督的人员组成。它属于永久型团队，只要组织存在，它就存在。但它的人员组成不固定，由有能力恰当分配工作、协调任务、适时监督的人员加入。WBT的职责是根据组织的发展战略和组织资源制订工作计划，恰当地分解目标任务，并进行适时监督，保证目标任务的完成。对不能完成任务的团队，应及时采取补救措施，不能因为一个团队而影响组织整体计划。另外，WBT还负责各团队的绩效评价工作，制定基于团队的绩效奖罚政策。

（2）HRT。HRT由HRT责任人、人力资源管理专家和各技能人员组成，它同属于永久型团队。在HRT中，不同的技能人员被划分到不同的技能部门。在人员没有任务时，他们都从属于各技能部门以便于管理。HRT的职责有：根据WBT分配的各项目标任务，选派团队责任人，并监督团队责任人挑选团队成员，组建团队。另外，制订人力资源发展计划，实施招聘和培训，并参照团队绩效评价结果对员工绩效进行评价。在此基础上可以更有效地组建不同任务的团队。

在WBT和HRT之间应有良好的沟通协调机制。应做到事事有人做，人人有事做；统一认识，消除认知冲突；交换意见，了解对方的用意和难处，做到不因缺乏沟通影响组织整体绩效，从而达到战术层的协调运作。具体地，可以通过定期或不定期的会议实现上述目标。

3. 操作层

操作层是由各个临时性或长期性的、负责目标任务完成的团队组成的。各团队的内部管理应以人为本，在促使团队成员完成任务的基础上，更关心员工的成长和发展，素质能力的提高，团队精神的培养。另外，为加强团队之间的沟通，可以允许一个团队成员同时身处两个或两个以上的团队。

（四）基于团队的水平式网络警察组织结构的优势

1. 模块化

模块化组织又可称为插头兼容式组织，是一种能够对组织外部机遇作出快速反应，像插头一样兼容所有插座的组织。在模块化组织的基础上，该组织结构的展开，就好像不同工厂制造的家用音响和视频系统的组合部件一样简单便捷。

2. 动态性

在传统的组织内部结构中，每个警员被定位在以某一功能为核心的部门，各部门之间层级分明、权力集中、重视纵向的交流，而在横向则存在明显的壁垒。这种纵向管理、逐级负责的模式有严格的定位，注重纵向的联系，当组织目标的可预测性比较大时，这种模式比较有效。传统的组织间关系也比较紧密，一经组建便不会随着某项任务的结束而解散。组织与组织之间、组织内部各部门之间缺乏有效的沟通，不利于充分利用资源整合所带来的 $1+1>2$ 的放大效应。在动态变化的外部环境下，警察组织必须具有快速的应变力和更大的柔性，过去那种缺乏弹性的组织模式显然不能适应新的信息革命、社会市场环境的变化。该组织结构通过建立各种跨越功能的团队来共同参与项目，团队成员来自不同的成员组织，分属于不同的部门。可以在各成员组织之间实现信息和资源的集成、共享，这种共享和合作只是局部性和暂时性的，项目完成后，原属于各成员组织的人员、设备、技术仍然归原组织所有，不再参与共享，一旦有新的项目，又会有新的成员加入形成新的团队，组织形式始终处于动态变化状态。

3. 柔性化

传统警务模式是一种金字塔式的纵向科层式管理模式，从最高领导层到基层组织之间隔着许多层级结构，各层级强调的是一种纵向的服从和沟通，管理具有刚性。该模式中警员来自不同的组织，如果沿用传统的纵向管理模式，将难以协调虚拟警务各成员组织之间以及警员之间的关系，因此虚拟警务在尊重人的前提下实行分权化的横向管理方式，内部跨度层次较少，结构灵活、敏捷、富有弹性和创造性，管理幅度较大，管理者的管理对象增多，重视发挥人的主观能动性和创造性。这其中包括管理决策的柔性化，管理信息的柔性化和作业管理的柔性化。

4．敏捷性

在信息时代，犯罪活动具有跨地区、流动性、国家化等特征，如果没有敏捷的警务合作机制，就会使警务成本大幅上升，极大地降低警务效率。为了捕捉最佳的机会，警察组织不仅需要集成自身内部现有的资源，而且还需要充分借助外部资源。任何组织都不可能拥有每一个警务活动所需要的全部资源，警务组织间核心优势的集成才是快速响应并实现外部需求的基础。基于团队的水平式组织结构对外部环境极为敏感，能够快速地聚集所需要的资源，当机遇来临时，具有所需能力的优势互补的组织能够根据共同的目标和不同的需求迅速组合，各组织成员只从事自己具有优势的工作，而将自己不擅长的工作交由其他具有优势的成员去完成，成员间分工协作、协同作业。尽管各成员组织之间是独立运营的，但每个组织具有很强的灵敏性，能及时随核心组织的状态进行相应调整。

5．互补性

该模式中的组织是以项目或者机遇为核心，通过契约关系共享与互补资源和能力，它是组织资源与能力的强强联合，成员组织集中各自的核心能力做自己最擅长的工作，贡献各自的优势资源，共同构成实现目标的所有资源和能力，形成优势资源和核心能力互补的统一体，产生强大的资源优势和竞争优势。

6．形式上的虚拟性与过程中的实体性

基于团队的水平式网络警察组织有“虚”的一面，也有“实”的一面。“虚”是指组织机构和形式上的“虚拟”，它不是法律意义上的实体，成员组织原来各自的法人地位不变。在警务活动发生的过程中，成员组织各司其职，不需要办公地点的变迁。所以团队只是不同组织或不同组织中的一部分，甚至是同一组织内部不同部门间的一种临时组合，各成员以各种方式和手段协同作业，形式上就如同一个实体组织一样。因此，虚拟警务中的“实”就是指警务活动中的“实体性”组织和场地。

参考文献：

[1] 鞠蕾：《以团队为核心的水平式组织结构模型研究》，载《黑龙江对外经贸》2007 年第 9 期。

[2] 高秀菊：《一种基于团队的新型组织结构的构建》，载《科技管理研究》2010 年第 19 期。

［3］崔长茂、管玉峰：《浅谈网络犯罪立法和网络警察队伍的建设》，载《西北工业大学学报（社会科学版）》2003 年第 9 期。

［4］李俊：《关于我国网络警察现实问题的研讨和对策》，载《广西警官高等专科学校学报》2010 年第 5 期。

［5］吴道霞：《加强我国网络警察建设的思考》，载《中国人民公安大学学报（社会科学版）》2009 年第 1 期。

［6］吴兴民、文伯聪：《论网络警察的意义、职责与工作机制》，载《网络安全技术与应用》2005 年第 2 期。

专题五

警务微信平台建设与效能评估研究

苏　娜*

一、公安微信的概念及特点

（一）公安微信的概念

微信是腾讯公司在2011年年初推出的一款网络社交软件，它可以通过网络快速发送语音、视频、图片和文字，微信还提供公众平台、朋友圈、消息推送等功能，用户可以通过"摇一摇"、"搜索号码"、"附近的人"、"扫二维码"方式添加好友和关注公众平台，同时微信用户还可以将精彩内容分享到朋友圈。目前微信用户已达3亿，而且还在不断增长中。单位组织还可以借助微信公众平台，注册自己的微信公众账号，宣传自己的业务，扩大自身影响力。微信的独特优势和低成本，使其一经推出便被广泛使用，成为继QQ和微博之后的使用最广泛、影响力最大的社交媒介，正在改变着人们的社交生活方式。公安机关作为和人民群众关系最为密切的政府部门，顺势而为，在全国政务微信建设中名列前茅，利用微信的各项功能优势，创新了公安机关社会管理工作。公安微信是指公安机关以真实的组织身份在微信公众平台上注册的微信公众账号，公安微信通过微信公众账号进行消息推送和消息回复。公安微信主体具有真实、公开的公安身份，微信内容以公安业务为主要内容，工作方式主要是发布警讯及相关信息、回复用户的咨询等。

（二）公安微信的特点

1. 操作的便捷性

公安微信公众平台的创建操作十分便捷，主要有以下四个步骤：（1）注

---

* 苏娜，中国人民公安大学公安管理学院讲师。

册：用浏览器打开微信公众平台网站 https://mp. weixin. qq. com，点击“立即注册”按照提示完成基本信息登记。（2）激活：基本信息完成以后，注册邮箱会收到一封激活邮件，点击邮件中的链接地址即可激活，随后登录微信公众平台进行其他信息登记即可完成微信公众号的注册。（3）审核：信息登记完成后，一般需要 7 个工作日等待审核，在审核通过之前，该公众号只能实现基本功能，无法实现群发、二次开发等高级功能。（4）账号推广：微信公众平台无法主动去添加好友，只能被他人添加为好友，通过二维码扫描或搜索微信号的方式，用户可以将公安微信公众号添加关注以实现消息互动。公安机关也可以将微信公众号或二维码信息以书面或其他方式（如微博、QQ 等）告知市民，以实现该平台的推广。

2. 交流的高时效性

警务消息一旦发送，就会在终端通过微信平台通知用户，具有同步性，因此用户实际上是被强制阅读推送的信息，信息的抵达率几乎是百分之百。

3. 推送信息的多样性

微信的普通公众账号可以群发文字、图片、语音三个类别的内容，而认证之后的账号拥有更高的权限，能推送更漂亮的图文信息。这类图文信息也许是单条的，也许还是一个专题。例如，“乐行南昌”微信公众账号每天都会向用户推送一个交管方面的相关专题，图文兼备，宣传效果很好。

4. 传播信息的精准性

微信公众账号可以通过后台的用户分组和地域控制，实现消息的精准推送。

二、公安微信的功能及作用

（一）微信的功能

1. 实时交流

该应用程序支持语音、文字、图片、实时对讲机、多人同时群聊等功能，运行方便，只需使用手机号、微信号或 QQ 号进行非实名注册即可。目前市面上几乎所有的智能机型都可以任意下载、安装微信，在手机网络覆盖范围内，可随意与人聊天，且不收取额外费用。

2. 在线查找

一是通过与微信绑定的 QQ 号码和手机号码进行有针对性的查找；二是通过“摇一摇”功能，与同时在摇手机的陌生人即时通信；三是通过“查找附近的人”功能，根据用户的地理位置找到附近同样开启这项功能的人，使用户轻松找到身边正在使用微信的其他人；四是依托微信特有的“新增用户提醒”功能，第一时间找到新增好友。

3. 定位导航

通过微信可查找到手机用户所在的具体坐标位置，还可根据“朋友圈”发表信息时显示的所在位置，对其进行导航定位，且精确程度较高。

4. 插件支持

微信支持微博、QQ 同步助手、邮箱、语音记事本、通信录安全助手、二维码扫描登录等插件，可实现以上功能的综合应用。

（二）公安微信的功能

鉴于微信的上述功能，其在公安警务工作中的应用主要体现在丰富侦查破案手段和提升服务群众水平上。各地公安机关灵活运用微信功能，及时侦破了一批案件，并在“网上公安局”中加以应用，提升了服务质量，充分体现了微信在公安警务工作中的积极作用。微信在警务工作中的应用主要有以下几方面：

1. 利用关联功能，分析身份

目前，微信用户主要通过手机号码、QQ 号码进行注册，一旦掌握犯罪嫌疑人的手机号码或 QQ 号码，可以利用“按号码查找朋友”的功能，输入犯罪嫌疑人的手机号码或者 QQ 号码，对其个性签名、标注地区进行研判，从而确认犯罪嫌疑人的身份。反之，通过对犯罪嫌疑人的微信账号关联的 QQ、微博信息进行分析，也可锁定犯罪嫌疑人身份。此外，鉴于当前年轻用户生活比较“潮”，喜欢“晒”个人生活照片到微信“头像”、“朋友圈”等，通过对微信图像的关联分析，可以帮助确定犯罪嫌疑人。

2. 利用关系研判，缩小范围

掌握了犯罪嫌疑人的手机号码，但未发现其开通微信时，可先调取该号码的通话记录，梳理出与其联系频率较高的关系人的手机号码，再通过微信搜索功能查询出其交友圈，了解其社交圈的基本情况及其日常生活、工作或居住地等，从而确定侦查方向，缩小侦查范围。

3. 通过搜索定位，分析位置

微信在登录状态下会定时上传用户位置，依托“附近的人”功能，可以对周边数千米范围内的微信用户进行检索定位，从而研判犯罪嫌疑人当前是否在某一区域，进而划定搜捕范围。

4. 依托虚拟空间，发现目标

对于一些不用真实姓名注册、不上传照片的微信用户犯罪嫌疑人，侦查人员可以以虚拟身份使用注册账号，申请加犯罪嫌疑人为好友，与其沟通交流，获取其相关信息后实施抓捕。

5. 通过信息分析，收集证据

犯罪嫌疑人微信中的昵称、个人签名、朋友圈、关联微博等信息在一定程度上反映其真实身份、生活状况、心理个性、关系人等情况，将这些信息与其他分析手段综合使用，可对其进行全方位的判断、筛选，进而掌握犯罪嫌疑人归案前的日常生活习性、动态轨迹等信息，为全面掌握犯罪嫌疑人基本情况和进一步串并案件、确定审讯突破方向提供参考依据。

6. 利用实时沟通，扩大宣传、精准宣传

公安机关担负着打击违法犯罪、服务群众、加强社会管理的重任，与微博相比，微信的实时、快捷优势更突出。当公安微信用户关注公安微信公众账号并勾选了“接收信息”选项后，公安微信公众账号就可以从公众平台的管理页面上，通过群发消息对所有关注它的微信用户进行信息传播。同时公安微信用户还可以在公众平台上与公安机关进行互动，咨询相关问题，举报违法犯罪活动，且这些都是一对一的沟通，保护了咨询者的隐私权和举报人的人身安全。

（三）公安微信的作用

1. 利用微信公众平台，拓展警民沟通新渠道

信息时代，传统的警民沟通方式已经很难满足人们的新需求，而基于微信公众平台的信息发送可以实现图文并茂，甚至还有视频片段，这将给警民沟通工作的手段、效果等带来全新的变化。公安微信公众平台用户一般都是基于对公安信息的需求而选择订阅的，因此信息阅读率基本是100%，并会给予一定的反馈，通过微信平台，不仅可以向用户发布各种警务资讯，还可以为用户解疑释惑，同时还可以在微信平台上征集各种意见、实施警务满意度评价等，有利于在公安工作改革中收集社情民意，提高改革的针对性和实效性，更好地为人民群众排忧解难，增进警民感情。

2. 随时随地收发警讯，打造移动警务

公安机关可以将文本、音频、视频等多种警务信息通过微信公众平台群发给群内用户，而用户只要拥有移动设备，就可以利用碎片化的时间，在车站、机场或某一个特定等待的场合随时查阅这些信息。同时，用户也可以随时随地将自己周围的一些警务信息通过文本、音频、视频的方式发送给平台，公安机关接收后，会第一时间进行处理，或进行群发提示，有利于警务危机的快速发现和处理，如此，通过随时随地的警讯发布与反馈就可以打造真正的移动警务。在这过程中，公安微信平台和用户既是警务信息的接受者，也可以是警务信息的发送者，有效提高了警务工作的针对性和人民群众的参与度。

3. 推送警界资讯，树立良好公安形象

社会监督无处不在，公共舆论日益开放，公安机关由于其工作内容的特殊性，很容易被推到公共舆论的风口浪尖上，加之不明真相者的信息传播及媒体的炒作，使公安机关的形象受损，严重影响警民关系的和谐发展。良好的公安形象对于公安工作的发展至关重要，公安机关利用微信公众平台推送关于本部门的警务活动(非保密)、工作报告、警队文化、警员训练等方面的最新资讯，增进人民群众对警务工作及公安机关真实情况的了解，赢得广大民众的理解和支持。

三、公安微信的现状与问题

根据全国公安政务微信协作联盟的不完全统计数据显示，截至2013年7月31日，全国共开设公安政务微信648个，其中通过认证的有145个；覆盖了从省厅到地市局、分县局、派出所甚至社区警务室；囊括了交管、消防、边防、禁毒、治安、刑侦、出入境、经侦等各个警种。从数量上看，分县局这一级别开设了113个微信，派出所这一级别开设了124个，地市局这一级别开设了64个，省厅这个层级全国只开通了6个。从总体来看，目前的公安政务微信在整体层级上已初步形成了一个全面覆盖的体系，但主要以基层公安机关开设的微信为主，这也反映出基层公安机关与老百姓日常生活接触最为紧密，互动最为频繁。其中不乏一些成功的公安微信，其订阅量空前增长，如“厦门市智能交通控制中心”的订阅量达到了近17万，“广州公安”的粉丝达到了3万多，“乐行淮安”的订阅量将近3万，“乐行南昌”达到了1.8万，“咸阳交警”达到了1.6万。①

拥有可喜成绩的同时，我们也发现公安微信中达三分之一左右的公众平台成了“僵尸账号”，公安微信质量参差不齐，许多问题也开始凸显。有少数地方公安机关是出于政绩而非便民的初衷开设微信的，不潜心做服务，而是盲目争第一。还有的由于后期缺乏系统化、组织化的资源作保障，限制了公安微信的服务质量，难以为继，只有将已经开设并通过认证的公安微信半途而废、弃之不顾。公安微信和公安微博不同，它是组织行为，应实施组织系统运作，应有相应的组织、经费和制度保障，但目前一些公安微信只是靠个人热情运作，没有组织的支援，服务质量及运行的可持续性很难得到保证。

公安微信主要有三个基本目标：一是通过警务资讯的及时推送，促进警务信息进一步公开，增强公众对公安机关及警务工作的了解和支持；二是通过在线查询相关事宜办理程序、办理进度等，促进公安行政管理工作向服务型转变，实现高效便民；三是通过警民互动、公众参与，促进警务工作更好地满足

---

① 林笛：《公安微信“量化”调查》，载《人民公安报》2013年8月15日。

公众需求，提高公众满意度。要想实现以上三个目标就必须树立以用户为中心的服务理念，建立个性化的信息服务模式。所谓信息服务个性化是指针对信息用户的特定需求，以合适的方式，主动向用户提供经过集成的相对完整的信息组合或知识组合。这个定义包含以下几个方面：个性化服务必须针对特定需求，必须主动提供服务，必须采用适合特定信息用户的服务提供方式，提供的是相对完整的知识或信息的组合。其中最重要的就是搞清楚信息用户的特定信息需求，只有明白了需求才能主动地为其提供有针对性的服务。①

目前，全国各地公安机关都比较注重公安微信的建设和运营，公安微信公众平台信息资源及服务也已初具规模，公安机关不断完善微信平台功能，加强后台管理并及时反馈，以用户为中心的平台服务及建设理念逐渐建立起来，信息服务的个性化问题成为公安微信优化服务的焦点。基于此，对我国公安微信公众平台的个性化信息服务进行调查，结合公安微信的三大基本目标进行研究分析，以期对促进公安微信工作提出一些自己的见解。

四、公安微信个性化信息服务效能调查分析情况

（一）公安微信个性化信息服务效能现状

本文选取了我国公安微信建设中比较有代表性的 10 个公安微信作为调研对象，分别是广州公安、商丘公安、平安淮安、深圳南山公安、平安肇庆、平安北京、平安温州、昌吉公安、中山市公安局、福州公安。

调查内容主要根据公安微信的三个基本目标，围绕公安微信的个性化服务展开调研，主要内容包括：一是公安微信公众平台建设的个性化程度：平台的整体布局结构是否便于用户查阅、检索和互动，信息推送是否符合用户的个性化需求；平台是否提供帮助用户使用的相关指南或说明；二是公安微信平台内容方面是否能满足各类用户的各种信息需求，如业务的在线办理、在线查询、在线咨询等；三是平台是否设置了各类便于用户与公安部门互动的信息服务功能模块，如参与决策、调查、举报、投诉、投票、留言、访谈、提供线索等。以上调查内容都是公安微信平台为用户所提供的服务内容和服务方式，也都体现了以满足用户需求为中心的个性化信息服务理念。

对 10 个公安微信平台个性化服务建设的调查结果如表 1 所示。由于本次调查对象选择的这 10 个公安微信皆属于随机抽取，因此通过表 1 的调查数据可以初步了解我国当前公安微信建设服务的整体水平及存在的普遍性问题。调

① 段尧清、费奎明：《个性化电子政务信息服务模式》，载《情报杂志》2007 年第 6 期。

查显示，我国目前对公安微信建设有了基本统一的规划：（1）主要围绕“信息发布”、“在线服务”、“参与互动”三大主题设置平台模块及信息服务内容。（2）被调查的公安微信平台基本都设置了公安政策、警务新闻、一线警讯、警务提示等信息发布栏目。（3）全部设置了在线服务及在线查询等服务功能，包括公安行政管理中各类业务办理的信息服务指南，各类交通实况、违章查询、各项事宜办理进度查询等。（4）绝大多数都设置了警民互动模块，开设有奖举报、监督投诉、最美警察投票、局长信箱等。

表1　公安微信个性化服务效能调查

公安微信平台服务内容	微信平台目录体系	信息发布及查询功能	在线服务功能	参与互动功能	个性化定制及帮助信息
广州公安	服务事项—警务信息—更多	警方新闻、广州金盾网、平安地图、防骗专区、平安宝典、《警视》	治安业务、交管业务、出入境业务、户政业务、快撤理赔	举报或报警、公安微博、业务指南	绑定手机号
商丘公安	便民服务—警务互动—资讯指南	警务报道、微博动态、办事指南	机动车违法查询、驾驶人记分查询、姓名重名查询、高速路况、失物招领	局长信箱、网上110、业务咨询、监督投诉、信件处理查询	无
平安淮安	交通违法—服务事项—生活娱乐	最新警务资讯、公安业务政策、周边警务机构、警方联络电话、驾驶人违法、机动车违法	警民互动论坛、有奖举报、微信游戏	公交查询、航班、影讯、天气、在线点歌	

续表

公安微信平台服务内容	微信平台目录体系	信息发布及查询功能	在线服务功能	参与互动功能	个性化定制及帮助信息
深圳南山公安	信息资讯—为您服务—与您互动	最新警讯、南山好警、微电影、防范助手、生活助手	户政业务、出入境业务、消防业务、治安业务、身边警务室	协查播报、有奖举报、微信游戏	无
平安肇庆	办事指南—交通违章	出入境、户政、交通、治安管理、消防管理	交通违章查询	无	无
平安北京	便民服务—业务指南	人口管理、交通管理、出入境管理	车辆违法查询、驾驶人违法查询、火灾隐患举报、便民电话	无	
平安温州	有奖举报—警务面对面—业务查询	微门户—警务资讯、办事指南	车辆违章、高速路况、户政办理、网上车管所、出入境查询	我要举报、寻车帮助、我要留言、我要报名	天翼看交通
昌吉公安	民意主导—服务事项—便民查询	交管业务、出入境、户政	全疆查询、高速违法、护照办理、户政、交管指南	投诉、违法线索举报、意见建议、最美警察投票	无
中山市公安局	有奖举报—便民查询—业务受理	港澳地区申请、港澳地区签注、往来台湾地区申请、申请护照	出入境进度	禁毒、电话诈骗、消防隐患、举报“三非”	无

续表

公安微信平台服务内容	微信平台目录体系	信息发布及查询功能	在线服务功能	参与互动功能	个性化定制及帮助信息
福州公安	办事指南—办事大厅—查询办理	警务创新、一线警讯、新闻聚焦、警方提示、户政、交通、出入境、治安、消防办事指南	网上办事大厅、违章查询、违章办理	无	无

（二）目前公安微信个性化服务效能存在的问题

1. “在线服务”名不副实

目前基本所有的公安微信平台都设有“在线服务”功能模块，主要内容包括治安业务、交管业务、出入境业务、户政业务、快撤理赔等的在线申请办理，各种业务办理进度查询，以及各类违章信息查询。经实际调查发现，这些“在线服务”功能只是静态地呈现出各类业务办理的相关流程及准备事宜，即只是在平台上提供了相关业务办理指南，并不能真正实现“在线”办理，还是需要公众“线下”办理。有的公安微信平台将“在线服务”直接链接到网络版的办事大厅，其实质与登录公安门户网站办理差不多，程序较为烦琐，没有体现微信平台“一站办理”的优势。另外，“在线咨询”、“在线查询”的效果也不如人意，咨询问题回复基本是后台程序响应，回复内容不够准确全面，有的还答非所问，在线查询形同虚设，不能实现查询功能，亟须设置人工回复功能并强化回复的及时性与人性化。

2. 公众参与互动效果不理想

公众参与互动既是公安微信创设的重要目标之一，也是公安机关汲取社情民意、构建和谐警民关系的重要途径。被调查的十个公安微信基本都设置了这一功能模块，主要内容涉及有奖举报、违法线索举报、监督投诉、局长信箱、最美警察投票、建言献策等。公众参与的渠道呈现多元化趋势，但是对于公众所提供的信息、举报、线索、建议意见等的反馈及应用，效果还不太理想，原本是动态互动环节，有的却变成了公众单方面的行为，警方的无回复、无反馈或者回复简单、敷衍都导致了公众后续参与互动的冷漠。回复中主要存在以下问题：（1）回复无时限规定；（2）回复内容相对简单，没有提供问题的相关材料；（3）没有设置回复结果的查询或检索功能。诸如此类的问题都会影响公安微信对公众的服务效能，降低公众对公安微信的满意度、信任度和参与度。

3. 个性化设置及信息定制欠缺

个性化公安微信平台的设置及信息定制的作用是满足用户个性化信息服务的需求。目前，公安微信平台的设置都是面对大众化的、全部的用户公众，缺乏特色和有针对性地服务各类用户，随着信息量的与日俱增，每个用户耗费在查阅自己需要的信息的时间将会大大增加，因此只有构建个性化的公安微信信息服务平台及信息定制，才能解决海量信息与用户有限时间、精力之间的矛盾，才能满足用户个性化的信息需求。个性化平台设置及信息定制是公安微信个性化信息服务建设的基本内容，遗憾的是目前公安微信平台建设很少有这方面功能的设置。

五、公安微信平台建设及服务效能提升策略

（一）公安微信平台建设策略

1. 做好顶层设计，按级设计平台

公安微信不能盲目求大求全，要根据机构级别、地方特点、百姓需求来设计相应功能。公安微信的软件特点决定了其主要的功能是解决基层老百姓生活中的具体问题，因此不同级别、不同工作职责的公安机关应按本部门的工作特色设计相应的公安微信平台。例如，县级公安机关，乃至派出所、警务室开设微信，受限于成本，只需要专注于把每天的信息发布做好，和老百姓互动好，处理好突发性事件就可以了；市级较大城市的公安微信，能负担得起技术开发的成本，就可以把后台的功能做强大一些，如一些系统咨询功能、预约办事功能等；省部级公安机关，由于本身不承担直接与基层百姓互动、服务的职能，而且之前的微博平台已经相对完善，可以按需开设微信，主要是宣传、通报和进行突发事件、热点问题的权威分析等。

2. 按需设计微信平台的“前端”和“后台”服务功能

公安微信服务主要分为“前端”和“后台”两个部分。地方公安机关开设政务微信，可以根据具体的需要和定位，有选择地进行开发。所谓“前端”服务，包括信息的主动发布和人工回复。由于这部分功能实现起来比较简单，而且比较容易实现优质的警民互动，比较适合小城市公安局、派出所甚至警务室的微信运作。例如，“平安肇庆”、“乐行南昌”每天都会推送一条消息给微友，介绍有关公共安全的知识。而“平安怀集”始终专注沟通、交流、服务，主播陈雄每天都用标准的广东当地口音与微友互动播报，以案说法，微信劝架，及时回复微友提问，实现了良好的警民互动，并且在一些突发性事件当中

也有出色表现。所谓“后台”服务，包括系统自动回复、数据查询调阅、预约办事等。由于需要一定的技术手段和经济成本，比较适合较大城市的公安机关。浙江省临海市公安局交警大队杜桥中队的官方微信账号“杜桥交警”推出了“机动车违法查询和驾驶员计分查询功能”，用户输入“1”，系统就自动回复机动车违法的相关信息，用户输入“2”，系统就能回复关于驾驶员计分的相关信息。“广州公安”的微信平台设计了一个专门的菜单页面，菜单功能包括市区路况查询、交通动态查询、电子警察地图查询等功能以及交管、出入境、户政等业务办理功能，还有一些具体的便民指南，微友们只需要轻触菜单，就可以轻松完成信息查询、业务办理等事项。“后台”的部分功能具有一定的技术门槛，如果公安机关没有技术力量，就需要借助第三方力量来实现。①

3. 统一标准、规范运营

目前，全国的公安微信建设工作尚处于各自为政的探索实践阶段，缺乏统一的管理和细化的工作标准。工作程序、内容及语言风格都不统一，有的过于严肃，有的过于随意，造成公安微信的权威性和信任度有一定程度的降低。因此，公安微信工作亟须建立全国范围内较为统一的、科学的平台建设与管理机制、工作标准和服务效能评估机制。进一步加快公安微信的审查与认证步伐，提高认证比例，排查、取缔假冒的公安微信公众平台。与此同时，应严肃发布信息的纪律，丰富信息内容，增强信息反馈，对“僵尸”公安微信账号进行清查、整改和注销。

4. 加强反馈，注重平台运营的过程管理

公安微信平台的服务效能在很大程度上取决于微信在警务工作中是否实现了效能的提高，是否让群众满意了。公安机关要注意协调好警察身份与微信用户身份的关系，既要代表机构形象，又要有亲民性；既要实事求是地公开公安信息、警务咨询、提供便民服务，又要有勇气面对网民的批评，及时给予反馈，避免“僵尸”微信平台的产生。此外，要进一步注重平台运营的过程管理，加强平台上下线的联动，公安微信的本质是警务工作的网上延伸，因此，应通过微信及时发现问题，获取线索，推动警务工作有序展开。通过微信推动公安工作效率提升，从而促进社会管理创新，建立高效的突发事件应对引导机制、问题处理的联动机制，力争迅速解决现实中的实际问题。

---

① 闵政、林笛：《公安微信如何走出“成长的烦恼”》，载《人民公安报》2013 年 8 月 15 日。

5. 领导重视，强化培训与考核

目前公安微信的运营一部分是靠个人热情在支撑，另一部分是领导比较重视，但总体来看，领导重视的强度还是不够，各方面的支撑条件还是不足，公安微信的可持续发展及质量难以保证。加强和改进公安微信工作领导，可参照国务院互联网信息办公室的模式，结合公安特点尽快完成，改变当前管理机构混乱、责任部门不清、职责不明的现状。要尽快明确公安微信工作基本宗旨、指导思想、工作机制、运行制度。要建立公安微信管理人员素质标准、准入要求，真正把公安微信工作纳入公安执法规范化的轨道。① 将公安微信的开设与运营情况纳入公安机关的考核体系，建立一套行之有效的评价指标，从订阅量、群众满意度、信息更新率、平均转发率、答复率、参与度等指标来对微信平台进行考核。还可以让第三方评估机构介入，以实现评估的公平、公正、公开。同时兄弟单位之间可组织实地考察，找差距、找不足、论发展；聘请本领域的专家、学者或先进单位民警来培训相关业务，提高其微信管理工作者的专业素质，提升公安微信平台的服务效能。

（二）公安微信服务效能提升策略

1. 加强公安微信前台、后台协同工作，提升“在线服务”效能

公安微信不仅仅是警务信息发布的重要平台，同时也是满足新时期公众需求，实现“一站式办理”、“在线办理”便捷式服务的平台。在线服务内容应以公安机关主要职能为主，如常设的治安业务、户政业务、出入境业务、交管业务，辅以其他方面的社会服务，如交通导航、天气预报等。应从分析日益增长的用户需求着手，强化以用户为中心的服务理念，重新整合、规范各项业务办理流程。对用户在线咨询问题，应提供相关业务办理的快速入口，对同一主题或同一类问题、业务，进行“一站式”办理。“在线服务”强调的是以用户为中心来设计服务内容与服务方式，因此，需改革传统的以各业务部门分散提供服务的工作模块，构建公安微信前后台、各业务部门的协同工作，以用户需求来组织每一个主题服务，避免微信平台上各种静态“在线服务”的存在以及各项“在线服务”指南的堆砌。

2. 加强警民互动，提升信息反馈效能

公安微信平台设置警民互动模块，是公众参与警务工作，为公安工作建言献策而搭建的重要平台，是提升警务工作针对性、工作效能、公众满意度的重要途径。从目前来看，警民互动功能模块已经初显优势，一方面让公安机关更

---

① 黄冬、贾坤：《公安微博的运营现状与发展对策初探》，载《铁道警官高等专科学校学报》2013 年第 1 期。

加了解社情民意，掌握工作的主动性；另一方面，通过这种警民互动，拉近警民距离，增强公安亲近的形象，赢得公众对公安工作的理解与支持。但从上面的调查中发现，警民互动中存在信息反馈质量不高、反馈不及时等问题，因此应首先建立信息反馈时间限定，及时反馈信息，对于无法反馈的问题，应对公众说明情况，不能无反馈而导致公众漫长等待；应对公众反馈问题进行大致的专题分类，方便公众“对号入座”地进入互动模块；对于公众反映较多的问题，应集中给予及时回复；对于公众参与互动的模块应设有检索、查阅功能，方便公众查阅提问问题及解答；对于公众参与的有奖举报、线索提供等，要注意为其保密并保障其安全，及时给予之前承诺的奖励。总之只有实现了真正意义上的参与、互动，提升信息反馈效能，才能最大限度地实现公安微信的“桥梁”作用。

3. 加强公安微信平台设计，提升个性化服务水平

公安微信平台设计是实现公安微信“信息发布”、“在线服务”和“警民互动”三大功能的技术支撑。经过一系列的技术研发与创新，微信平台已经愈加先进，技术层面几近无可挑剔，但从用户体验的角度来看，公安微信平台设计仍然缺乏人性化，仍旧是根据传统的行政机构业务框架来设计的，不利于个性化信息服务水平的提高。公安微信平台设计应简洁大方、美观庄重、标志统一，便于公众识别和操作使用；应利用计算机技术减少平台栏目的设置，利用层级划分，将相同主题的功能栏目设置在同一层级中，减少无关内容的堆砌；相同主题事项的各种服务应聚合在一起，并可互相快速切换，方便用户查阅、使用和办理。另外还可以运用相关技术进行信息的订阅和推送，链接其他网站门户，进行政策解读，利用朋友圈或群聊空间进行讨论等。

4. 加强公安微信中使用帮助功能的设计，提升用户的使用率和满意度

从目前公安微信使用的用户调查来看，使用者基本是年轻的、信息素养较高的群体，普及率还很低，原因就在于新技术的使用很大程度上依赖于使用者对该项技术的了解及技术储备，因此提升公安微信使用者的信息素养，对于提升公安微信的个性化服务效能是十分必要的。应在公安微信平台中设置面对公众的使用帮助功能模块，如使用助手、指南等，帮助用户了解如何使用公安微信平台实现自己的需求，帮助用户解决在使用过程中出现的各种问题。这一过程通过帮助用户满足自身需求，不仅提升了用户对公安微信的使用率、满意度和信任度，还提升了公安微信的个性化信息服务的效能。

六、警务微信服务效能评价指标体系

（一）指标体系的具体内容

根据警务微信的职能定位原则、兼顾效率和效益的价值导向原则、重点覆盖原则、结果导向原则以及可操作原则，构建警务微信服务效能评估指标体系（见表2）。

表2　警务微信服务效能评估指标体系

	一级指标	二级指标	指标说明
警务微信服务效能评估A	警务公开B1	警务动态内容C1	警务信息公开发布最新工作动态
		警情预警C2	及时提醒广大市民需要防范的警情，如社区防火防盗、防诈骗、交通管制信息等
		政策、法规发布C3	发布重要政策、法规、政府通告等
		信息更新C4	警务信息公开更新量与及时性
	业务在线办理B2	业务查询C5	满足用户在线查询需求，如违章情况等
		业务咨询C6	高效答复用户相关业务咨询
		业务申请C7	满足用户在线申报出入境、户政等业务
	警民互动B3	公众参与量C8	公众参与的数量
		回应数量C9	警方答复用户的数量
		回应质量C10	警方答复用户的有效性
		公众建议量C11	公众提出的建议量或线索数量
	平台性能及设计B4	平台布局C12	平台布局合理性、便捷性、美观性
		个性化服务C13	是否具有定制、搜索功能
		平时维护C14	组织专门部门或民警维护管理运营

（二）指标权重的确定

1. 构造判断矩阵

选取20名专家（包括警务人员、公众用户、公安管理研究人员三类）填写咨询表，形成判断矩阵，其本质是将专家丰富的知识和经验运用到众多相关因素的两两比较中，将其转化为决策所需的有用信息。具体操作是让专家通过比较各指标的重要程度，依据判断矩阵标度（见表3）进行打分，最后课题组根据各专家打分情况进行综合，分别构建出判断矩阵：A－B（见表4）、B1－

C（见表5）、B2－C（见表6）、B3－C（见表7）、B4－C（见表8）。

表3　判断矩阵标度及其含义

序号	重要性等级	标度赋值 C_{ij}
1	i、j两元素同等重要	1
2	i元素比j元素稍微重要	3
3	i元素比j元素明显重要	5
4	i元素比j元素强烈重要	7
5	i元素比j元素极端重要	9
6	i元素比j元素稍微不重要	1/3
7	i元素比j元素明显不重要	1/5
8	i元素比j元素强烈不重要	1/7
9	i元素比j元素极端不重要	1/9

注：C_{ij} = {2，4，6，8，10，1/2，1/4，1/6，1/8} 表示重要性等级介于 C_{ij} = {1，3，5，7，9，1/3，1/5，1/7，1/9}。这些数字是根据人们进行定性分析的直觉和判断而确定的。

表4　判断矩阵 A－B

A	B1	B2	B3	B4
B1	1	1/3	1/3	1/2
B2	3	1	1	2
B3	3	1	1	2
B4	2	1/2	1/2	1

表5　判断矩阵 B1－C

B1	C1	C2	C3	C4
C1	1	1/2	2	1/2
C2	2	1	3	1
C3	1/2	1/3	1	1/3
C4	2	1	3	1

表 6 判断矩阵 B2 – C

B2	C5	C6	C7
C5	1	3	3
C6	1/3	1	1
C7	1/3	1	1

表 7 判断矩阵 B3 – C

B3	C8	C9	C10	C11
C8	1	3	3	4
C9	1/3	1	1	2
C10	1/3	1	1	2
C11	1/4	1/2	1/2	1

表 8 判断矩阵 B4 – C

B4	C12	C13	C14
C12	1	3	1/2
C13	1/3	1	1/5
C14	2	5	1

2. 计算权重

以 A – B 判断矩阵为例，具体计算步骤如下。

（1）对判断矩阵按列进行归一化处理，得：

$$\overline{W_{ij}} = \frac{W_{ij}}{\sum_{i=1}^{n} W_{ij}} = \begin{bmatrix} 0.111 & 0.118 & 0.118 & 0.091 \\ 0.333 & 0.353 & 0.353 & 0.364 \\ 0.333 & 0.353 & 0.353 & 0.364 \\ 0.222 & 0.176 & 0.176 & 0.182 \end{bmatrix}$$

（2）将（1）所得矩阵按行求积，再求其 n 次方根，得：

$$\overline{W_i} = \sqrt{\prod_{j=1}^{n} \overline{W_{ij}}} = \begin{bmatrix} 0.109 \\ 0.351 \\ 0.351 \\ 0.188 \end{bmatrix}$$

（3）对（2）所得向量正规化（归一化）处理，所得即为所求的特征根向量，即权重向量。

$$W_i = \overline{W_i} / = \sum_{i=1}^{n} \overline{W_i} = (W_1, W_2, \cdots, W_n)^T = (0.109 \quad 0.351 \quad 0.351 \quad 0.189)^T。$$

3. 判断矩阵的一致性检验

（1）计算判断矩阵 A－B 的最大特征根。

$$\lambda_{max} = \frac{1}{n} \sum_{i=1}^{n} \frac{(AW)_i}{W_i} = 4.010$$

（2）计算度量判断矩阵偏离一致性的指标。

$$CI = \frac{\lambda_{max} - n}{n - 1} = 0.0035$$

检查决策者判断思维的一致性。CI 值越大，表明判断矩阵偏离完全一致性的程度越大；CI 值越小（接近于0），表明判断矩阵的一致性越好。

（3）衡量不同阶判断矩阵是否具有满意的一致性，还需要引入判断矩阵的平均随机一致性指标 RI 的值。对于1～9判断矩阵，RI 值如表9所示。

表9 平均随机一致性指标

1	2	3	4	5	6	7	8	9
0.00	0.00	0.58	0.90	1.12	1.24	1.32	1.41	1.45

计算随机一致性比率 $CR = CI/RI = 0.0035/0.9 < 0.10$，认为判断矩阵具有满意的一致性，否则就需要调整判断矩阵，使之具有满意的一致性。因此，以上所计算权重值具有有效性。

根据以上计算原理和过程，分别计算出各指标权重，结果如表10所示。

表 10　警务微信服务效能评估指标体系权重

	一级指标	权重	二级指标	权重
警务微信服务效能评估A	警务公开B1	0.109	警务动态内容 C1	0.189
			警情预警 C2	0.351
			政策、法规发布 C3	0.109
			信息更新 C4	0.351
	业务在线办理B2	0.351	业务查询 C5	0.600
			业务咨询 C6	0.200
			业务申请 C7	0.200
	警民互动B3	0.351	公众参与量 C8	0.515
			回应数量 C9	0.190
			回应质量 C10	0.190
			公众建议量 C11	0.105
	平台性能及设计B4	0.189	平台布局 C12	0.309
			个性化服务 C13	0.109
			平时维护 C14	0.582

由此便于对警务微信服务效能进行绩效评估，在实际运用中也简单方便，具有一定的可操作性和参考价值。

参考文献：

[1] 陈晓罗：《基于微信公众平台的高校师生信息互动平台研究与实现》，载《吉林省教育学院学报》2013 年第 9 期。

[2] 白浩、郝晶晶：《微信公众平台在高校教育领域中的应用研究》，载《中国教育信息化》2013 年第 4 期。

[3] 赵艳芳、李广月：《应强化微信在警务工作中的深度应用》，载《人民公安报》2013 年 11 月 6 日。

专题六

“民生警务”的实践与思考

陈永胜*

一、“民生警务”的时代背景及其形成与发展

当前，国内外环境都在发生极为广泛而深刻的变化，我国发展面临一系列突出矛盾和挑战，前进道路上还有不少困难和问题。例如，发展中不平衡、不协调、不可持续问题依然突出，科技创新能力不强，产业结构不合理，发展方式依然粗放，城乡区域发展差距和居民收入分配差距依然较大，社会矛盾明显增多，教育、就业、社会保障、医疗、住房、生态环境、食品药品安全、安全生产、社会治安、执法司法等关系群众切身利益的问题较多，部分群众生活困难，形式主义、官僚主义、享乐主义和奢靡之风问题突出，一些领域消极腐败现象易发多发，反腐败斗争形势依然严峻，等等。解决这些问题，关键在于深化改革。①

目前，我国发展进入了新阶段，改革进入了攻坚期和深水区，我们面对的是十分复杂的国际形势和艰巨繁重的国内改革发展稳定任务。我国面临对外维护国家主权和发展利益、对内维护政治安全和社会稳定的双重压力，各种可以预见和难以预见的风险因素明显增多。近年来，为了深入贯彻落实科学发展观，推动公安工作科学发展，促进社会和谐稳定，公安部及各地公安机关积极部署开展了“警民恳谈”、“大走访”等活动，在社会上产生了广泛的影响。

---

* 陈永胜，中国人民公安大学公安管理学院副教授。

① 习近平：《关于〈中共中央关于全面深化改革若干重大问题的决定〉的说明》，载《十八大以来重要文献选编》（上），中央文献出版社 2014 年版，第 494 – 495 页。

而“民生警务”正是在这一背景下逐步形成和发展起来的。

据《人民公安报》及《法制日报》的不完全统计，比较早提出并实行“民生警务”的是江苏省海安县公安局。报道显示，它们在2007年10月就出台了六项有关“民生警务”的制度，即向群众报告制度、人大代表政协委员定期联系制度、信访投诉办理联席分析制度、案件当事人回访制度、全警联企制度、窗口意见征询制度。另一条报道显示江苏省兴化市公安局自2008年1月初在政府门户网站上开设了“网上认领”警务通道，加上此前开通的“110”警情播报、流动车管所等举措，这一系列关乎民生的警务机制，受到了当地群众的热烈欢迎。①

此后，有关“民生警务”的报道、探讨文章逐步受到重视，从《人民公安报》来看，自2008年开始，到2015年年初，标题中有“民生警务”的文章数量如下：2008年1篇，2009年12篇，2010年13篇，2011年18篇，2012年17篇，2013年32篇，2014年达43篇。② 数据显示：自2008年提出，此后各地关于“民生警务”的实践与理论探讨逐步增多，在2013年、2014年达到高峰。表明“民生警务”强大的生命力及蓬勃发展的趋势，预计今后一段时间还将持续受到较高的关注。从地域来看，江苏省、浙江省、北京市、山西省、山东省、湖南省等地在实践及宣传方面都有自己的特色，取得了良好的社会效益，扩大了社会影响。

二、“民生警务”的理论基础

在我国的历史长河中，孙中山先生首提“民生”，并将之提升到“主义”的高度。其主旨在于避免西方现代化过程中的贫富不均、两极分化的社会弊病，认为通过平均地权、兴办实业（“均地权以实现国民共享”，“兴实业以发达国家资本”）即可实现“民生主义”。他的民生思想对中国共产党有着深刻的影响。新中国成立后，几代共产党人在不同的历史条件下，都结合当时的实际情况对民生建设作了不少努力。进入21世纪以来，党对民生问题更加重视，并将之提高到一个新的认识及实践水平，如党的十七大报告中，就改善民生问题进行了较以往更为详细的阐述，明确提出在经济发展的基础上，加快推进以改善民生为重点的社会建设，要求着力保障和改善民生。十八大报告明确提出“在改善民生和创新管理中加强社会建设”，“加强社会建设，必须以保障和改

---

① 吴劲松：《兴化警方推出民生警务》，载《人民公安报》2008年1月18日第5版。

② 本组数据是根据“中国知网”《人民公安报》中标题中出现“民生警务”的文章的统计。

善民生为重点。提高人民物质文化生活水平，是改革开放和社会主义现代化建设的根本目的。要多谋民生之利，多解民生之忧，解决好人民最关心、最直接、最现实的利益问题，在学有所教、劳有所得、病有所医、老有所养、住有所居上持续取得新进展”。

当前，人民的民生诉求出现了一些新特点。一是诉求内容更为丰富，重点突出。调查显示，位于前三项的诉求有：缩小贫富差距、保障就业和完善医疗保障。二是诉求层次提升，表现在从“增收入”至“求幸福”；从“求重视”至“享尊严”；更加要求公平正义；更加突出公共服务诉求；非直接利益相关诉求逐渐增加。三是诉求渠道增多。传统的通过单位及信访部门的诉求在继续，而通过新媒体如网站、博客、个人微博、政务微博、微信等越来越受到人们的欢迎。四是诉求意识明显增强，人们已不再愿意做“沉默的大多数”，更有部分百姓已从事后的被动诉求转而成为事前的主动诉求，诉求意识大为提高，也更为积极。①

在这种新形势下，各地公安机关积极贯彻党和国家的“以保障和改善民生为重点”的社会建设方针，旗帜鲜明地提出了“民生警务”建设，如山东、山西在全省提出“民生警务模式”，辽宁省锦州市提出打造“民生警务”的“锦州样板”，湖南省长沙市自2012年开始“全力打造‘民生警务’”。那么，“民生警务”的理论支撑到底在哪儿？这是一个十分重要的理论问题，只有此问题得到解决，“民生警务”才能茁壮成长。我们认为，以下理论可以作为“民生警务”的理论基础。

（一）人民民主专政理论

人民民主专政理论实质是无产阶级专政理论在我国的体现。1949年2月1日至3日，毛泽东同志在与苏联的米高扬会谈时指出，这个新政权的性质简括地讲，就是在工农联盟基础上的人民民主专政，它的实质就是无产阶级专政。不过对我们这个国家来说，称人民民主专政更合适，更为合情合理。它是由各党各派、社会知名人士参加的民主联合政府，但名义上不这样叫。② 同年6月30日，毛泽东发表了《论人民民主专政》，文章指出：“人民是什么？在中国，在现阶段，是工人阶级，农民阶级，城市小资产阶级和民族资产阶级。这些阶级在工人阶级和共产党的领导之下，团结起来，组成自己的国家，选举自己的政府，向着帝国主义的走狗即地主阶级和官僚资产阶级以及代表这些阶级

---

① 于晓媛、赵晋泰：《关于民生诉求的几点新把握》，载《理论探索》2012年第6期，第87－88页。

② 金冲及主编：《毛泽东传1893～1949》，中央文献出版社1996年版，第910页。

的国民党反动派及其帮凶们实行专政，实行独裁……对于人民内部，则实行民主制度，人民有言论集会结社等项的自由权……这两方面，对人民内部的民主方面和对反动派的专政方面，互相结合起来，就是人民民主专政。”“人民的国家是保护人民的。有了人民的国家，人民才有可能在全国范围内和全体规模上，用民主的方法，教育自己和改造自己，使自己脱离内外反动派的影响（这个影响现在还是很大的，并将在长时期内存在着，不能很快地消灭），改造自己从旧社会得来的坏习惯和坏思想，不使自己走入反动派指引的错误路上去，并继续前进，向着社会主义社会和共产主义社会前进。”“人民民主专政的基础是工人阶级、农民阶级和城市小资产阶级的联盟，而主要是工人和农民的联盟，因为这两个阶级占了中国人口的百分之八十到九十。”①

（二）人民主权理论

人民主权理论的“始作俑者”应归功于欧洲“启蒙运动”的先驱、英国的政治哲学家洛克，他创立了以反抗为内核的人民主权观。洛克鲜明地提出人民主权思想，认为国家是为了保护社会而行动的组织，但它只能有一个最高权力——立法权，而其他一切权力均须处于从属地位。并且，立法权仅是为一定目的而行使的一种受委托的权力，如果人民察觉立法行为与其委托相抵触，他们还享有最高的权力以罢免或更换立法机关。这里包含了人民享有否决立法权的权力是真正至高无上的思想，正是“人民主权”的内核。在代表作《政府论》中，洛克一再强调人民主权的重要性以及实现途径：“在所有合法政府中，同政府的形式一样，确定谁是统治者也是政府自然和必要的一部分，是由民众自己决定的”。“立法机关的宪法是社会首要的和最根本的法令，宪法中的一些条例规定了他们的联盟如何在一些人的指导下和在一些法律的制约下继续存在。只有民众同意的人或民众委任的人，才有权制定这些法律，没有公众的同意和委任，他们中的任何人或任何数量的人都无权制定法律。”②

与洛克同时代的法国启蒙思想家卢梭对“人民主权观”进行了新的探索，尤其对人民主权实质的分析颇有新意。他提出了“公意”概念，使之成为人民主权思想的逻辑起点。卢梭以“权力”为中介，把公意与人民主权二者联系起来探讨。在卢梭看来，人民基于契约而建立国家，并且由此成为国家的主人。同时，国家为了社会全体成员的共同利益，要求具备普遍的强制力，是足以支配社会成员的“绝对权力”。这种权力在受“公意”指导时就形成了主权。卢梭的“公意”侧重的是公共利益，并不意味着要求全体人民的一致表

① 《毛泽东选集》（第四卷），人民出版社 1991 年版，第 1475、1476、1478 页。

② ［英］洛克：《政府论：下篇》，叶启芳等译，商务印书馆 1999 年版，第 96 页。

示，而只是大多数人的“公意”。主权就是执行“公意”，就是共同体的意志。其唯一目的在于公共的幸福。“公意”通过全体公民的民主议会得以实现，并通过这种议会的决议将其意图昭示天下，任何人都必须服从。

（三）权利本位理论

权利本位指在国家权力与公民权利的关系中，公民权利是决定性的、根本性的；在法律权利与法律义务之间，权利是决定性的、起主导作用的。权利本位概括地表达了以权利为本位的法律制度的特征。权利本位思想的形成与发展是近十年我国理论界的一个重大的理论成果，反映了当下我国社会转型过程中法学发展的新趋势。概括而言，权利本位思想的基本主张如下：关于在法这一定型化的权利和义务体系中，权利和义务何者为主导地位的问题，明确提出了权利的主导性；权利本位主要表达了法应当以权利为本位的一种价值陈述，这也表明在权利和义务所组成的法律整体结构中，权利应为逻辑起点或者居于主导地位；权利本位作为一种全新的法学思想和文化模式，否定了义务本位和权力本位等传统的法律文化观念和模式，具有历史进步性和必然性；社会主义法是新型的权利本位法，社会主义法是继资本主义法之后出现的最新类型的法，它没有否定权利本位，还把它与社会主义原则相结合，使之跨入新的阶段，即社会主义权利本位的阶段，权利本位作为社会主义民主和法制的要素已经并将继续显示出巨大的社会价值。

（四）法治公安理论

以社会主义法治来统领公安工作，就是法治公安。法治公安理论的基本要求是：公安工作的运行体现法律的统治；以法治的精神理解和执行条文法；平等对待所有人；把公平正义的理念贯彻在管理和执法的个案之中；在解决纠纷与冲突时最大限度地尊重公民的自主性；合理地减少强制力量的使用，尤其禁止滥用强制；着力防范和打击严重犯罪和非法的地下强势力量对于民众和公共利益的伤害和侵犯；除明显会损害公民权利和公共利益外；公安工作应该以最方便和通畅的方式公开；以权利保障来理解并严格执行程序。

建设法治公安是维护社会稳定的重要保障。要按照习总书记在政法工作会议上的要求，建立一支信念坚定、执法为民、敢于担当、清正廉洁的公安队伍，就是要按照创建法治中国的需要，建立一支素质优良、作风过硬、纪律严明、人民满意的公安队伍。这样的队伍不但要有把握推进依法治国、建设法治中国的能力，更要有运用法治思维和法治方式化解社会矛盾、维护社会稳定的经验。建设法治公安是促进社会公平正义的迫切需要。促进社会公平正义也是公安执法工作最重要的价值追求，是建设法治公安的根本目标，其具体要求公安机关要牢记“公平正义是公安机关的生命线”，肩扛公正天平，手持正义之剑，要努力实现执法队伍专业化、执法行为标准化、执法管理系统化、执法流程信息化，不断提升维护公平正义的能力水平。建设法治公安是深化公安改革的必然要求。公安改革是法治中国建设和公安工作科学发展的不竭动力，而建设法治公安则是深化公安改革的重要载体和必然要求。建设法治公安是推进法治中国建设的必然选择。在整个国家的法治建设过程中，公安机关起着非常重要的作用，是国家整个法治进程的推进力量乃至保障力量。所以，公安机关的法治水平在相当程度上反映了整个国家的法治水平和文明程度，而建设法治公安则是坚持法治国家、法治政府、法治社会一体建设的应有之义。

三、“民生警务”的实践样本

（一）浙江省湖州市公安局的“警务广场”模式

浙江省湖州市以“警务广场”为载体，创造了“民意导向警务”模式的“民生警务”。依据湖州市局党委领导的相关阐述，“警务广场”是他们在公安工作中对刑事发案率低与群众安全感和满意度不高之间的反差进行反思得到的启示。认为出现反差的原因在于公安机关与群众看问题的视角不同，前者主要以刑事案件的发案率、破案率来衡量社会治安状况，后者则是从自身的感受来评判安全感和满意度。“警务广场”就是要求公安机关更多地用老百姓的眼光来审视社会治安问题，更多地关注老百姓的感受。具体而言，“警务广场”指公安机关依托广场、公园等公众活动场所和互联网，搭建群众参警议警、警务协商、民主监督的平台，建立开放、参与、合作、共赢的民意导向警务运行模式，最大限度地保障人民群众的知情权、参与权、表达权和监督权，推进警务民主化，营造警务共同体，使公安工作充分体现民意、广泛汲取民智、更好保障民安、促进平安和谐。概言之，“警务广场”的内涵主要表现在构建民意导向警务模式、推进警务民主化、营造警务共同体上。[①]

“警务广场”活动的实践包含如下内容：其总目标为“搭建沟通大平台，促进社会大和谐”，其工作路径为警民沟通—民意评估—吸纳民意—回应民意—群众参与—警民合作。活动的方式方法主要有以下几类：一是开展广场警务活动，建立制度化的广场警务活动日。每年确定 1 月 10 日为 110 宣传日、8 月 18 日为湖州首届警察文化节纪念日、10 月 15 日为湖州第一次广场警务活动纪念日，其他与警务有关的日期如 3 月 14 日国际警察日、6 月 26 日国际禁毒日、11 月 9 日全国消防安全宣传教育日等，在这些日期在全市范围内分别

① 金伯中：《推动公安工作科学发展的路径探求——“警务广场”的实践与思考》，载《湖州警学研究》（湖州市局内部资料）2010 年第 4 期，第 2～9 页。

开展各种主题的广场警务活动，各基层公安机关则结合实际，不定期开展广场警务活动。活动要求尽力扩大群众的参与面，多采取群众喜闻乐见的形式，努力营造畅所欲言的宽松氛围，以吸引更多的群众参与到广场警务活动中来。二是打造“警务 e 广场”品牌。对已有的公安机关互联网门户网站，按照“警务 e 广场”的有关精神进行改版，在原来的便民服务、警务公开等板块基础上，重点改进警民互动、网民参与、安全预警等板块。据统计，新的“警务 e 广场”的点击量自开通后不断攀高，受到社会各界的关注与好评。三是统筹发挥好已有的各种载体的作用。把各种载体统筹安排，整合成一个警民沟通的大平台，真正做到警民沟通渠道更顺畅、信息传递更直接、群众表达诉求更快捷、公安反应更灵敏、群众监督更有效。四是以上述各种活动为基础，强化民意的研判和回应，开展惠民警务行动。通过对各种渠道搜集到的信息进行整理与分析，充分了解社情民意，组织开展回应民意、维护民权的警务大行动，以把民意切实落实在各项公安工作之中，让公安工作的成效的落脚点体现在惠及人民群众这点上。惠民警务活动要注意以下几点：首先，是针对人民群众反映集中、关系到群众切身利益、关系到社会稳定大局等问题，公安机关应每年组织开展专项行动，集中力量予以专项治理，并将相关成果向社会公开。其次，是针对群众反映的具体个案问题，建立“一对一”的工作模式，专人负责落实反馈，力争做到“件件有着落，事事有回音”。最后，是建立回应民意的快速反应机制，抓早、抓小、抓苗头，力争做到对社会治安和不稳定因素早发现、早报告、早控制、早解决。经过近几年的实践，湖州市局推出的“警务 e 广场”活动在本地取得良好的成效，引起社会各界的关注，专家学者也对此给予了很高的评价，公安部领导也给予其充分肯定并作了重要批示。

（二）山西省的“民生警务”模式①

山西“民生警务”模式，是山西公安机关与人民警察通过制度安排、机构设置、机制建设和行为活动，确立以民为本，在工作环节上主动前移，工作方式上主动服务，对社会大局稳定实行全时空、多方位的动态控制、有效保障，主动预防、快速打击违法犯罪，注重警力与民力资源的动员整合，以积极为社会服务、以保障和促进人民群众利益为工作宗旨的一种警务模式，这是不同于传统的警务理念、制度、机制的一种改革型的警务模式。有学者认为，山西省的“民生警务”具有以下几个特点：一是理念上，是“民生警务”、民心警务。“民生警务”，就是权力的目的是为了人民，这不仅在于给社会提供一个安全稳定的秩序，还在于保障人民的基本权益，即改革为了人民、改革依靠

① 本部分写作得到曹英教授的支持与指导。

人民、改革的成果惠及人民（由人民群众共享），这是我们山西“民生警务”模式的一个极其重要的特点。所以要以“走基层、察民情、解民忧、创满意”为载体，以“双建双联”为主要内容，服务群众（服务基层民警）、服务法律、服务稳定，三位一体，取得法律效果、政治效果与社会效果的统一。这也就赢得了民心，赢得了警心，这也是我们这个警务改革模式立于不败之地的源泉所在。二是体制上，是正规化、规范化、法治化警务。这是山西“民生警务”的内部保障体系。如执法活动的规范化，“四项整治”活动，工作运行机制、考核评价机制、监督制约机制与队伍建设保障机制等“从严治警”的长效机制建设，在内部体制上保障队伍的健康、高效、优质。三是机制上，是信息化、立体化警务，是民意主导式警务。山西“民生警务”模式的机制建设非常丰富，主要包括信息化警务、立体化警务、民意主导式警务。

（三）湖南省长沙市公安局的“民生警务升级版”

近年来，湖南省长沙市公安局提出并实行“打造民生警务升级版”，坚持改革创新、问题导向、民意引领，切实贯彻群众路线，主要在以下三个方面下功夫：一是解决老百姓反映强烈的突出问题，二是提升动态化、信息化条件下的打防管控能力，三是加强执法能力和队伍素质建设，目标在于有效提升群众的安全感、公众满意率和社会和谐度。其“民生警务”模式主要内容表现在以下几个方面。①

1. 既重视“破小案”，也重视“破大案”，坚持二者并重

例如，对于老百姓反映强烈的多发性侵财犯罪活动，市局在一定时期调转公安工作重心，将 2014 年确定为打击多发性侵财犯罪年，对抢夺、诈骗、扒窃、入室盗窃等犯罪从严从快打击，收效明显。而对于“小案”，市局领导则从民警思想意识、激励机制等方面入手，强化大案小案并重的思想及行动。一是教育广大民警“对老百姓而言，大案小案都是大事”。二是从 2014 年开始，市局对破获“小案”或“大案”的民警均予以奖励，反之，对不重视“破小案”者，则依据相关规定追究责任，实施责任倒查。2013 年，长沙市局开展了系列活动，如“星城金盾”行动、打击盗窃犯罪专项行动、“清霾行动”（针对多发性侵财犯罪）等，破获一批大案要案。

2. 既重视“创新管理”，也重视“优化服务”，坚持二者结合

近年来，长沙市公安机关连续推出便民利民措施，加强和改进窗口服务工作，为群众提供快捷服务。在“优化服务”的同时，长沙市公安机关坚持创

---

① 胡立强、向波、魏文超：《长沙打造民生警务升级版》，载《人民公安报》2014 年 4 月 25 日。

新管理，牢牢抓住人口管理这一社会管理重点，切实加强实有人口管理，不断推进流动人口与出租屋管理服务，坚持每月定期对用工单位、出租房屋、休闲场所开展清理核查。积极推动流动人口居住证“一证通”和基本公共服务均等化，扩展居住证异地申领机动车驾驶证、办理机动车注册、申领出国证件等服务功能，让流动人口享受和本地户籍人口一样的便捷服务。长沙警方还进一步加大社会治安防控体系建设力度，不断完善“网格化巡逻、立体化防控”和多警协作的快速反应机制，充分发挥“天网工程”的治安防控作用，推广“夜鹰工程”和“红袖章”工程建设，构建社会治安“大巡防”格局，全市“两抢一盗”案件日均发案数始终控制在较低水平。

3. 既重视“键对键”，也重视“面对面”，坚持二者联动

“键对键”指的是电子政务、电子警务，是警务的“电子化”，极大地方便了群众，提高了效率，节约了成本。长沙市局近年来提供的服务日益丰富和完善，包括21个网上“局长信箱”，开通“长沙警事”微博、警务QQ群、网上警务室等，2013年开始推行“阳光警务”执法办案查询系统。长沙市局党委把公安工作扎根于群众之中，“讲群众话、知百姓事、解万民忧”，通过“键对键”与“面对面”二者联动，推进服务群众高效化，开展了“结对认亲”、“两帮两促”、“百日大走访”、“学雷锋”等活动，组织民警深入基层、深入群众，全面掌握和解决群众反映的突出问题。

据长沙市公安局领导介绍，今后他们将在以下三个方面继续努力，推进“民生警务”的深入进行。一是扎实开展爱民实践活动。深化“大走访”、“双联三促进”等常态化工作机制，组织全市公安民警走进社区与家庭听民意、察民情、解民忧；不断创新“学雷锋志愿服务警队”服务平台和内容，开展形式多样的社会服务和公益活动。二是着力拓宽警民互动交流平台。开展“人民满意警察”、“拥警模范市民”群众评选活动，以及“警营开放日”等警民互动活动，建设好“长沙警事”微博、“网上公安局”等网上交流平台，不断加强警民互知、互信。三是积极创新便民利民服务举措。加强派出所基层基础工作，使更多警力沉入一线，更好地开展人口管理、治安防范、化解矛盾、服务群众等基础工作。立足公安工作实际，强化社会服务职能，在人口与出入境、治安、交通、消防管理等方面积极探索，不断推出便民惠民新举措，切实做到执法为民。①

① 胡立强、向波、孔奕：《以“五大警务”为引领 推进“平安长沙”建设》，载《人民公安报》2013年3月22日。

（四）江苏省常州市的“民生警务升级版”①

近年来，江苏省常州市公安紧紧围绕“科学发展”、“以人为本”的治理理念和时代主题，积极探索建立以保障改善民生为主旨、以公安“善治”为目标、与社会发展相适应的“民生警务”机制，取得了明显成效。常州的“民生警务”是常州公安坚持问题导向，从人民群众最关心的利益问题、党委政府最重视的现实问题、改革发展最迫切的关键问题出发，不断求索、不断完善的过程。

深化“五民工程”，处理好“五大关系”，打造“民生警务”升级版。在“五民工程”取得初步成效的基础上，推进“五民工程”全面深化，正确处理好“五大关系”：一是正确处理理论创新和实践探索的关系。重视理论研究，把2008年以来“五民工程”实践探索中积累的经验做法总结固化，形成理论体系并加以推广。二是正确处理顶层设计和基层创新的关系。尊重基层首创、鼓励基层创新。市局层面按照加快政府职能转变的要求，进一步理顺事权关系，建立权责相适应的制度，全力做好宏观规划、整体协调、业务指导等工作，积极激发基层创新潜能。基层公安机关要充分发挥自身积极性、主动性、创造性，积极探索、大胆实践，既要扎实抓好“民生警务”各项工作部署的落实，又要善于打造特色亮点，努力为“民生警务”升级创造和积累经验。三是正确处理胆子要大和步子要稳的关系。一方面要在总结“五民工程”成效做法的基础上，进一步增强自信、坚定信心，着力解决影响和制约平安建设与公安事业发展的体制性、机制性和保障性问题；另一方面要把握好“民生警务”的政策性、法律性和社会性，更加注重各项措施的系统性、整体性和协同性，正确处理好继承与发展、服务与管理、活力与秩序等关系。四是正确处理整体推进和重点突破的关系。一方面加强“民生警务”的统筹谋划、整体协调，形成工作合力；另一方面要紧盯薄弱环节和重点工作，强化协调推进，真正做到和谐安民、畅通便民、消防护民、服务惠民、执法为民。五是正确处理群众满意和警营和谐的关系。树立“既爱民又爱警”的理念，在践行“民生警务”、促进民生幸福的同时，推进实战化职业警队建设，不断增进警营和谐，让民警快乐工作、幸福生活。

四、“民生警务”的实践经验与不足

（一）“民生警务”的实践经验

经过五六年的实践探索，各地在实践“民生警务”方面积累了不少良好

① 尚建荣：《打造民生警务升级版的基本路径》，载《人民公安报》2014年6月16日。

的经验，主要表现在以下几个方面。

一是方向正确，观念超前，符合时代潮流。各地的实践成效都表明了其对“民生警务”的理解到位，明确了警察权的目的是为了人民，即为人民服务。主要包括为人民提供安全稳定的社会秩序、保证社会大局稳定，保障人民的基本权益，真正做到改革为了人民、改革依靠人民、改革的成果惠及人民。

二是措施得力。各地在落实“民生警务”时，各种举措确实让老百姓感觉到了办事更方便、服务更周到、社会秩序更安全。例如，浙江省湖州市的“警务广场”活动，从以往的便民服务、警务公开等方面，发展到警民互动、网民参与、安全预警等内容。而“警务 e 广场”则被整合成一个警民沟通的大平台，力争做到警民沟通渠道更顺畅、信息传递更直接、群众表达诉求更快捷、公安反应更灵敏、群众监督更有效。

三是“民生警务”力求服务民众与服务基层民警相结合，使之具有可持续性的特点。例如，山西省的“民生警务”模式，首先是服务群众，大力解决群众最关心、最关切、最关注的利益问题，帮扶弱势群体，从而赢得了民心。但如果仅限于此，基层民警只有付出，没有相应的激励机制，则该模式也难以为继。因此，在服务群众的同时，也要关心、关爱、关怀基层民警，实施温暖警心工程，从优待警。这样的“民生警务”模式才能不断深入进行、不断发展。

（二）“民生警务”实践之不足

目前，许多地方公安机关都在实施“民生警务”，但是认真仔细地观察、分析，就可以发现不少地方的“民生警务”模式还存在一些不足。例如，各地对“民生”的理解不一致，导致“民生警务”范围及内容不一致，限制了“民生警务”模式的创新和发展。“民生”，有广义和狭义之分。广义的“民生”是指人们的日常生活各类事项，包括直接相关和间接相关的事情都属于民生范围内的事情；狭义的则主要是指民众的基本生存状态和生活状态，及其基本发展机会、基本发展能力和基本权益保护的状态。我们认为，“民生警务”应该从狭义民生的角度去理解和解释，而且应主要从民众的生活状态、基本权益保护等方面去着手进行相关警务活动。换句话说，就是要通过公安机关及其有关各种活动，为民众提供一个安全稳定的社会秩序，保护民众的基本权益。而把“民生警务”随意夸大、扩展，有可能会造成运动式的活动，过一阵子或者换了领导就会慢慢消失；或者许诺、承诺过宽、过多，而实际上又很难切实做到，从而造成不良影响和后果。因此，我们对于“民生警务”的定位要适当，既要尽力而为，又要量力而行，才能取得良好效果，实现可持续发展。

五、“民生警务”的发展前景

2015年2月16日，新华社报道了《关于全面深化公安改革若干重大问题的框架意见》及相关改革方案已经中央审议通过，即将印发实施的消息。人们注意到，这是中央第一次提出“全面深化公安改革”，与以往相比，这次“全面”、“深化”的表述具有特殊的指向。有媒体梳理了本次公安改革的多个亮点，发现几乎每一个改革措施都与百姓的日常生活紧密相连，与民生密切相关。例如，“取消暂住证制度，全面实施居住证制度”、“向县级公安机关下放出入境证件受理审批权限，方便异地办理户口和身份证”、“改革驾驶人培训考试制度，实行驾驶人自主预约考试、异地考试”，以及“加快建立以公民身份号码为基础的公民统一社会信用代码制度”、“全面落实报警求助首接责任制、群众办事一次告知制、窗口单位弹性工作制”，等等。对每个公民来说，有没有这样的改革，生活会迥然不同。此外，该意见也从爱惜警力这一公共资源的角度，明确了要将一些非执法性事务剥离，以凸显公安机关的专业性、正规性。

全面深化公安改革，是适应时代新发展和人民新期待的必然要求，是促进社会公平正义、维护社会和谐稳定的必然要求，事关国家长治久安，事关广大人民群众切身利益，事关国家治理体系和治理能力现代化，对于建设平安中国、法治中国具有重大的现实意义和深远的历史意义。

对于“民生警务”而言，这也是一个推进自身发展的良机。各地公安机关应瞄准全面深化公安改革的总体目标，找准方向，凝练具体目标，逐步形成系统完备、科学规范、运行有效的公安工作和公安队伍管理制度体系，实现基础信息化、警务实战化、执法规范化、队伍正规化，进一步提升人民群众的安全感、满意度和公安机关的执法公信力。换句话说，就是要把“民生警务”与全面深化公安改革的总体目标结合起来，内化于总体目标，服务于总体目标的实现。如此一来，“民生警务”就一定会有一个光明的前景，一个美好的未来！

专题七

大数据时代的警务保障问题研究

——以警务微博为例

邹大伟*

一、引言

当今社会科技日新月异，随着硬件的高速发展和软件的同步提升，基于互联网技术、数据库技术及云计算的“大数据时代”正大踏步地向我们走来。经济结构将由生产经济转向服务经济，社会焦点将从围绕生产转向围绕创新，人与物质、人与人之间的主流社会关系将逐渐转向人与人之间的数据关系。在大数据时代的背景下，不少行业以数据之间的相关性研究为角度，找寻数据给行业发展带来的巨大价值。可以说，如果不重视数据背后隐藏的价值，那么要谋求自身发展就会举步维艰。商业领域中对于大数据的研判正在迅速发展，不少企业已获得了发展先机，而政府等行政机关则仍处于起步状态。

在政务公开方面，警务微博一直走在前面，成为警务改革的重要领域。警务微博作为我国影响较大、成效颇为显著的新型管理手段与模式之一，是大数据时代警务改革中具有代表意义的先驱。以警务微博为切入点，研究现实公安工作中警务保障的需求内容以及分析其一定时期内的规律性，符合现阶段信息化主导的公安改革思路。本文遵循上述思路，基于对警务微博所承载信息的科学分析，着力阐述实现警务保障工作的主动性、迅速性、高效性和针对性，以便提高警务保障工作的效率和实际效果。

二、大数据下的警务保障相关基本问题研究

（一）大数据的相关理论研究

1. 大数据的基本概念

随着信息技术的发展，互联网以及移动网络的普及，使得数据信息的计算

* 邹大伟，男，中国人民公安大学公安管理学院讲师。

速度呈“PB”单位增长，不少学者认为人类社会已经进入到了大数据时代。大数据，也称海量数据，是指在网络接入的媒体设备上流动，具有数量巨大、内容复杂、流动性快等特点的终端数据流。大数据是随着云计算等具有高级信息数据处理能力的现代技术产生而产生的。大数据的应用范围广泛，既可以用于企业公司，又可以用于政府单位和社会机构，具有很大的应用潜力。

大数据的提出，给人们提供了数据分析新的研究角度，使众多看似无用的数据呈现出新的价值，同时人们关于信息数据联系性的探索不再局限于因果联系，而是更多地从数据的相关性出发，这样才能提高数据指导实际工作的效率。

2. 大数据的特征

大数据时代，信息不仅是一种视觉和感官的存在，更是一种可捕捉、可量化、可分析的客观存在。对信息的来源、过程及影响的综合分析与思考，能够直接为我们展现真实世界背后的逻辑关系。更重要的是人们可以在很大程度上从过去对于因果关系的追求中解脱出来，将注意力集中在相关关系的发现和利用上。①

技术进步的意义不仅仅在于技术手段的先进化，更重要的是改变思维方式及相应的工作思路与模式。大数据时代的到来与三个重大的思维转变有关，这三个转变是相互联系和相互作用的：首先，要分析与某事物相关的所有数据，而不是依靠少量的数据样本；其次，我们乐于接收数据的纷繁复杂，而不再追求精确性；最后，我们的思想发生了转变，不再探求难以捉摸的因果关系，转而关注事物的相关关系。②

（二）警务保障的相关理论研究

1. 警务保障概念

警务保障概念分为狭义和广义两种，从狭义概念上讲，警务保障主要指的是公安装备保障，即为各项工作提供必要的警用装备、设施、器材、工具、服务等以及公安经费保障。与传统意义上的公安机关后勤保障等同，也就是所谓的“小保障”。从广义概念上讲，警务保障涉及警力资源保障、组织资源保障、政策保障、法律法规保障、技术保障、信息保障等，也就是所谓的“大保障”。③ 学界普遍采用的是广义的警务保障概念。本文所提及的警务保障采

---

① ［英］维克托·迈尔－舍恩伯格、肯尼思·库克耶著：《大数据时代：生活、工作与思维的大变革》，盛杨燕、周涛译，浙江人民出版社 2013 年版。

② ［英］维克托·迈尔－舍恩伯格、肯尼思·库克耶著：《大数据时代：生活、工作与思维的大变革》，盛杨燕、周涛译，浙江人民出版社 2013 年版。

③ 曹通、张玲：《论现代警务保障的要求》，载《云南警官学院学报》2013 年第 3 期。

用的也是广义的概念。

2. 警务保障需求

现代警务强调事先预防，警务保障理念也由原来的“查漏补缺”转变为“主动、迅速、高效、具体”。在这个过程中，警务保障不再是被动跟进，而是根据实际情况同步调整，或者按照警务工作的发展规律进行事先布置和安排。警务保障需求主要表现为公安机关能够根据当下发生的警情，及时进行科学研判，调配警用资源，已达到用最少的警务保障资源，高效率完成公安工作的目标。

随着近些年我国社会的高速发展，社会环境的剧烈变化，非传统安全威胁和新型犯罪日益复杂，都对公安机关的工作能力提出了更高的要求。公安机关所面临的工作环境日益复杂，相应的对警务保障工作也就提出了新的、更高的需求。大数据时代下，警务保障需求更加明显，主要体现在警务保障的效率上。笔者认为，警务保障应该是及时、主动和动态的，警务保障需求的满足在我国目前经济、社会、政治条件下，应该侧重于信息保障，因为此处的增长空间及可能性最大。

（三）大数据下的警务保障研究发展

信息化建设是公安机关的基本建设之一，而信息化建设的核心就在于数据的收集、储存与研判，从大数据的研究角度来看，这两者是相同的。大数据时代下的警务保障研究，一方面符合公安机关信息化建设的要求，另一方面也顺应了大数据时代的发展趋势。

目前，对于大数据时代下的警务保障研究较少，虽有学者提到警务保障的发展和信息收集与研判有关，但没有明确提出新时期警务保障的发展和大数据发展的对应关系，因此也就没有着重系统地从数据收集、整理、分析的角度去研究警务保障的发展。大数据研究思路运用于警务保障的研究是警务保障改革的一个新思路，其强调了数据的整体性、相关性，重点分析现象之间的相关关系，以此来提高警务保障的实效性，满足警务保障动态需求。

孟建柱同志曾经提出过“保障有力、管理规范、基础扎实、服务到位、廉洁高效”的警务保障工作的总目标。在信息化建设下，大数据思维对转变警务保障发展方向具有重要作用，加强大数据时代下的警务保障研究，有利于促进公安工作的改革，抓住世界走向数据化的机遇。

（四）大数据为人民警察职业保障制度带来的机遇与挑战

传统的人民警察职业保障制度建立的基础是工业化时代集中式物流的经济批量模式，人们追求的是有限数据的精确性及普遍性规律。这种模式下，人民警察职业保障制度的重点在于，通过传统经验传承和尽可能准确、精确的抽样调查，研究各项影响因素与职业保障之间的内在关系，建立普遍性的基本社会保障、专属警察职业保障及警察补充保障所构成的人民警察职业保障制度体系，满足的是绝大多数人民警察的普遍性职业需求。随着社会的多元化高速发展，传统的整齐划一、单向性、缺乏互动的规划和管理，显然已经不太适应当今社会。特别是随着人民警察队伍中年轻人的比例日益增加，这些从网络社会中成长起来的年轻人身上已深深打下了多元化、独立化和个性化的烙印。如何调动他们的积极性，发挥他们自身的逻辑判断与组织能力，成为新时期推动人民警察职业保障制度建设的新思路与新起点。

可喜的是经过近十余年的公安信息化建设，公安机关已经拥有了实现大数据的技术与设备保障——各类数据采集、传输的便捷化及数据处理能力和速度的大幅度提升，为开展海量数据分析提供了有力的支撑。公安机关需要做的就是顺应时代发展趋势，从工作理念、顶层设计等方面做好准备，迎接大数据时代对于公安机关的机遇与挑战，助推公安工作取得新发展、新进步。

要想真正抓住到来的机遇，必须认清伴随而来的挑战。历史的经验告诉我们，当一种崭新的观念或理念呈现在大家面前时，带来的思想冲击往往会受到传统观念的顽强抵抗，各种讨论与斗争是必不可少的。我们必须面对以下几个方面的挑战：

首先，工作理念尚未与大数据时代同步。目前，部分公安机关领导和民警的思路还停留在传统的小数据时代。在数据采集上还局限于某些经过预先限定与筛选的数据上，力求数据采集与结果分析的精确性，而忽视了对剩余相关数据的采集，进而忽视了其他的可能性与相关性。在数据的应用上，常常借助传统经验，开展个案化的因果分析，这样的后果不仅效率不高，而且由于容易受人为因素的干扰导致难以确保结果的客观性，同时也由于不能将一些新情况的影响纳入分析而存在明显的时滞性。

其次，数据的收集、整合与共享的机制和平台尚未完全建立。近几年随着公安信息化建设工作取得长足的进步，特别是北京奥运会等标志性事件的助推作用，基础信息采集与处理平台得以建立并不断完善，可利用的信息量相对以前有了极大的提升。但地区与地区、部门与部门之间还不同程度地存在很多暂时难以克服，甚至是出于自身利益的考虑，人为设置的一些信息壁垒，搞数据孤岛，难以适应大数据时代对数据完整性、多元性的要求。

最后，数据主宰一切带来的风险问题。大数据时代最主要的特征是大量数据的实时掌握与分析，进而对未来各种可能性的一种预测与研判。这一过程的实时性及无所不在，就决定了其本身包含着极大的风险隐患：我们的个人隐私如何保护？数据的结论决定了我们对于未来的判断，这样的结果对于当事者来说公平吗?

三、我国警务微博的现状及其反映的警务保障需求

大数据信息管理是现代新型警务管理的导向和趋势，警务微博作为我国影响较大、成效颇为显著的新型管理手段与模式之一，是大数据时代警务改革中具有代表意义的先驱。警务微博是当前信息化时代下的必然产物，是一个极具时代特征与现实价值的研究课题。由于我国社会转型时期的特殊性，公安机关今后工作任务呈现日益复杂化与艰巨化的趋势。因此，如何在信息化时代大背景下充分利用警务微博快速、及时、便捷的特点，收集警务微博反映的各种警务动态，研判分析有价值的信息并将其应用于公安机关的日常工作与管理中成为公安机关相关部门领导者和民警必须关注的重点问题之一。

（一）警务微博的相关基本概念

1. 警务微博的概念

微博，即微型博客的简称，是一个基于用户关系的信息分享、传播以及获取的平台，用户可以通过 Web、WAP 以及各种客户端组建个人社区，以 140 个左右的文字更新信息，并实现即时分享。警务微博，是公安机关依托微博这一新兴网络媒体阵地，发布警务资讯、突发警情、安全防范等信息，提供民众咨询、救助等服务内容，搭建群众参警议警、警务协商、民主监督的平台。[①] 公安机关应通过建立警务微博，开展舆论引导，加强警民沟通，创新社会管理。

2. 警务微博的分类

当前警务微博主要可以分为两种类型，公安机关的机构微博和公安机关工作人员的个人微博。公安机关的机构微博主要指我国公安机关各部门官方认证的警务微博，用于本部门警务信息公开、舆论引导的公众平台；公安机关工作人员的个人微博是公安民警以个人名义开通的，用于加强警民沟通、助推警民关系的警务微博。

（二）我国警务微博的现状

从 2010 年开始，公安系统充分利用微博搭建互动平台，在发布防范信息、维护社会稳定、回应公众关切、促进警务公开等方面发挥了巨大作用，已经从政务微博的“先行者”发展成为“示范者”。2013 年以来，已在全国范围内形成了以省级公安政务微博为龙头、地市级公安政务微博为主干的微博集群。

---

① 沈翔翔:《浅析警务微博在公安机关社会管理创新中的应用》，载《公安学刊——浙江公安高等专科学校学报》2012 年第 4 期。

公安系统微博通过多种模式、多种渠道，初步形成了各级公安政务微博集群联动、公安机构与民警个人相结合的鲜明特色。①

1. 警务微博发布的主要内容

目前，警务微博发布的涉警信息主要包括以下三个方面：

（1）直接发布警务相关动态及信息。主要包括：动态信息类，如“广西梧州交警”新浪微博的页面首页就设有“公告”一栏，随时发布更新的信息，便于群众及时了解相关情况。警务常识类，这是警务微博普遍存在的一种信息类型，如如何对证件类进行挂失等问题。

（2）与网民互动资讯，针对网民的提问给予积极回复。主要包括：建议建言类，如网民可以为警务微博提出自己的建议，推动警务改革；警务服务类，如网民可以针对公安机关以及警务人员的服务做出评价。

（3）及时公布突发事件信息并进行舆论引导。一些事件在其发生的第一时间要及时发布，抢占话语权，通过微博告知人们事件的真相。

2. 警务微博的主要功能

当前我国警务微博的主要功能包括以下四个方面：

（1）警务信息公开。比起传统媒体，警务微博对警务信息的公开更加快速便捷，所含信息量更大，信息公开的作用更加明显。

（2）增进警民关系。各种类别的警务信息源源不断地向公众传播，有力提升了公众对警务工作和警务信息的了解程度，拉近了警民关系，促进了民众对警务工作的理解和支持。

（3）舆论引导。警务微博的舆论引导功能在突发事件中更能得到体现。网络中，大多数网民是被动地接受信息，不发表意见，微博中亦是如此。大量用户关注少数的意见领袖，获取其发布的信息并在评论中加以反馈。从某种角度来说，小部分意见领袖决定了微博的传播内容和舆论导向。而具有影响力和权威性的政务微博，比普通用户更容易获得粉丝信任，完全可以通过对警务微博的精心打造，使其成为微博舆论中的领袖，特别是在突发事件中发挥澄清事实、疏导网民情绪的作用，以引导舆论，传递网络正能量。

（4）警务办公平台。随着警务微博强化对网上与网下的融通，警务微博不仅是一个信息公开和舆论引导的窗口，也日益成为一个直接开展警务工作的办公平台。

近年来，警务微博的蓬勃发展重新塑造了公安机关公共关系建设模式，但

---

① 国家行政学院电子政务研究中心发布的《2013年中国政务微博报告》，http://www.egovernment.gov.cn/art/2014/4/5/art_477_722.html。

也面临着各地警务微博特色较少、定位模糊、服务功能不明显等问题。微信兴起后，人们更多地关注微信的发展，微博作为一种媒体面临着现实的外部竞争压力。因此，积极拓展自身功能，努力突破既有模式束缚，强化警务微博更加切合民众需求的办公平台功能成为迫切要求。

（三）我国警务微博反映出的警务保障需求

1. 警情保障需求

警情信息主要包括犯罪嫌疑人、失踪者等重要人员位置、身份、行踪等各方面的信息，用于帮助公安机关明确所关注人员的各方面的形态特征、行为轨迹，便于公安机关及时、准确地开展工作。通过收集各类警务微博资料，笔者发现许多警务微博会定期转发一些悬赏公告、寻人启事，公安机关通过微博来广泛传播信息，是希望借微博这个广阔、开放的公众平台，调动广大群众来积极参与案情侦破并提供有益线索。这体现了在当前大数据时代下，公安机关对于警情信息的迫切需要。

2. 社会保障需求

社会保障的内容包括公民和组织有义务支持和协助人民警察依法执行职务，反之，拒绝、阻碍人民警察依法执行职务的行为，要承担相应的法律责任。人民警察的警用标志、制式服装和警械受法律保护，任何个人和组织不得非法制造、贩卖、持有和使用。笔者通过对各种公安机构、民警个人微博内容的收集整理，发现警务微博中常出现此类内容。例如，在公安系统民警个人微博排行前五的王于京的微博中，笔者找到这样一条信息：日前，浙江定海警方查获了一家不足60平方米但里面的警械装备足以装配一个派出所的劳保用品店。经清点，警方在店内共查获电警棍、警服警帽、警用强光手电等装备，共计600多件。店主交代，货物大多来自武汉等地，一般都是军品迷和民工前来购买。现此案正在进一步调查中。这一微博体现了社会保障的内容之一，即人民警察的警用标志、制式服装和警械受法律保护，任何个人和组织不得非法制造、贩卖、持有和使用。

3. 职业保障需求

近年来，随着我国改革开放的深入和经济社会转型加速，社会利益分配问题加剧、生活压力激增、社会矛盾日益复杂等现象凸显，集体抗法、暴力袭警事件多发，民警执法权益屡遭侵犯，民警职业风险不断上升。

现有人民警察职业保障制度主要可以分为政治保障、经济保障、职业安全与健康保障、法律保障四大类，下面主要说一下前三类。[①]

（1）政治保障方面。民警政治待遇问题的主要表现就是职级待遇偏低。虽然人民警察法对民警的政治保障提供了相应的法律依据，但在实际生活中，由于公安队伍庞大以及缺少关于组织机构规格、级别层次和结构编制等方面的统一和细化的文件规定，致使各级公安机关无法统一有效地解决民警职级待遇问题，直接影响了民警的工资福利和政治地位。许多民警辛苦工作几十年，没有提职、提级，甚至立功、受奖的机会都很少，这在一定程度上使一些民警失去了追求的动力，感到工作没有“奔头儿”。

（2）经济保障方面。一方面，民警工资待遇水平偏低。我国早在1956年改革干部工资制度时就为民警工资设定了“高于地方，略低于军队”的标准，但是经过多年的实践，人民警察的工资依然偏低。人民警察由于人数众多，而领导职位有限，和其他政府部门公务员相比，职场上升空间非常有限。[②] 职级上不去，工资待遇自然也就上不去。另一方面，民警因公负伤医疗费用问题得不到妥善解决。公安机关在推行基本医疗保险后，由于因公负伤不属于基本医疗报销范围，迫使公安机关自行负担民警因公负伤的医疗费用，大量挤占了公安机关的行政和业务经费，甚至在一些地方还存在民警个人负担因公负伤医疗费的现象，这就加重了民警的经济负担。同时，现行的医疗政策对公安民警没有优惠政策和照顾。公安民警的工作具有特殊性和危险性，负伤和患病比例远远高于其他行业，将通行的医疗改革办法适用于公安机关，无疑加重了患病民警的医疗费用负担，影响了家庭生活和工作，而这一问题在经济相对落后的地区尤为突出。

（3）职业安全与健康保障方面。一是警械装备质量参差不齐，使用规则和流程存在问题，不能从外部物理条件上保护民警的健康权益。一方面，有些经济落后地区的公安机关由于缺乏资金，警用装备配备不到位，“警用八件套”常常放在装备室里，没有下发给民警，导致民警缺少必要的防护措施。另一方面，警械有时候成为民警的累赘，部分公安机关要求民警执勤时必须按照要求装配警械，却没有考虑气候、环境因素，尤其是夏天，民警全套装备出勤，虽为执法提供了一定程度的保护，但严重影响了勤务工作的效率，增加了民警负担。例如，孙健（孙警官说事）有过这样一条微博：自从早上没赶上

---

① 邓雁玲、孙笑淞：《警察职业保障体系构建初探》，载《河北法学》2011年第29卷第8期。

② 张承先、王军、满俊：《内地与香港警察福利待遇保障之比较》，载《江西公安专科学校学报》2010年5月。

班车就已经注定了这一天的杯具！下午下班遭遇堵车，堵车途中遭遇暴雨，暴雨途中穿小路遭遇封闭施工！整整两个小时开车到家！这一切都归咎于口袋里没有装钱！就三块钱的事啊！

二是没有规定合理的休假和轮休制度，同时缺少及时的心理辅导和干预，无法解决民警自身的健康问题。一方面，各类警务活动和非警务活动的增加，导致基层民警的工作压力激增。但是由于警力不足等原因，不少公安机关采用的是“5+2”、“白加黑”的工作模式，导致民警工作连轴转，得不到必要的休息，患“职业病”、亚健康问题成为常态，心理压力也随之而来。另一方面，并不是所有公安机关都设立了相关的心理辅导和诊疗机构，对民警的心理干预和治疗赶不上民警出现问题的频率，这就形成了恶性循环。例如，孙健（孙警官说事）有过这样一条微博：有多拨领导周末来我局检查指导工作。一大早就来单位加班，从上午忙到现在。午饭都没吃，微博也没怎么发，整个腰要断了的赶脚。

三是缺少对民警开展有关职业安全与健康方面的培训，无法从整体队伍素质上解决相关问题。一方面，随着警务和非警务活动的增加，民警在执勤过程中遇到的致伤、致残等危险源的范围也不断扩大，化学辐射、粉尘侵袭、噪声污染等不易察觉的危险源也成为民警身心健康受损的重要原因。另一方面，由于缺少培训，民警对于警械的使用和保养知识都存在误区和空白，这就导致了在面对危机时警械往往不能达到其应有的效果，不但不能保护民警的健康和安全，反而成为了累赘。民警执勤任务重、时间长、压力大、缺少对相关知识的学习和梳理，而这些问题都是需要通过公安机关及时组织培训和学习来解决的。

四、大数据时代警务保障难题的破题之路

大数据时代，信息不仅是一种视觉和感官的存在，更是一种可捕捉、可量化、可分析的客观存在。对信息的来源、过程及影响的综合分析与思考，能够直接为我们展现真实世界背后的逻辑关系。更重要的是，人们可以在很大程度上从过去对因果关系的追求中解脱出来，将注意力集中在相关关系的发现和利用上。本文从现有大量公开的警务微博信息与数据分析入手，系统分析了警务微博信息中的警务需求，针对队伍建设和保障建设方面的基础性意见，探索提出通过建设完备的警情信息保障系统、建立健全人民警察的职业保障制度等途径来满足警务保障需求。

大数据时代的人民警察职业保障制度工作的关键与核心是建立起一套责任与自由并重的大数据系统。这套系统基于告知与许可、模糊化及匿名化三项基

本原则，最终实现从个人许可到让数据使用者承担责任的观念与制度的转变。

（一）尽快实现思维与观念的转变

应通过全系统内的宣传与培训，全面提升各级领导及广大民警对于大数据的感性认识与理性思考水平，转变原有的思维与观念，立足“样本＝总量”的思路，养成提供、收集与分析信息的好习惯，尽可能提供与采集更多的相关数据用于分析。同时还要打破传统的、依靠领导个人经验和主观臆断来分析判断事物趋势的思维定式，树立重视信息、用数据说话的意识。为今后大数据背景下的人民警察职业保障制度工作的开展，从领导决策、具体执行到基础信息的提供与收集，尽快实现无缝对接。

（二）树立数据收集与使用的责任与自由并重的基本原则

大量信息的实时收集势必会涉及敏感的个人及部门隐私，因此有必要建立基本原则，从制度上规范数据的使用进而消除人们对于信息安全的顾虑。必须建立基于数据采集和使用告知与许可、信息模糊化、信息匿名化三项基本原则的基本制度规范，数据分析与使用者有权利自由选取有价值的数据进行分析，同时也需要对选取数据的来源及分析结果负责——对于针对性较强的小范围内的数据收集与分析，需要对当事者进行告知并得到许可授权后才可以开展。对于针对性较强的常规性或大范围数据的收集与分析，采取告知与许可的模式显然不合适，此时需要对数据进行模糊化与匿名化处理，以最大限度实现保护隐私与分析结论的双重目标。

（三）研究建立公安大数据平台

大数据讲究数据分析的速度，但分析是建立在原有数据的基础上的，讲究的是对过往数据进行分析，寻找其中的规律，进而预测今后的发展趋势。因此，在注重数据更新的同时，应认真做好已有数据的保存和分析工作，注意挖掘已有数据内在价值的意识。这一目标的实现，需要建立公安大数据平台，尽可能将已有全部各类相关信息包含在内，并且在今后的工作中，不断实时收集、整理与更新各类信息，为数据的实时分析与结果的随时提取提供最坚实的基础。

作为一项影响巨大的技术与思维创新，大数据并非完美无缺，但我们不能因噎废食，需要时间去不断研究与克服由于思维及技术等问题导致的种种不完善。相信在不久的将来，大数据技术一定可以为我国人民警察职业保障制度贡献巨大的正能量。等那一天到来之时，每一位人民警察都可以自豪地宣布：我为大数据贡献了力量，大数据也为我提供了帮助！

参考文献：

[1] 周飞、石晋杰、崔磊：《“大数据”时代的公安工作初探》，载《上海公安高等专科学校学报》2013 年第 23 卷第 2 期。

[2] 陈怀远、吴大江：《中国警务保障法治化相关问题研究》，载《武汉公安干部学院学报》2013 年第 2 期。

[3] 汪向东：《我国电子政务的进展、现状及发展趋势》，载《电子政务》2009 年第 7 期。

[4] 黎伟挺：《大数据时代背景下如何构建“智慧警务”》，载《人民公安报》2013 年 4 月 28 日。

[5] 冀业：《“民生警务”迈入大数据时代》，载《人民日报》2013 年 5 月 16 日。

[6] 赵科：《大数据时代的警务信息工作探讨》，载《武警学院学报》2013 年第 9 期。

专题八

警察勤务制度改革研究

邓雁玲*

新制度经济学自20世纪80年代传入中国以来，在中国理论界引起了剧烈的震动，运用新制度经济学理论和方法对我国经济问题进行分析的文献越来越多，而且很快被引入其他社会领域的研究框架中，成为其他学科和其他社会领域重要的理论分析工具。

新制度经济学在分析制度时把制度区分为“制度环境”与“制度安排”。“制度环境”是一系列用来建立生产、交换与分配基础的政治、社会和法律规则；“制度安排”是约束特定行为模式和关系的一套行为规则，是支配人们相互之间可能的合作与竞争方式的一种安排。在本研究中，我们也把警察勤务制度分为制度环境与制度安排两个方面。制度环境主要涉及与社会治安环境之间的关系，制度安排主要涉及勤务的方式、方法等。

一、警察勤务改革的制度环境

（一）什么是警察勤务

警察包括公安机关、国家安全机关、监狱、劳动教养管理机关的人民警察和人民法院、人民检察院的司法警察。本文所指的警察特指公安机关的人民警察。从词典上看，勤务有以下几层含义：第一层含义是指公家分派的公共事务。第二层含义是指军队中专门做杂务的人。① 近年来，为台湾地区警界学者所公认并在教科书上普遍使用的一个警察勤务概念是：“警察勤务，即警察机关达成警察任务，对警察机关与警察人员，以最有效的编组，使其分配的时间以不同的方式，执行各种警察工作之一切有计划有规律的活动。”② 大陆警界

---

* 邓雁玲，中国人民公安大学管理学院副教授。

① 中国社会科学院语言研究所词典编辑室编：《现代汉语词典（第6版）》，商务印书馆2012年版。

② 邱华君著：《警察学通论》，国立编译馆1991年版，第464页。

学者汪勇教授认为，“警察勤务是指警察部门以高标准完成任务为目标，以警察业务为基础，以追求最小投入最大产出为原则，科学安排警察工作的一切计划、措施、方法、原则、制度等要素的总和”。① 警察勤务可以分为内勤和外勤两个大的类别。警察内勤是指警察在警察机关内部处理事务，如研究警察问题、拟定警察法令规章、写文稿等；警察外勤是指警察在警察机关外部处理事务，如交通疏导、服务公众、警卫、警戒、传唤等，是警察勤务的重心。警察内外勤务有时候难以严格划分，外勤多数是由内勤来筹划的，内勤多数需要靠外勤来实施。因此，内外勤务可以看作警察勤务的一体两面。综观世界各国，警察勤务可分为五种：巡逻、临检、守望、值班、备勤。其中巡逻为最基本的勤务方式。

（二）警察勤务改革面临的社会治安形势

我们当前正处在一个社会急剧变化和经济加速发展的历史新时期，特别是随着工业化、城镇化进程的加快，各种利益加速调整，由此产生了一系列新的矛盾和冲突，对社会治安稳定构成严重威胁。今后一个时期，我国仍将处于一个经济和社会的转型时期，随着改革开放的不断深入和利益格局的深刻调整，各种经济利益主体的增多和并存必然诱发不同经济利益主体之间的利益矛盾和冲突。同时，各项改革措施的出台难以做到完全配套、衔接，尤其是社会保障制度的改革一时还难以完全到位，这在带来大量新的矛盾和问题的同时，势必影响和冲击一些人的切身利益。当这些矛盾、冲突和切身利益不能得到及时、合理的解决时，极有可能导致犯罪活动的发生。所有这些都给我们的社会治安形势和社会安全稳定带来了复杂而又严峻的考验。

（三）警察勤务制度改革所依托的中国政府职能转变的大背景

职能，指一定的人员或组织所具有的职责、功能和作用。行政职能，也就是我们所说的政府职能，是指行政主体根据社会需求，依法在对国家政治、经济以及社会公共事务等进行管理的过程中所承担的职责和任务。②

政府职能转变，是指政府的职责和功能的变化、转换和发展，也包括政府管理与工作方法的改革。当前我国政府职能转变主要体现在以下几个方面：内容上，由过去的微观管理为主变为以宏观调控为主；方式上，由过去的行政手段为主变为以经济、法律手段为主；性质上，由过去的服从为主变为服务为主；规模上，由“大政府”向“小政府”转变。③

---

① 汪勇编著：《警察巡逻勤务教程》，中国人民公安大学出版社 2009 年版。

② 申智军、倪小宇主编：《新编行政管理学概论》，中国人民公安大学出版社 2012 年版。

③ 申智军、倪小宇主编：《新编行政管理学概论》，中国人民公安大学出版社 2012 年版。

在传统的农耕社会中，国家对经济、社会和文化发展具有重要影响，政府统治的重心偏向于维持帝国稳固和管控民众生活。到了近代，传统的国家统治面对现代化的冲击，已无法实现自我转型，在内忧外患的打击下倒塌解体。辛亥革命埋葬了中华帝国的治理体系，结束了王朝统治。共产党领导人民开启了中国的民主共和与现代化之路。新中国成立后，在国际和国内因素的综合作用下，政府职能以政治为中心并整合社会和经济职能。这种职能形态和职能结构构建起了全能型政府，并强调政府权力对社会和经济领域的全面渗透。社会和经济自然也缺少发展活力。[①] 1978 年，党的十一届三中全会作出了把全党工作重心转移到社会主义现代化建设上来的战略决策，提出了政府职能要从以政治职能为重心向“以经济工作为中心”的历史性转变的问题。经过几次大的政府机构改革，政府职能逐渐沿着市场化方向前进，完成了由政治职能为重心向经济工作为中心的职能转变。进入 21 世纪，经过几十年的改革开放，我国步入了工业现代化进程。虽然经济取得迅速发展，但是政府忽视了对社会领域的管理，对社会职能和生态环保职能重视不足。因此，出现了公共服务和公共产品供给不足的问题。政府职能又开始从偏重经济职能向更加注重社会管理和公共服务职能的转变，以推进政府从经济建设型、行政控制型的治理模式向服务型的政府模式的转变。

公安机关作为政府的一个组织部门，也在不断顺应历史潮流，进行着一系列的变革。

二、警察勤务制度改革的不同模式

警察勤务制度改革是构建现代警务的必然要求，是新形势下公安机关的一场“自我革命”。公安机关传统的粗放型、被动式、机关化的勤务制度，是在长期静态封闭的环境和低发案率的条件下形成的。为了应对新时期治安形势的发展变化，近年来各级公安机关大力推进勤务制度改革并取得了许多成绩和经验。

（一）交通警察勤务机制改革

交通警察勤务制度是警察勤务制度的重要组成部分。交通警察在保证道路运行畅通、道路安全监测与交通事故预警和处理上发挥着不可替代的作用。改革开放以来，各地公安机关在坚持党的统一领导与公安部的齐抓共管并充分考虑其自身特殊性的情况下，进行了交通警察勤务制度的创新与发展。

---

① 程李华：《现代国家治理体系视阈下的政府职能转变》，中共中央党校 2014 年博士学位论文。

1. 北京市公安局的高峰勤务模式

与人口的持续增加、经济的快速增长相比，北京的交通建设始终处于相对被动的地位，[①] 交通供给能力不足与群众需求增加之间的矛盾仍在加剧。交通事故直接威胁着群众的生命安全，交通秩序则直接影响着群众的安全感、满意度。为了给市民创造一个良好的出行环境，2012 年 11 月 28 日北京市公安局启动了高峰交通勤务。高峰交通勤务是一种与百姓出行同步的新的勤务模式，包括应急交通勤务、交警巡警联勤联动、空地联勤一体化指挥等一系列勤务创新机制。具体来说，就是在大家出行最为集中、道路最为拥堵的那些交通高峰时段、点段，利用各种各样的现代高科技手段，对路面交通情况提前进行预知研判，发出预警，引导市民合理出行，做到未堵先疏，并且要根据交通的实际情况对路面措施和警力的投量、投向进行及时调整。遇到一些特殊天气、特殊情况的时候，交通的应急保障能力则显得非常重要。在这种时刻，应急交通往往就是“生命线”，直接关系到群众的生命财产安全。应急交通勤务是指北京市公安交通管理部门与卫生部门、消防部门和市政部门等多家单位密切配合，开通联勤指挥席，集成恶劣天气、火灾扑救、市政抢险等预案，全面强化交通应急保障能力。还把群众紧急救助纳入应急范畴，根据事情的紧急程度规划最佳路线，实时调派最近警力，沿途岗位配合疏导，并且实时调整交通信号，发布提示引导信息等多种服务措施，确保医疗急救、城市重大应急事件等能够得到快速处置。[②] 交巡警联勤联动机制的核心是打破过去交警、巡警各自为政的工作模式，改变交警只负责道路管理、巡警只负责街面治安巡逻的现状。在这种新的联动机制下，巡警能够积极融入高峰交通、应急交通、以交通秩序整合为龙头的“三大秩序整治”等，交警也能够充分发挥自己路面执勤的优势，主动发现街面上的一些治安案件、事件，并且能够先期进行处置，大大缩短了出警时间。交巡警联勤联动机制达到了交警、巡警这两个警种的优势互补。空地联勤一体化指挥是指北京市交管局与北京市警航总队联勤，共同搭建一个空中指挥平台，这个平台的工作原理是从高空中收集整个区域路网的信息，结合监控系统，通过视频、音频进行空中和陆地的信息双向传输，以空中优势弥补陆地电视监控的一些盲区盲点，实施空中地面一体化的指挥。空地联勤一体化指挥实施以来，北京市公安交通管理部门对路面交通的掌控能力和应急处突的

---

① 张兵：《高峰交通勤务工作是实践探索与理性思考——以北京市的实践为研究样本》，载《公安研究》2014 年 4 月 10 日。

② 胡爱华：《北京高峰勤务有效改善出行环境》，载《人民公安报 · 交通安全周刊》2013 年 12 月 17 日第 1 版。

能力都有了显著的提升。交通管理离不开全社会的支持与参与，除了以上高峰勤务的一些措施之外，北京市交管部门还始终坚持民意导向，定期召开一些群众座谈会，面对面听取群众的意见和建议，密切警民沟通互动。高峰勤务不仅仅是一项简单的制度措施，更是一项大的民生工程，能够很好地赢得民心，其实质是勤务机制和警务模式的深刻变化。

2. 台州市城区网格化交通管理勤务机制改革

随着市场经济的迅猛发展和城市化进程的不断推进，浙江省台州市城区交通管理的压力越来越大。为了克服传统交通管理勤务机制所显露出来的种种弊端，台州市公安局把路面作为主战场，分片、分区、分格推进网格化的交通管理勤务机制改革。所谓网格化，是指一种由各种不同要素和单元纵横交错而成的组织或系统，有着明确的组织目标和操作流程。具体来说，就是将辖区道路按照一定的标准划分成一个个单元网格，资源共享、信息互通，把警力屯在路面上，网格化布警。交通管理实施网格化勤务机制是道路交通管理工作的新举措，这种方式的优点是能够保持原有的交通管理行政体制，被划分的网格都有明确的业务目标，可操作性强，提高了处理警情的效率。警力分布在网格化单元里，实行定人、定岗、定路、定时、定责，有效提高了路面的见警率和管事率。实行网格化管理后，民警更加便于与群众进行沟通交流，接处警更加迅速，各部门之间的扯皮现象有所减少，民警的责任更加明确，对民警的奖惩也更加分明，这些都大大提升了公众的满意度。这次改革是台州市公安局在交通管理理念和交通管理模式方面的一场自我革命，管理理念由原来的“被动勤务”转向“主动勤务”，交通管理模式从以往的粗放式、运动式勤务向精细化、基础型勤务转变。①

（二）警察巡逻勤务模式改革

警察巡逻勤务是公安部门为完成自身的任务，运用巡逻这一工作方法，对社会治安进行动态管理与控制的一种勤务方式。巡逻在西方警界被普遍认为是一种所有警察的勤务。街面治安状况如何体现着一个地区社会治安形势的好坏，在巡逻、临检、守望、值班、备勤等各项警察勤务工作中，巡逻勤务是最基本、最有可见度的，地位也非常重要。我国的巡逻勤务实践相对滞后。新中国成立后，我国长期处于计划经济阶段，整个社会状态高度有序，治安工作以一套户口管理为中心的静态管理模式足以控制社会治安。改革开放以来，我国社会治安形势出现了前所未有的动态变化，违法犯罪常常出现在街面上、流动

---

① 台州市公安局交警支队调研组：《台州市城区交通管理勤务机制改革的实践与思考》，载《公安学刊——浙江警察学院学报》2012 年第 3 期。

中。1994年，公安部发布了《城市人民警察巡逻规定》，我国才出现了真正意义上的巡逻勤务。我国不同地区的巡逻勤务各具特色。

1. 站巡制勤务模式

随着人口规模的不断扩大，北京市的社会治安形势越来越严峻。传统的民警巡逻执勤的方式由于存在覆盖面小、机动灵活性差等缺点，已经不能适应当前北京市治安形势的需求。北京市公安局结合当前治安形势的具体情况和现有巡逻体制中存在的问题，推行了“站巡制”勤务模式。[①] 所谓站巡制勤务模式，就是建立一个个“街头司令部”。具体来说是指在一些容易发生警情的大型交通枢纽、重要的路网结点、繁华的商业街道、群众出行的必经路段等街头复杂的核心地区，进行总体、系统、规范化的规划设计，建立有着统一标识的巡逻警务站，驻站民警在重点时段，以这些巡逻警务站为中心向四周辐射，进行定向定时巡逻。[②] “站巡制”勤务运行机制分为三个层级，分别为分局指挥中心、巡逻警务站和交警、武警、特警等其他警种及城管、辅警等社会防控力量。具体运行模式是分局指挥中心接到110报警指挥平台传来的报警信息后，直接向巡逻警务站下达指挥命令，使勤务交接、派勤、集结等巡逻勤务工作全部都能够在巡逻警务站完成，而不需要再通过派出所这个中间层次进行转达，实现了指挥层级的扁平化，提高了民警出警的效率。推行“站巡制”巡逻勤务模式，优点是可以克服传统巡逻警务模式的弊端，把动态巡逻与静态值守有效结合起来，最终达到有效掌控街头治安的目的。

2. 集中性巡逻勤务模式

集中性巡逻勤务模式以上海市公安局为代表。作为一个人口稠密，现代化、信息化程度较高的特大型城市，上海市一直面临着各种各样的挑战，治安形势也较为严峻，对街面治安防控的要求也较高。早在20世纪90年代初，上海市委市政府就提出了“警察要一警多能，能够综合执法”的要求，据此，上海市公安局将全部的巡警、大部分的防暴警察、大部分的交通警察和部分武警集中起来进行统一指挥、统一勤务标识、统一装备，组建了巡逻警察大队，建立起一种新的巡逻勤务机制，形成了一个覆盖全市的专职警察巡逻网。巡逻警察大队综合行使街面上的治安、交通和市容管理等职能，并且还接受群众的求助。这对巡警提出了较高的要求，不仅覆盖面要广、触角要长、反应要灵敏，还要能够适应动态复杂的社会治安。这种巡逻模式的特点是坚持原有的公

---

① 张晓松、王瑜：《北京市“站巡制”勤务模式研究》，载《江西警察学院学报》2012年第3期。

② 黄庆畅、甘露：《北京设立巡逻警务站》，载《人民日报》2011年3月1日。

安勤务体制，新组建的这支巡逻警察大队独立于原有的以户口管理为中心的静态的派出所治安管理组织模式，派出所的警力在这种巡逻勤务模式中起着辅助作用。①

3. 社会面巡逻防控勤务模式

2012 年 4 月 1 日，广东省深圳市公安局改革了巡逻勤务管理工作，立体布警，多警种联动，全面推行社会面巡逻防控勤务模式。这次改革的亮点之一是，除了派出所民警、交警等必须实行全员巡逻之外，机关民警也必须轮流下基层进行每周 6 小时以上的巡逻。此次改革专门提出以步巡为主（包括自行车与电瓶车），车巡为辅，并且规定了步巡与车巡的比例。如果相邻的两个派出所之间出现警情，可以就近指派一名或多名巡逻民警出警，就近快速处置。社会面巡逻防控勤务模式将巡逻作为基本工作方式，把实战警力摆到街面上，严格盘查可疑的人、车、物，尽可能压缩违法犯罪分子的活动空间，面对面地接受群众的报警和求助，切实提升路面和社区的见警率，掌握治安管理的主动权。

4. 所巡合一的巡逻勤务模式

所巡合一的巡逻勤务模式是以派出所为主体，公安和武警相配合进行的。这种模式以天津市公安局为代表。在 1991 年 11 月举行的第十八次全国公安会议明确提出要建立和基本完善人民警察巡逻体制，在这个大背景下，天津市公安局于 1992 年建立了巡逻勤务制度。一开始，天津就把巡逻纳入城市公安派出所的基本勤务，要求上至所长下到民警，每天需在辖区大街上巡逻四小时以上。这种所巡合一的巡逻勤务模式，没有改变原有公安机关的组织结构，没有增设新的警种，而是统一调度和协调各个警种，把治安管理和安全防范等工作融入日常巡逻中。可以说，这是一种较为经济的巡逻勤务模式。

5. 交巡警合一的巡逻勤务模式

交巡警合一的勤务模式为世界上大多数国家所采用，是一种比较成熟的警察巡逻勤务模式。我国大多数地方仍旧长期实行交巡警分离的模式，交警只管交通、巡警只管治安，两大警种职能单一，不利于整体协同作战。2010 年 2 月 7 日，重庆市公安局改革了这种模式，精简了机关警力，充实基层，成立了交通巡逻警察总队。此次交巡警合一的改革，绝不只是对交警和巡警进行简单的合并，而是对原有警力资源进行重新分配，建立了一个集片警、交警和巡警

① 李鹏：《论警察巡逻勤务制度》，西南政法大学 2012 年硕士学位论文。

职能于一身的新的复合型警种，真正实现了一警多能。[①] 交巡警上岗后，省去了以往一些案件移交的烦琐，变传统的8小时工作制为24小时，接处警率大幅度提升，使交通拥堵现象得到有效缓解，增强了群众的安全感和满意度，实现了治安管控的无缝对接。

6. 网格化专业巡逻勤务模式

2006年宁波市改革巡警巡逻勤务模式，推出了网格化专业巡逻。网格化专业巡逻是一种比较适宜控制街面动态治安的巡逻机制，即通过组织巡逻民警沿街面进行重点部位、公共复杂场所和相连区域内的巡逻，综合运用巡查、盘问、设卡、守候伏击等方式来发现街面治安防控的漏洞，对辖区内的巡逻盲点和薄弱环节进行互动互补，并针对某一区域某一时段的重点治安问题进行专项整治。它摒弃了以往"接警为主，巡逻为辅"的模式，努力构建以街面为主扩展沿街面社区的打防控一体化的巡防机制，达到有效限制和减少街面违法犯罪的机会和条件，防止违法犯罪行为的实施，保持治安形势稳定。网格化专业巡逻勤务的基础工作需要巡逻民警在街面巡逻过程中，最大限度地发挥其治理街面犯罪的能力。

（三）派出所勤务模式改革

公安派出所是公安机关的前沿阵地和工作根基，派出所工作是整个公安工作的基石。传统的公安派出所勤务运作模式，基本上延续了行政机关式的工作模式，习惯于室内工作，侧重于事后处置，这与当今社会人、财、物的大流动与日趋动态化的社会治安管理工作极不相适应。用市场经济和动态警务的眼光来看，派出所的传统勤务制度是一种被动、静态、常规式的勤务制度，是一种高投入、低效益的勤务制度。在当前不断变化的社会形势面前，必须顺势改革，除旧纳新，探索出符合当代治安特点、符合当地民情警情、可操作性较强的派出所勤务制度，优化警力资源，提高派出所工作的效益。

2006年，深圳市公安局115个派出所全面推行了新的勤务模式，总警力保持不变，将派出所原来的刑警队、治安队、社区防范队、巡警中队、综合室"四队一室"进行整合，变为社区巡逻队、侦查办案队和行动支援队三队，勤务模式由被动型向主动型转变。[②] 深圳市公安局派出所勤务模式改革实施后，公安机关的治安防控能力和打击犯罪能力得到了提高，社会治安管理格局也出现了巨大的变化。

---

① 新浪博客：《重庆交巡警合一体制改革印象》，http://blog.sina.com.cn/s/blog_4b4d1df60100z6mp.html。

② 周保军、卢笑：《派出所勤务改革带来什么》，载《人民公安报》2006年5月23日。

全国其他地方也纷纷开始了派出所勤务模式的新探索。以杭州市公安局为例，在以下几个方面创新了派出所勤务机制：一是在勤务内容上，由传统机制下所领导给民警布置工作，布置什么干什么，向信息化警务转变，主动从海量信息中发现案情。二是在勤务时间上，推行错时工作，在夜间发案率较高的时间段安排警力，改革了传统勤务机制下早晨8点上班晚上5点下班的常规勤务。三是在勤务方式上，实行全警巡防，把警力压向街面，改革了在传统勤务下以民警坐班值守和值班接处警为主的静态被动的守株待兔式的勤务模式。四是在勤务保障上，由传统机制下警力、装备平均分布向警力、装备和实际工作量相对应、重点优先的保障方式转变。五是在勤务评判上，由传统机制下重结果、轻过程的单一考评方式向结果考核与过程考核并重、业务实绩与社会效益并重的综合评价体系转变。①

任何改革和创新都不是尽善尽美的，必然要经受实践的考验，不断地完善和发展。任何改革和创新也都不是简简单单的一次性过程，公安勤务制度改革的探索仍将继续，每一次改革都在为未来新的变革积聚着能量。

三、警察勤务制度改革的发展历程与趋势展望

（一）警察勤务制度改革的发展历程②

纵观世界各国警察勤务发展的历史，我们发现警察勤务大体上经历了五个阶段：第一个阶段是古代社会官方治安勤务与群众自治性治安勤务并存阶段。社会并不存在专门集中的、统一的警察机关，也不存在以警察工作作为职业的专业警察人员，警察职能被分散到各个不同的部门当中，即或有一些惩治犯罪维护治安秩序的部门出现，但与现代意义上的警察机关也有着相当大的区别。这个过程沿袭了几千年。第二个阶段是早期职业警察原则性规划的警察勤务阶段。由于警察在这一阶段是一种新兴的职业，其职业规律需要相当长的时间去摸索和总结，不可能一开始对警察勤务就能够完整、准确、科学地把握。这段时间大体上持续了一个世纪（从1829年到20世纪20年代），也叫粗放经营的警察勤务阶段。第三个阶段是20世纪20至30年代的机械性规划的警察勤务阶段。经过一百多年的发展，职业警察在世界上许多国家已经具备了相当的规模，各方面条件都得到了不同程度的改观，此时的警察勤务规划已经迈上规范化的历程，其中不乏科学的成分，与早期警察勤务的随意性安排有了天壤之别。第四个阶段是20世纪60至70年代创造性规划的警察勤务阶段，这一时

① 派出所勤务机制改革：. http://www. hangzhou. gov. cn 2010－01－22。

② 汪勇：《警察勤务的发展历程及其改革动因》，载《公安大学学报》2000年第6期。

期对警察勤务工作进行了精心的设计，使警察勤务改革朝着更加理性、务实、人性、贴近科学的方向发展。第五个阶段是20世纪80年代的社会化警察勤务阶段。这次警察勤务改革跳出了警察机构的狭小范畴，站到了社会的大背景下，要求警察勤务的一切规划运作都要朝着让公民满意的方向努力。

（二）警察勤务制度改革的趋势

警察勤务制度的每一次重大改革都伴随着深刻的背景因素，预示着警察勤务制度改革的必然性。按照现代警务的要求对传统的公安勤务制度进行改革，必须转变思维、更新理念，依靠科学理论的指导进行科学理性的思考；必须围绕实战、服务实战，加快管理体制的调整和资源配置的重组；必须让警力跟着警情走，建立全时的作息制度和高效的运行机制；必须以情报信息为主导，创新勤务组织运作和工作手段；必须以提高效能为目标，抓好配套机制的建设和保障措施的强化。① 从总体来看，创建动态、高效的弹性勤务运行机制，是应对当前警务环境的复杂变化和复杂治安形势，高效完成警察任务的需要。

一是科学合理地进行警察勤务规划。由于警务环境的不确定性、警务客体的复杂性，机械的、固定的传统警察勤务规划如分班制度固定、执勤区域固定、人员职务固定等已不能适应现代警察勤务的要求，因此要对现代警察勤务进行科学合理的规划。首先内勤应对违法犯罪及治安管理量进行缜密的统计分析，然后根据工作量大小合理安排警力。由于违法犯罪及治安管理量是一个变数，导致每班的警力安排都会有所不同。这种弹性变化既是警察勤务科学化的必然要求，也是警察工作整合的必然结果，更是当前我国警察勤务改革的一个重要趋势。②

二是实行弹性布警制。在勤务安排上，要变平均用警为科学布警，随着警情数量的变化及时调整每个勤务区域和时段的警力配置。不管执行什么样的勤务作息制度，每个班次的警力都要有所区别、有所侧重，不同阶段、不同时期的警力部署也不能一成不变，既要突出重点时空，又要防止疲劳用警。无锡市公安局在建立一级处警、分级处置的基础上，按照警情的变化实行“红橙黄绿”四色警情分级布警，针对不同警情启动不同的布警方案。实践证明，及时调整警力布局和力量投放，确实提高了勤务工作的针对性和实效性。因此，改革勤务制度必须建立科学合理的布警机制，最大限度地提高与犯罪的碰撞概

---

① 张跃进：《公安勤务制度改革方向与路径探讨》，载《公安研究》2007年第8期。

② 汪勇著：《警察勤务论——警察工作科学化理论与实践的探索》，中国人民公安大学出版社2001年版，第284页。

率，最大限度地提高警力的使用效益，以全天候的戒备对付全天候的犯罪。①

三是实行灵活的工作时间。执勤警察围绕本职工作，在作息时间和工作安排上有一定的自主权和灵活性，把工作重点放在案件多发以及群众最需要的时段和地段，特别是要错开社区居民上下班的时段，实行群众休息我上班的灵活机动的工作时间。当前可以考虑在公安机关的内勤岗位和对外服务窗口岗位（如办证服务大厅等）试行灵活工作时间。根据单位实际工作情况，把每天工作量相对较多的时段规定为核心工作时间，在该时间段内所有工作人员都必须上班；把一天中工作量较少的时间段规定为灵活工作时间，工作人员可以在保证每日工作满 8 小时的前提下灵活安排这段时间。这样一来，既可以保证满足群众办事需要，又可以充分调动民警的工作积极性，使他们以饱满的精神优质高效地完成工作任务，还可以给他们较多的时间处理自己的私人事务，充分体现了以人为本的管理理念。在社区警务实践中，青岛市公安局市南分局经过试点探索和总结完善，建立起了一套较为规范的弹性勤务运作机制，即每名民警工作 24 小时，休息 48 小时，每天早上 8 时 30 分交接班，中午和晚上就餐休息时间共两个半小时，凌晨 2 时至早 7 时回所休息待命，其他时间主要在社区工作。民警按照新勤务制度的要求，不但要上白班而且要上中班和夜班，彻底改变了以往群众上班警察上班，群众下班警察下班的机关化工作模式。使民警每天在社区工作的时间由以往的不足 8 小时增加到 17 个小时左右，有效地解决了社会面失控时间长、失控面积大的问题，强化了对社会治安的动态控制。

四是灵活运用勤务方式。勤务方式是警察完成勤务的方法和形式，应当坚持综合运用和灵活运用原则，因人、因地、因时、因事而异。如警察巡逻勤务方式有徒步巡逻、骑马巡逻、自行车巡逻、摩托车巡逻、汽车巡逻、飞机船只巡逻及其他特种工具巡逻等。各种巡逻方式没有绝对优劣之分，每个国家或地区的情况都不同，希望用一种巡逻方式完成巡逻任务是不可能的。必须综合运用各种巡逻方式，才能达到最佳效果。此外，具体选用哪种巡逻方式，要根据巡逻区内的地形地貌、气候条件、道路交通情况、地区特点（如商业区或住宅区）、工作性质、治安状况（违法犯罪的密度、性质与分布）以及巡逻区大小等因素的实际情况灵活选择。②

---

① 张跃进：《公安勤务制度改革方向与路径探讨》，载《公安研究》2007 年第 8 期。

② 汪勇著：《警察巡逻勤务教程》，中国人民公安大学出版社 2000 年版，第 145 页。

参考文献：

［1］朱家华：《中国城市街区治安控制的理论与实践》，载《公安研究》1997年第5期。

［2］劳力：《警察控制犯罪策略的思考》，载《世界警察参考》1997年第5期。

［3］李幸：《改革巡警交警并存体制充分发挥整体效能》，载《公安研究》1998年第2期。

［4］韦昌定：《加强社区警务时代赋予派出所的重任》，载《公安研究》1997年第4期。

［5］李丹编译：《美国社会中的警察》，群众出版社1987年版。

［6］周国雄、陈立斌：《新时期推行社区警务战略的思考》，载《公安研究》1997年第4期。

［7］石子坚：《石警官美国巡逻勤务详解》，中国人民公安大学出版社2009年版。

［8］张军清、侯崇科：《对派出所勤务机制改革若干问题的思考》，载《公安学刊——浙江公安高等专科学校学报》2006年第5期。

［9］刘国强：《“四上四要”勤务制度的实践与思考》，载《公安学刊——浙江公安高等专科学校学报》2005年第3期。

［10］朱嘉：《高速公路交警整治勤务的实证研究》，载《公安学刊——浙江警察学院学报》2009年第6期。

［11］朱运政：《关于交警勤务制度改革的几点思考》，载《河南公安学刊》1996年第3期。

［12］吴仁耀：《湖南慈利网格管理跨区联勤》，载《道路交通管理》2009年第1期。

［13］李进胜：《交警勤务改革两月 道路通行能力提高》，载《黑龙江日报》2006年7月4日。

［14］陈志康：《深化交通勤务机制改革 提高一线交警执法效能》，载《上海公安高等专科学校学报》2008年第3期。

［15］崔波、秦志刚：《适应公安交通管理新需要 加大交警勤务改革新探索》，载《车世界》2003年第8期。

［16］张锁成：《首都交通管理的新型岗位勤务制度》，载《道路交通与安全》2001年第4期。

［17］台州市公安局交警支队调研组：《台州市城区交通管理勤务机制改

革的实践与思考》，载《公安学刊——浙江警察学院学报》2012 年第 3 期。

［18］林贻忠：《新形势下公安交通警察中队的作用与建设》，载《河南公安学刊》1998 年第 1 期。

［19］公安学基础教程编写组编著：《公安学基础教程》，中国人民公安大学出版社 2013 年版。

［20］冯甦：《关于城市派出所勤务运行机制改革的建议》，载《江西公安专科学校学报》2004 年第 6 期。

［21］李雪冰、王哲东：《公安派出所工作改革趋势与思路创新》，载《江苏警官学院学报》2006 年第 2 期。

［22］李栋、曹学林：《基层公安派出所勤务制度改革的实践与思考》，载《公安研究》2006 年第 5 期。

［23］刘振华：《加强农村公安派出所改革的思考》，载《贵州工业大学学报（社会科学版）》2008 年第 2 期。

［24］张淑平、陈玉友：《论我国当前群防群治工作》，载《湖北警官学院学报》2008 年第 2 期。

［25］谢晓专、张磊：《情报信息主导警务工作机制及其机理分析》，载《中国人民公安大学学报（社会科学版）》2009 年第 2 期。

［26］李鑫：《中外社区治安管理对策的比较——以西方社区邻里守望和中国群防群治为例》，载《四川警察学院学报》2010 年第 4 期。

［27］谷容容：《城郊结合部派出所勤务运行机制改革现状及对策研究——以南京市公安局雨花台分局城郊结合部派出所为例》，载《法制博览（中旬刊）》2014 年第 5 期。

专题九

公安管理学专业人才培养质量标准的构建价值与结构体系初探

郭　伟*

一、问题的提出

质量是高等教育的生命线，《国家中长期教育改革和发展规划纲要（2010—2020年）》把“全面提高高等教育质量、提高人才培养质量”作为新时期教育发展的一项重要任务。提高高等教育质量，其实就是提高人才培养质量。2012年3月颁布的《教育部关于全面提高高等教育质量的若干意见》，也提出要“牢固确立人才培养的中心地位”和“大力提升人才培养水平”。公安高等教育是国家高等教育的重要组成部分，但一直以来源于公安领域的特殊性，公安高等教育的人才培养质量却很少有其相关的科学研究，而公安院校在人才培养中遇到的问题却是实实在在存在的，公安院校对人才培养质量的关注度并没有降过温。

2011年3月，公安学在被设立为法学门类一级学科以后，国内许多公安院校在公安学类本科专业的人才培养方面开展了许多积极的研讨。教育部2012年9月印发的《普通高等学校本科专业目录（2012年）》关于法学门类所属的公安学类的本科专业，设置为治安学、侦查学、边防管理、禁毒学、警犬技术、经济犯罪侦查、边防指挥、消防指挥、警卫学、公安情报学、犯罪学、公安管理学、涉外警务、国内安全保卫、警务指挥与战术15个专业。这15个专业基本可以划分为两类，一类是业务类，对应专门的警种或工作岗位，如治安学、侦查学、禁毒学等；另一类则是综合类，对应整个公安机关，并不针对具体某个警种或某个具体工作岗位，如公安管理学、公安情报学、涉外警

* 郭伟，中国人民公安大学公安管理学院副教授。

务等。随着这几年各地公安情报中心的大力建设和公安工作中对外事务的增多，公安情报学与涉外警务所对应的警种或工作岗位也开始逐步清晰和具体化，而公安管理学专业目前还始终属于综合类领域。综合类的处境从表面来看优越性很强，可是却有着业务类所没有的发展困境，这些困境主要体现在以下几个方面：

一是公安管理学专业本科学生在就业时受到直接影响。根据近几年的不完全统计，在对毕业生的专业需求上，直接提出希望接收“公安管理学”专业的用人单位极少，大部分所提专业均是业务类专业，如侦查、治安、禁毒等。公安管理学专业的学生大多只能报考不限具体专业的“公安类专业”岗位，这使公安管理学专业的学生在就业选择上的机会要小于业务类专业的学生。而这对公安管理学专业的长久发展却是致命的。公安院校培养的是应用型高级公安专门人才，如果没有市场需求或市场需求不足，从长远角度来看，这将危及专业的生存空间。从当前开办公安管理学专业本科教学的公安院校为数不多的现状亦可以看出专业生存的压力。

二是公安管理学专业本科学生对自身专业的认知比较模糊，未来努力的方向不明确。对于身处业务类本科专业学生为主的校园中的公安管理学专业学生来说，对自身专业的模糊认识好像是必然的。笔者在近一两年的教学中为此做了多次课堂调查，发现绝大多数公安管理学专业本科学生并不清楚学这个专业将来要去干什么，对这个专业到底要培养什么样的人的认知也是模糊的，对这个专业与其他类专业的根本差别，或者说是“专业核心竞争力”的理解更是各不相同。这种对专业的模糊认知严重影响了学生在校期间的学习积极性，最终的学习效果也必然会大打折扣。

三是公安管理学专业教师对专业的认知也不统一。公安管理学专业开办已有多年，但公安管理学专业教师对专业的认知也并不统一。虽然各公安院校都有自己的专业培养方案，但是事实上更多时候培养方案就像一个文件，并没有深入到教师内心。一方面是因为培养方案本身表述就略为抽象，教师们对培养方案的理解并不一致；另一方面是因为教师主要是围绕课程在进行教学，在繁忙的工作中很少有机会去思考所教课程与培养方案的关系，也很少有机会去讨论专业认识对课程教学的影响。而这对教书育人肯定是有影响的，试想教师都不统一，更何况学生了。

在认识困境的同时，我们也看到了公安管理学专业值得骄傲的优势。在对笔者所在学校的毕业生进行调查后我们发现，公安管理学专业本科毕业生相对学校其他专业在工作岗位上的表现是最突出的，如虽然毕业生数量相对较少，但是走上较高领导岗位（如厅局级）的人数却是最多的。此外，公安管理学专业还是最能显现公安院校综合实力的专业，业务类学科固然无比重要，但是如果没有公安管理在对组织结构、队伍建设、绩效评价、公共关系等方面的研究和提升，再强的业务学科也会大打折扣。整个公安队伍的战斗力、凝聚力和舆论引导力等均离不开高质量的公安管理研究，从根本上说，公安管理学专业又不可或缺。

基于对困境和优势的认识，笔者认为解决困境、扩大优势的第一步便是尽早展开公安管理学专业本科人才培养质量标准的研究，以此统一教师队伍的认知，帮助学生清晰地认知自己的专业，并推动就业单位对公安管理学专业的再认识。

二、人才培养质量标准的内涵与构建价值

（一）人才培养质量标准的内涵

人才培养质量标准可以理解为由两个概念组成，即“人才培养质量”和“标准”。

1. 人才培养质量

“质量”是有别于同类的一种特质。“人才培养质量”是多维度和多层次的动态概念，它与教育模式与环境、国家政策、学校使命等密不可分。因此，“人才培养质量”经常与另一个概念——“人才培养质量观”紧密连在一起，“人才培养质量观”即对“人才培养质量”所持的评判观念，换句话说，基于什么样的“人才质量观”就会产生相应的对“人才培养质量”的解读。在对“人才培养质量观”的研究中，国内有不少著名学者展开过讨论，如龚放认为在高等教育大众化阶段，对高等学校人才培养和教育教学的评价将依据三个主要的维度进行，其一是受教育者身心全面、和谐发展的要求和规律。其二是学科发展的内在逻辑与相关性。其三是社会，特别是用人单位对高等学校毕业生知识、技能和素质的要求。[①] 又如，杨德广认为不同类型的学校应有不同的培养目标和质量标准，高校人才培养质量观包括发展的质量观、合适目标的质量观、需求性的质量观、多元化的质量观和特色性的质量观。[②] 两位学者虽然表述的内容不太一样，但是却有着紧密的内在联系，无论是合适目标，还是满足需求，实际上都包含受教育者、学科发展和社会需求三个方面，而发展的质量

---

① 龚放：《高等教育多样化进程与质量观重构》，载《全球教育展望》2002 年第 1 期。

② 杨德广：《论科学的教育发展观——定位观和质量观》，载《教育发展研究》2007 年第 2 期。

观是基于学校本身的质量提升而确立的，这原本就是基础，多元与特色也只是学校之间的差异化体现而已。

笔者认为，学校树立什么样的人才培养质量观还与国家和社会对于人才培养质量的评价办法直接相关。往往后者还会直接影响前者。最典型的国家与社会对于人才培养质量的评价莫过于21世纪初开始的全国高等院校教学水平评估，史静寰教授将这类的相关标准归为传统的高等教育质量观，她认为传统的教育质量观有资源观，即大学质量评定依赖于办学经费、学校办学条件、师资硬件条件；产出观，即关注学校科研项目、发表论文的数量、毕业生就业率等；声望观，即关注学校的声望和地位、学校的产出、优秀学生的数量。① 而这种传统的质量观是存在局限的，所造成的对高等教育和高等院校的伤害也是明显的，她认为应对新的质量观予以关注，即关注大学到底给学生带来了多大的变化，这源于入学的学生起点是不一样的。“关键要看大学期间他们发生了哪些变化，哪些是入校后发生的变化。教育增值的观点已经是国际上作为评价大学质量的主要指标。”“应改变传统的、以教育投入及办学条件为主要内容的评价方式，强调以‘学生’为中心（student - centered），突出教育过程为学生的成长与发展带来的成果及变化（performance - based）”。② 2014 ~ 2018年为期四年的全国普通高等学校本科教学工作审核评估加大了对“培养过程”和“学生发展”的审核评估，强调尊重学校办学自主权，体现学校在人才培养质量中的主体地位，应该说这种模式的评估走势与新的教育质量观要求是一致的。

2. 标准

“标准”一般意义上来讲是指可测量、可比较的指标，对“标准”一词的解释，相关文献并不完全一样，陈玉祥在对“标准”的概念进行梳理后，认为“标准”应有六个基本特点：共识性、规范性、权威性、分类性、主体性、客体性。③ 他认为共识性是指行业内推行的某一标准，一般是经由协商大家共同认可的、都可接受的；规范性是指标准的内容和形态规范与标准制定的程序规范。权威性是指标准是一类特殊的技术文件，由利益相关者代表和专家参加

① 史静寰：《以学为本的高教质量评价与改进：从教师做起》，载《无锡职业技术学院学报》2012年第6期。

② 史静寰：《以学为本的高教质量评价与改进：从教师做起》，载《无锡职业技术学院学报》2012年第6期。

③ 陈玉祥：《从标准的内涵看我国本科教学质量标准的建立》，载《中国高教研究》2007年第7期，第35－37页。

制定，并由公认机构颁布；分类性是指某一标准都是在特定的类型、类别范围内推行的，不同的类型、类别就会产生不同的标准；主体性是指标准的设立取决于标准制定者的价值观念和价值标准，历史条件不同或制定者不同，标准也就不同，另外，在标准的运用过程中，个体的价值观念和价值标准不同，同样导致个体对同一标准的理解也就不同。

与“标准”相关的一个概念是“要求”，在国内的很多人文社会科学研究中，标准与要求的界限往往比较模糊，经常出现混用。笔者认为两者还是有一定区别的，主要的区别是两者的制定基点不同，“要求”更多的是立足于管理活动，侧重于从目的出发来对管理活动提出具体的“要求”；而“标准”更多地立足于结果（或过程）评价，侧重于从结果出发来考核事物或过程的状态。

由于“人才培养质量”本身是一个多维度、多层次的概念，因此“人才培养质量标准”也同样是个多维度、多层次的概念。目前，国内存在的人才培养质量标准主要是在工程教育领域，而在人文社科领域的人才培养质量标准并不多见，可见此类标准建设的难度。

3. 公安管理学专业及其本科人才培养质量标准的内涵

就公安管理学专业本身而言，基本内容可以概括为是为培养适应社会主义和谐社会建设需要，掌握马克思主义基本原理，政治立场坚定，具有良好职业素养、科学素养和人文素养，掌握本专业基础理论、基本知识与基本技能，具备开展公安综合管理工作和公安政治工作的专业核心能力，能够在公安机关各部门从事综合管理、公安政治工作、公安纪检监察督察工作或在其他政法机关从事相关工作的应用型高级专门人才。

公安管理学专业本科人才培养质量标准属于限定专业领域的具体人才培养标准，从层次上来讲应该属于公安学类专业本科人才培养质量标准的子标准，理论上应该先有公安学类本科专业人才培养质量标准，再来谈公安管理学专业本科人才培养质量标准。但从目前研究现状来看，对公安学类本科人才培养质量标准的研究很少，而且既没有深入的涉及，也没有权威机构对公安学类本科人才培养质量标准有过类似或相似文件的发布。而且笔者并不认为这会严重影响到对公安管理学专业本科人才培养质量标准的相关研究，从可操作性角度出发，公安管理学专业本科人才培养质量标准更多的是一种微观的可操作性标准，而公安学类本科专业人才培养质量标准更多的是一种宏观的指导性标准。而且对公安管理学专业本科人才培养质量标准的相关研究的积极展开，将在很大程度上促进公安学类专业人才培养质量标准的制定。

综上所述，结合 2010 年颁布的《国家中长期教育改革和发展规划纲要（2010—2020 年）》中提出的“把促进人的全面发展、适应社会需要作为衡量教育质量的根本标准”，笔者认为公安管理学专业本科人才培养质量标准的内涵可以概括为：从学生发展角度出发，经过专家学者和利益相关者（如学生）充分讨论制定，并由权威或公认机构所颁布的一系列规范的，能有效衡量和评价公安管理学专业本科学生在校期间的全面发展状态和满足公安管理及其相关工作需要状态的完整指标体系。

（二）公安管理学专业本科人才培养质量标准的构建价值

从公安管理学专业本科人才培养质量标准的内涵出发，笔者认为开办公安管理学专业的公安院校，尤其是部属院校更应该及早着手对公安管理学专业本科人才培养质量标准的构建，这在当前公安管理学专业面临发展的诸多困境的大环境下具有很强的实践意义和理论意义。

1. 标准的构建与出台将能极大程度地规范和统一公安管理学本科专业的教学过程

公安管理学本科专业应该是一门着重强调应用的专业，强调应用就必然有很强的指向性。可是在现实的人才培养过程中，各公安院校对公安管理学人才培养的随意性很大，培养方案和人才培养模式五花八门，专业人才培养定位不清。如果以学术为导向，大可不必强调专业教学的规范与统一，但对于应用型专业来讲，尤其是对于公安管理学这种非业务类的本科专业来讲，如果不着重强调规范与统一，必将导致各学校培养方案的五花八门、学生学习内容的五花八门、教师课程教学导向的五花八门。最终的结果是学生的专业优势弱化，学生的全面发展与适应公安管理工作需求的状态呈现出巨大的校内学生差异和过大的校际差异，这对公安管理学专业的长久发展非常不利。因此，通过构建与出台公安管理学专业本科人才培养质量标准将极大程度地规范和统一各公安院校的公安管理学本科专业的教学过程，这其中包括培养方案与人才培养模式。

2. 标准的构建与出台将能极大程度地促进学生在校期间学习收获的提高

公安管理学专业本科教学面临的困境之一，就是专业本科学生对自身专业的认知比较模糊，对未来的努力方向不明，学生生活在本就单调的公安院校里，这种模糊的认知对其学习态度与学习积极性的影响是巨大的。标准如导航灯，又似一根指挥棒，它能指引和鞭策学生朝正确的方向努力，在四年的学习生活中能带给学生非常积极的影响，最终使学生在校期间的学习和收获得到极大程度的提高。

3. 标准的构建与出台能极大程度地促进用人单位对公安管理学专业的认知，从而拓宽公安管理学专业本科学生的就业面

笔者在对用人单位的随机访谈中发现，绝大多数用人单位对公安管理学专业的人才培养是有误解的，他们普遍认为公安管理学专业是培养领导人才的，

是机关所需，而他们不缺这类人才，他们缺的是能直接到公安第一线工作的业务人才。据笔者近几年了解发现，用人单位基本对公安院校的毕业生不会严格按专业分配工作，而经常是直接将学生按用人需求的比例随机分配到基层的各类科所队中，经常发生学生所学专业与岗位不对口的现象，这个情形在现实中占很大比例。以上两个方面的现象说明，很多用人单位对公安管理学专业并不了解，普遍有一种"'公安管理'并不对应公安基层"的认知。公安管理学专业学生在校期间仍然是学习公安主要的业务类课程，如刑事侦查、治安管理等。公安管理专业是综合类专业，在对法学和公安学等基本知识的充分掌握和了解的基础上，学生对公安组织发展、管理绩效、公共关系和指挥决策等有着更深层次的认知，这种综合能力往往对基层公安工作的理念提升、业务开展都有着巨大的推动作用，公安管理专业完全对应于各类基层科所队。而且不容忽视的就是通过短期培训业务类知识可以快速提高民警的业务认知与能力，而民警的综合驾驭能力却是短期内靠培训解决不了的。因此，从某种意义上来说，基层公安机关更缺有较强综合能力的专门人才。

构建与出台公安管理学专业本科人才培养质量标准正是破除用人单位误解，引导正确认知的良好对策，积极向用人单位沟通、宣传和展示公安管理学专业本科人才培养质量标准，必将能极大程度地促进用人单位对公安管理学专业的认知，从而拓宽公安管理学专业本科学生的就业面，这无疑对公安管理学的长久发展具有重大的现实意义。

三、公安管理学专业本科人才培养质量标准的结构体系

（一）公安学领域文献简述

国内对提高公安人才培养质量的讨论并不算多，以公安人才培养质量标准为主题的相关文献更是少之又少，如戴宁、蔡拔平对公安高等教育人才培养质量标准做了一定分析，他们认为公安高等教育人才培养质量标准是指用来描述和规定公安高等教育培养出来的毕业生应达到的知识、能力、素质等方面的最低要求。他们强调构建能力本位的人才培养质量标准，即以"能力培养"为核心，以学生各项能力的发展情况作为衡量判断人才培养质量高低的重要依据和核心指标，并将能力结构定义为三个维度构成，即职业能力、普适性能力和学术能力（见表1）。

表 1　能力结构的三个维度

		能力标准	知识结构	课程结构
核心标准	职业能力	专业知识能力 方法能力 特殊能力	技术技能知识 实践知识 专业知识和理论	专业课 专业实践课 专业基础课
一般标准	普适性能力	认知能力 社会管理能力 情绪管理能力 交往能力	跨职业知识 跨学科知识	通识课程 选修课程
	学术能力	言语能力 数学推理能力 欣赏能力与创造能力	基础科学知识 应用科学知识	基础学科课程 应用学科课程

他们将标准分为一般标准与核心标准，核心标准直接围绕警察职业能力构建，并将知识融入能力结构里，应该说这种结构体系是一种较好的尝试，但如何量化，他们并没有直接提出，笔者认为这也是标准里最难的部分。田津、王晓东对学术应用型公安高等人才的培养标准也做了一定研究，他们认为标准应包括人文、科学、专业与实践四个方面。① 但对具体所含内容及标准的指标体系没有做深入分析。

（二）相关文献比较分析

为了更好地分析公安管理学专业本科人才培养质量标准的结构体系，我们可以通过比较相似专业来分析。与公安管理学专业最近的相似专业是普通高校开设的行政管理专业，从严格意义上来说，公安管理学应该属于行政管理学的其中一个分支。因此，我们从一所知名公安本科院校的公安管理学专业培养方案和一所985 高校（在行政管理学专业的全国高校排名中居于前三）的行政管理专业培养方案中对培养目标和培养规格与要求方面的相关内容摘录出来予以分析比较（见表2、表3）。

① 田津、王晓东：《学术应用型公安高等人才的培养标准研究》，载《赤子（中旬）》2014 年第 14 期。

表2　公安院校

培养目标	本专业培养适应社会主义和谐社会建设需要，掌握马克思主义基本原理，政治坚定，具有良好职业素养、科学素养和人文素养，熟悉党和国家的路线、方针、政策，掌握本专业基础理论、基本知识与基本技能，具备开展公安综合管理工作和公安政治工作的专业核心能力，能够在公安机关各部门从事综合管理、公安政治工作、公安纪检监察督察工作或在其他政法机关从事相关工作的应用型高级专门人才。	
培养规格与要求	知识要求	1．掌握马克思主义、毛泽东思想和中国特色社会主义理论体系的基本原理。 2．熟悉我国公安工作的路线、方针、政策和相关的法律法规。 3．掌握管理学、政治学、法学和心理学等方面的基本理论和基本知识；掌握公安管理学专业理论和知识；熟悉统计调查、系统分析、政策分析等科学方法；了解公安管理领域的理论前沿和发展动态。 4．了解相关专业一般理论知识。
	能力要求	1．胜任公安机关综合管理岗位和公安政治工作岗位的实际业务工作，应具备下列基本业务能力： （1）公安行政事务管理与协调能力； （2）初中级公安指挥调度能力； （3）公安人力资源管理能力； （4）公安组织和人员绩效管理能力； （5）公安思想政治工作能力； （6）公安宣传与舆论引导能力； （7）调研分析能力； （8）公安行政公文起草与处理能力。 2．具有计算机操作基本技能，能够熟练进行网上办公、办案。 3．具有较强的沟通协调、论辩说服和群众工作能力。 4．具备警体基本技能和驾驶技能。 5．具有较强的写作能力、口头表达能力。 6．具有运用英语进行日常交流和阅读本专业英文文献的能力。 7．掌握文献检索与信息处理的基本方法，具有初步的科学研究能力。
	素质要求	1．忠于党，忠于祖国，忠于人民，忠于法律。 2．热爱公安事业，具有高度的法治观念、组织纪律观念、群众观念和良好的职业道德，有为维护国家安全、社会安定而献身的精神。 3．具有与公安工作相适应的人文社会科学和自然科学基本素养，具有创新精神。 4．具备与从事公安综合管理和公安政治工作相适应的专业素养。 5．具备健康的心理和强健的体魄。

表3　985 高校

培养目标	以党政机关、社会组织和企事业单位的行政事务为研究对象，主要培养适应现代社会需要，掌握系统的行政管理和一般管理的理论、方法和技能，具备较高的管理、经营、策划、调研、沟通等能力，具有公共精神和社会责任感的专门人才。学生毕业后适合到各级党政机关、社会组织、企事业单位从事行政管理、市政管理、人事管理、办公室管理、社会工作、政策研究、外事交流、宣传策划、办公室管理、秘书、咨询等工作。
培养规格与要求	1. 熟悉党和国家的大政方针，了解我国政治运转和行政管理工作的实际情况、基本政策和法规。注意培养正确的世界观、人生观和专业思想。 2. 具备较广博的学科知识，了解本专业学科的前沿信息和发展动态；接受全面、系统的专业训练和考核，学习和掌握现代化的政治学、管理学知识和方法；树立效率、创新、服务、竞争、民主、法治等现代政治与行政理念。 3. 具备较强的行政管理工作能力，包括以现代信息技术手段处理行政事务的能力，社会调查研究能力分析，解决实际政策问题能力，组织和策划能力，文字和口头表达能力，计算机操作能力，具备专业外语的听、说、读、写能力等。 4. 身心健康，德、智、体、美全面发展，积极进取，务实创新，具备良好的团队合作精神。

从表2和表3可以看出，两类学校对两个专业的培养规格与要求均是从知识、能力和素质三个角度来界定的，这与目前搜索到的人文社会科学领域的相关文献是一致的。对比两校对知识、能力和素质上的要求，我们可以看到两校在这三个方面内容的整体框架上比较相似，知识上均侧重于政治学和管理学领域，能力上都着重于强调与管理工作过程相符，素质上基本是注重德、智、体、美全面发展。明显的不同是公安院校相对于985院校来说，对这三项规定得更加微观和具体，并且更加贴近于公安工作领域的相关需求。这种区别也体现了学校定位的不同，相比普通院校来说，公安院校更加倾向于体现其应用型本科院校的特色，在人才培养上更加注重培养学生的公安工作应用能力。而普通院校对行政管理专业的学生的培养中，则更加注重提高学生的专业综合能力与整体素质，以使学生适应其未来的不同工作岗位。应该说，普通院校对行政管理本科学生的能力要求，为公安院校思考公安管理专业本科学生应具备哪些核心专业能力提供了很好的素材和范围。

（三）质量标准构建的可行路径

综合前两部分的讨论，笔者认为对公安管理学专业本科人才培养质量标准可以尝试从以下几条路径来构建：

第一条路径是立足于公安业务实际，从学生能否胜任未来公安工作出发，将标准分解为“警察职业基本标准”和“警察职业专业标准”。前者主要体现成为一名警察所应具备的基本知识、能力与素质标准，理论上它应是公安学和公安技术学下属所有二级学科的人才培养质量通用的基本标准；后者主要体现能良好从事公安行政管理业务工作所应具备的知识、能力与素质标准。

第二条路径是立足于行政管理工作实际，从学生能否胜任未来行政管理工作出发，将标准分解为“行政管理专业基本标准”和“公安行政管理工作专业标准”。前者主要体现未来从事行政管理工作的一名大学生所应具备的基本知识、能力与素质标准；后者主要体现能良好从事公安行政管理业务工作所应具备的知识、能力与素质标准。

第三条路径是立足于学生本身，从学生的自我属性和全面发展需要出发，将标准分解为“大学生基本标准”、“预备警察基本标准”和“预备警察专业标准”。“大学生基本标准”主要体现身为一名大学生所应具备的基本知识、能力与素质标准；“预备警察基本标准”主要体现能在未来成为一名合格的警察所应具备的基本知识、能力与素质标准；“预备警察专业标准”主要体现未来能从事公安行政管理工作所应具备的知识、能力与素质标准。

对比三条可行路径，结合公安管理学专业本科人才培养质量标准的内涵，即它是从学生发展角度，经过专家学者和利益相关者（如学生）充分讨论制定，并由权威或公认机构所颁布的一系列规范的、能有效衡量和评价公安管理学专业本科学生在校期间的全面发展状态和满足公安管理及其相关工作需要状态的完整指标体系。因此，笔者更倾向于第三条路径。

（四）质量标准的结构体系

如果我们将公安管理学专业本科人才培养质量标准从“大学生基本标准”、“预备警察基本标准”和“预备警察专业标准”三个角度来构建，那么我们必须设计出合理的可测量、可比较的指标。目前，不论是公安院校的还是985高校的人才培养方案，其中对人才培养质量的表述都只能算是对人才培养质量的要求，因为在那里，我们并没有看到可测量、可比较的完整指标体系。因此，笔者认为为了更好地设计出指标体系，应将三个标准进一步划分为“内容标准”与“表现标准”。“内容标准”主要体现学生的“应知与所能”；“表现标准”则是描述学生掌握内容标准的证据与程度，它是描述学科能力要求的规范化学习结果，定位于课程与教学取向；“表现标准”在程度表述上经常用的是“基础”、“熟练”与“高级”。

综上所述，我们认为公安管理学专业本科人才培养质量标准的结构体系应至少包括以下几个部分（见表4）。

表4　公安管理学专业本科人才培养质量标准的结构体系

项目 标准类别	内容标准	表现标准
大学生基本标准	知识内容	基础、熟练与高级指标体系
	能力内容	
	素质内容	
预备警察基本标准	知识内容	基础、熟练与高级指标体系
	能力内容	
	素质内容	
预备警察专业标准	知识内容	基础、熟练与高级指标体系
	能力内容	
	素质内容	

对于内容标准和表现标准的具体内容，从目前搜索到的文献来看，内容标准的研究文献还能搜索到一些，但是表现标准的文献却十分紧缺。这一方面是因为表现标准极难统一，国家主管部门、高校、用人单位、教师、学生甚至学生家长对于表现标准的认识均有很大的差别；另一方面是因为时代变化极快，科学技术飞速发展的今天，标准很难保持长时间的稳定性。所以真正愿意投入精力去研究表现标准需要极大的勇气和魄力。但是近几年国家教育部正在不断推动学科或专业的各级教学质量标准的建设，这对于展开对人才培养质量标准的建设是一个很好的促进。改革以课程成绩为主导的“表现标准”，大力构建专业人才培养质量内容标准和表现标准理应成为应用型本科院校下一步着力提高人才培养质量的大战略之一。

参考文献：

［1］戴宁、蔡拔平：《能力本位视角下的公安院校人才培养质量标准的构建》，载《四川警察学院学报》2008年第5期。

［2］朱红：《高校人才培养质量评估新范式——学生发展理论的视角》，载《国家教育行政学院学报》2010年第9期。

［3］张显栋：《公安院校毕业生质量跟踪调查研究——以中国刑事警察学

院为例》，载《科技信息》2013 年第 20 期。

［4］刘洪一、刘兰平、徐平利：《应用型人才的可持续发展能力及其培养》，载《高等工程教育研究》2012 年第 2 期。

［5］赵宏：《制度视阈下高等教育质量提高的制约因素及对策思考》，载《学术论坛》2010 年第 8 期。

［6］石邦宏、王孙禺、袁本涛：《我国高等教育质量管理趋势分析》，载《清华大学教育研究》2008 年第 6 期。

［7］张伟江、郭朝红：《大众高等教育质量保证的国际经验与特点管窥》，载《复旦教育论坛》2010 年第 1 期。

［8］胡建华：《高等教育质量内部管理与外部监控的关系分析》，载《高等教育研究》2008 年第 5 期。

［9］张维迎著：《大学的逻辑》，北京大学出版社 2004 年版。

［10］萧鸣政等著：《党政领导人才素质标准与开发战略》，人民出版社 2010 年版。

［11］潘懋元、王伟廉主编：《高等教育学》，福建教育出版社 2007 年版。

［12］吴剑平、叶赋桂等著：《大众化背景下中国高等教育质量管理研究》，清华大学出版社 2011 年版。

［13］赵婷婷著：《大学何为——理想与现实间的冲突与协调》，高等教育出版社 2005 年版。

专题十

我国西部少数民族地区公安政工人才队伍建设问题与建议[①]

刘忠铁[*]　张　旭[**]　孙穆群[***]

一、引言

公安机关承担着维护社会和谐稳定、保障人民安居乐业的历史使命和责任，拥有对敌人专政和对人民民主的职能。公安政工队伍主要负责各级公安机关的思想和组织工作，是公安人力资源开发的主管部门，是保持整个公安队伍先进性、纯洁性及开展各类警务活动的基础，因此公安政工人才队伍的建设是公安机关各项职能和任务完成的关键。自改革开放以来，党和国家针对西部少数民族地区的公安机关采取了多项措施，使其战斗力普遍有所提高。公安队伍战斗力的增强取决于警力资源诸构成要素的优化，包括各要素的分别优化和构成方式的优化，而警力资源各要素的优化最主要的是警察人力资源的优化。西部地区公安政工人才队伍作为西部地区警力资源建设主要的承担者和体现者之一，是警力资源开发诸要素中居于重要地位的战略资源。在新的社会形势面前，西部地区的公安工作能否卓有成效地开展，从根本上来说取决于公安政工人才队伍开发和利用的状况。能否很好地开发和利用政工人才队伍，已成为西部地区公安工作能否顺利开展的关键。

自 19 世纪 80 年代警察作为独立部门和专业工作在欧美诞生以来，各国学

---

① 本文为 2014 年中国人民公安大学基本科研业务费项目支持青年教师项目（项目编号为 2014JKF01085）的研究报告。

* 刘忠铁，中国人民公安大学公安管理学院讲师。

** 张旭，上海市公安局民警。

*** 孙穆群，中国人民公安大学公安管理学院讲师。

者分别对警察队伍建设问题进行了深入的研究。1976 年约翰·安德逊（John Alderson）在《从人力资源到观念的转变》中提出了“无增长改善论”，即公安机关可以在不增加警力编制、警务装备的前提下，改善和提高警务效能，强调应该科学、系统地配置警力资源，面向公众，以质量胜数量。[①] 国内黄新春在《论警力资源的科学配置与使用》中提出了，一个国家或地区的警力规模不是单纯受到人口数量或者犯罪案件数量等因素的影响，真正影响警力资源的因素是来自多方面的，仅仅通过增加警察的数量并不能从根本上减少犯罪案件的发生。[②] 要发挥警务效能的最大化，使有限的警力资源配置最优化，是提高警务工作效率的根本途径。朱健平和董红缨在《警力资源分类管理机制建设的探索与思考》一文中利用“无增长改善论”提出，只有紧扣岗位这一基础，实现科学的分类管理，建立完善的现代警务机制，才能达到人尽其才、优化警力效能的目标。[③] 孙晓东在《论警力资源的长效管理》中倡导“以人为本”的警力资源长效管理机制，从建构目标机制，完善内部运行机制，制定警务行为规范，统一警力装备四方面入手，全面构筑警力资源长效管理保障手段，不断开发新的警力资源，提高警力资源使用效率。[④] 以上研究均表明，面对公安现实业务中存在的问题，应从优化警力资源配置入手，以公安工作绩效为中心，改革现有管理体制和制度，全面提高警力资源效能，实现公安改革的新突破，更好地维护社会的和谐稳定，保障人民群众的生命财产安全。

西部少数民族地区，是指新疆、西藏、内蒙古、宁夏、广西 5 个自治区和云南、贵州、青海 3 个多民族省，西部民族自治地方面积占西部地区的 86.5%，占民族自治地方总面积的 96.7%。[⑤] 努力建设一支我国西部少数民族地区政治素质过硬、思想观念先进、工作积极向上、队伍结构合理的公安政工人才队伍，是推动公安民警整体队伍素质提升，维护我国边疆稳定，保障西部少数民族地区人民生活幸福，促进西部地区各民族大发展、大团结的重要力量。基于此，深入研究我国西部少数民族地区公安政工人才队伍建设的现状，发现我国西部少数民族地区公安政工人才队伍建设中的问题，给出科学合理地

---

① 曹力伟：《无增长改善是我国警务改革的优选之路》，载《公安研究》2008 年第 8 期。

② 黄新春：《论警力资源的科学配置与使用》，载《公安研究》2009 年第 2 期。

③ 朱健平、董红缨：《警力资源分类管理机制建设的探索与思考》，载《上海公安高等专科学校学报》2007 年第 1 期。

④ 孙晓东：《论警力资源的长效管理》，载《江苏警官学院学报》2002 年第 1 期。

⑤ 国家民委：《西部大开发战略加快少数民族地区发展》，http://www.china.com.cn/news/local/2009－11/21/content_18930250.htm。

公安政工人才队伍建设的建议，系统地优化配置警力资源，建立我国西部少数民族地区警力资源发展的长效管理机制，是社会主义发展新形势下西部少数民族地区人才队伍建设的必然趋势。这对提高我国西部少数民族地区公安政工人才工作效率，促进我国西部少数民族地区公安工作的全面协调和长效发展，均具有重要的理论和现实意义。

二、西部地区公安政工人才队伍建设存在的问题

公安资源按属性可分为公安人力资源、公安财务资源、警务装备资源、公安信息资源四大类。在生产活动各要素中，人的因素第一，因此公安人力资源在四大类公安资源中居于核心地位，是其他三类公安资源发挥作用的基础，而人才又构成了公安人力资源中的上层组成部分，决定着公安整体人力资源的高度。人才是指具有一定的专业知识或专门技能，进行创造性劳动并对社会作出贡献的人，是人力资源中能力和素质较高的劳动者。[①] 目前，我国西部少数民族地区公安政工人才队伍建设在中央及地方党委、政府与各级公安部门的支持下，做了一些适合西部地区实际情况的探索，也取得了一些成果。首先，我国西部少数民族地区均已健全公安行政管理部门，形成了人力资源开发管理机构，有效地支撑了公安队伍管理和公安业务发展的需要。其次，我国西部少数民族地区公安部门也已建立了一套完善的人才队伍管理机制和评价机制，推出了民警激励考核办法，保障西部公安政工人才队伍建设的健康发展。最后，我国西部少数民族地区公安部门也非常重视公安民警素质的提高，积极开展公安民警的教育和培训工作，提升民警的各项素质水平，在完成本职的思想政治工作之外，根据维稳形势与反恐工作的需要，更是能够成为处置各类突发事件的应急反应力量。

虽然我国西部少数民族地区公安政工人才队伍的建设已经取得了一些较好的成绩，但我们也应清醒地认识到，面临新形势下的挑战，公安政工人才队伍建设仍面临诸多不合理的现象。主要表现在以下几个方面：

（一）西部少数民族地区公安警力薄弱，公安政工人才队伍结构建设不合理

由于历史、地理、文化等因素，西部少数民族地区现代化进程起步较晚，经济社会发展明显滞后于中东部地区，整体人才状况与中东部存在很大差距。据中国与全球化研究中心与中国湖北人才发展研究中心发布的《中国区域人

---

① 人民网：《国家中长期人才发展规划纲要（2010—2020 年）》，http://politics.people.com.cn/GB/1026/11795989.html。

才竞争力报告》，在2010年内地31个省市自治区人才综合竞争力排名中，内蒙古、新疆、广西、宁夏、云南、西藏、青海、贵州依次分列14、21、24、26、27、28、29、30位。[①] 西部少数民族地区人才综合竞争力水平明显低于中东部。在整体人才竞争力不强的大环境下，西部地区公安队伍基础相比中东部地区而言也较为薄弱。

随着我国西部大开发战略的实施，西部经济正呈现日新月异的发展，经济发展迅速，相应地常住人口也不断增加，但警力的发展远跟不上经济的发展水平和常住人口的增长速度。以西藏自治区为例，2003年至2006年间，GDP增长了57.13%，常住人口增加了10万人，刑事案件增加了59.13%，而公安警力仅增加了14人。究其原因，其一，缺乏少数民族干部力量的补充。新中国成立后国家加大对少数民族地区的建设力度，当地少数民族的生产、生活水平有了长足的进步，其原始生活状态也发生了重大变革，加之国家给予少数民族学费减免、中高考加分、使用民族语言应考等优惠政策，帮助大量少数民族青少年走上知识的道路，但由于历史传承与民族文化基因，传统的生活习惯仍然被保留下来，相当一部分的年轻一代不愿投身仕途进入公安系统，而选择继续留守在祖祖辈辈生活的草原、森林等自然环境中生存。其二，整个公安队伍人才的流失。从经济待遇上讲，由于经济社会欠发达，公安机关福利待遇不高，远远达不到部分民警心理预期，所以这些人选择离开公安队伍下海经商；从政治前途上讲，与党委、政府机关相比，公安机关工作强度大，晋升难度也大，造成了部分民警利用各种机会调出公安机关以寻求更广阔的发展空间。其三，公安政工队伍流动率大。由于中华民族历史文化传统与现行行政体制的特点，在公安队伍中，公安政工人员的职业生涯发展往往要比其他警种更为顺利，公安机关上层领导有相当大一部分是从政工部门提拔上来的，这一现象致使公安政工工作逐渐成为个人晋升的跳板，公安政工部门往往留不住优秀人才。其四，存在部分“养老人员”。公安政工工作除了是民警发展的优良岗位之外，还是众多老同志青睐的“闲职”。受传统错误思想误导，人们普遍认为政工部门主要负责政治思想工作，工作量与工作压力比业务部门要小，这吸引了部分对于职业前景不抱期望的老同志到政工部门“养老”，拉低了政工人才队伍的整体水平和政工部门的工作效率。这些因素在很大程度上影响了西部地区公安人力资源的开发，进而影响到了公安政工人才队伍的结构建设不协调。西部地区公安政工人才队伍建设的老龄化趋势明显，不能达到人才队伍建设的有效配

① 桂昭明、王辉耀著：《中国区域人才竞争力报告》，社会科学文献出版社2013年版。

置。要充分发挥公安政工人才队伍建设的整体效益，合理配置人才结构，防止出现“断层”现象。

（二）西部少数民族地区公安政工人才的引进与内部培养不平衡

为了改善人才资源匮乏的困境，虽然我国西部少数民族地区普遍制定了人才引进的各种优惠政策，但往往面临人才引进较东部难的困境，现实效果并不好。由于西部地区长久以来是我国各少数民族的聚居地，逐渐积淀形成各具特色的少数民族区域性文化。这些民族文化是中华民族文化的重要组成部分，体现了我国民族文化的包容性与多样性，也为传承中华传统文化，培育朴实、勤劳、勇敢、善良的民族心理和维护当地稳定团结作出了巨大贡献。但少数民族文化中有些传统的风俗习惯不容易被外人接纳，可能使引进的人才在西部少数民族地区的工作生活面临一定的不适应性，两股文化相互摩擦、碰撞，产生了文化排斥效应，阻碍了越来越多的外部人才涌入当地。同时，也有许多引进人才来到西部地区工作的动机不纯，一开始就没有下定决心扎根西部、服务西部，而是将此工作经历作为升迁的资本，并时刻准备离开西部民族地区到东南发达地区发展。此外，西部地区生态气候环境差、工作条件艰苦，缺乏优质的医疗卫生与教育资源，这些因素也很大程度上影响了西部地区公安政工人才引进的效果。

在外部引进不利的情况下，内部培养成效也不好。一是决策部门盲目迷信人才引进，忽视了内部人力资源的挖掘，在内部培养上投入与重视不够，并给予外部人才明显高于其他人员的级别与工资待遇，造成了“同资历，不同酬”或“同能力，不同酬”，甚至高薪低能的局面，严重挫伤了内部人才的士气与积极性，不利于组织内部凝聚力的形成与团体战斗力的生成。要重视公安政工人才引进与内部培养之间的均衡，重视引进高层次人才，强化内部“传、帮、接、带”的培养机制，吸收先进技术理念，切实做到人才引进与内部培养之间的相互辅助、相互促进，有效提高我国西部少数民族地区公安政工人才队伍的建设水平。

（三）西部少数民族地区公安政工人才队伍建设观念落后，缺乏内涵式发展理念

目前，我国西部公安政工人才队伍建设仍然停留在传统的人事管理水平上，采用命令式的管理方式，缺乏内涵式的人才队伍开发理念。“人力资源是第一资源”这一认识虽然已被社会广泛认同，但在西部少数民族地区并未良好地落实。西部地区工业化、信息化、城镇化起步较晚，水平也较低，因此与现代社会不相称的传统农耕文化依然是社会主流文化，受此影响，公安机关在建设公安政工人才队伍上只重视短期效益，各级领导均想在自己任期内干出漂

亮的业绩，过分强调在较短时间内快速优化队伍数量、学历层次、年龄等纸面指标，大量吸收高学历年轻干部加入政工部门，而对政工人员能力的考察及潜力的开发摆在次要位置，忽视了公安政工人才队伍的长效发展，导致了队伍建设重量轻质，不仅没有显著提高政工部门的工作水平，反而又增加了财政负担。同时，为了提高绩效水平，政工部门会采取奖赏的形式来激发内部人员工作的积极性。奖励分为物质刺激与精神犒赏，两者相比，从较短的时间维度来看，物质奖励会比精神奖励更加快速有效。因此在公安实践中，人力资源管理往往会有过分看重利益驱动的倾向，人们勤奋努力工作也更多的是为了获得物质利益或增加晋升的可能性。这种重利益奖励而轻精神奖励的做法确实可以调动政工人才工作的积极性，但人的物质欲是无法彻底满足的，长此以往，随着物质性的刺激就会引发人们为党、为国家奉献的内在动力萎缩的危险，最终使整个队伍的价值取向偏离，失去高尚无私的工作作风。鉴于此，应转变激励机制，从利益驱动更多地向精神奖励倾斜，以职业责任心、事业成就感、社会道德评价等途径激发人们从事警务工作的内在动力，牢固树立为人民服务的崇高精神信念。

另外，西部地区公安政工人才队伍建设的教育培训观念落后，对教育培训的认识不深入。教育是人类成长的基础，是文明传承的基石，是人才发展不可或缺的环节。在公安行政体系中，政工部门是教育培训的主管部门，但在制订民警教育培训计划时，往往侧重于公安业务部门人员，而政工人才却经常被排除在外。产生这一特殊现象的主要原因是西部少数民族地区公安政工部门对于民警在职培训的认识存在偏差，没有把教育摆到重要位置，错误地认为教育培训工作既浪费时间、牵扯精力又收获不到现实回报，而开展教育培训也是在被动应付上级的考核任务。公安队伍建设的教育培训工作是一项长远投资，不像其他业务见效快，但它是提高队伍素质和增强警力的基础。

（四）西部少数民族地区公安政工警力配置不合理，缺乏科学管理理念

警力的优化配置是增强公安队伍工作效率，发挥公安整体功能的重要保障。然而，我国西部少数民族地区的警力配置往往忽视公安政工人才队伍的科学管理理念，突出表现为重量不重质，重眼前不重未来等问题。一方面，我国西部地区发展相对滞后，警力资源的配置仍沿用之前的标准，缺乏适应性，导致警力配置和现实需要的脱节。随着时代的进步，为了适应经济社会的发展，社会上不断涌现出五花八门的新兴行业。公安政工部门为了更好地服务整体公安工作，同样需要具备新技能的人才充实到队伍里来，如心理咨询、社交媒体公关、信息管理等方面的专业人才。正如生产力的持续发展需要与此相适应的生产关系为之服务一样，人才最大限度地发挥能量同样需要适宜的行政体制。

由于现行西部地区公安政工部门的人员编制仍然沿用多年前的标准，在人员吸纳方面缺乏弹性，所以政工部门没有多余的编制去招录那些新型人才。因此，常常处于公安政工部门想法是有的，社会上人才也是有的，但还是出现了由于编制限制在工作方面无法开拓新领域的困境。

另一方面，我国西部地区警力仍缺乏流动机制，论资排辈、能上不能下等问题突出，阻碍了警力资源的优化配置。受信息革命不断深入的影响，公安机关也提出了“大数据”、“大情报”等概念，信息化在公安机关的广泛应用，大大冲击了“倒金字塔”式的传统行政体系，组织结构呈现扁平化的趋势。这一警务趋势意味着越来越多的公安政工人才会从机关充实到基层部门，但由于政治前途、福利待遇、人情面子等因素，没有足够的人才愿意下基层，这就阻碍了公安机关扁平化的进程，影响了公安基层基础工作的开展，降低了公安行政效率。同时，在公安政工部门中，资历是提拔晋升的重要考量因素，而能力高低却往往被弱化，产生“能上的不一定是能干的，能干的不一定能上”的现象，这不仅降低了政工部门的管理水平，更打击了青年人才积极向上的心态与饱满的工作热情。

三、西部地区公安政工人才队伍建设的建议

当前我国社会变革中对警力资源的需求形势紧迫，要科学配置警力资源来适应社会发展的需要，积极探索公安政工人才队伍建设的可行性方法。我国西部少数民族地区公安政工人才队伍的合理开发和有效利用是提高公安整体战斗力的关键，对西部地区公安整体工作具有根本性的促进作用，是具有重要作用的战略资源。

针对我国西部地区公安政工人才队伍建设所表现出的问题，本文提出以下几个方面的改进建议。希望能够改进西部地区公安政工人才队伍建设现状，提高西部地区队伍建设水平，优化西部地区警力资源配置，增加西部地区工作的整体绩效。

（一）更新人才观念，完善队伍管理机制，创建良好的人才队伍建设环境

要牢固树立公安人才资源是警务第一资源的观念，充分认识公安政工人才队伍建设的深远意义，引入“人力资本”概念。最早对人力资本理论进行系统论述的是美国经济学家舒尔茨，他认为，人力资本是体现于劳动者身上，通过投资形成并由劳动者的知识、技能和体力（健康状况）所构成的资本。① 唯

---

① 靳文志：《马克思的劳动价值理论与舒尔茨的人力资本理论》，载《中国人才》2003 年第 7 期。

物史观认为，人民群众是人类历史精神文明与物质文明的创造者，是推动社会发展与时代进步最核心的力量。世界银行对全世界192个国家的资本存量进行了粗略计算，认为目前全世界人力资本、土地资本和物力资本三者构成比例为64∶20∶16。[①] 人力资本是社会最重要、最核心的财富，因此，西部少数民族地区公安政工人才队伍建设要摆脱传统的人事管理思维模式，将人才的自我发展与公安战略目标相结合，坚持公安政工人才队伍建设的内涵式发展，将人才视为公安组织长期发展的重要“资本”，将吸收、保护、开发、利用人才资源作为警务发展第一要务，充分发挥政工人才的主观能动性与创造性。政工部门是公安机关人事管理的主管部门，先要建立健全政工内部队伍的管理协调机制，提高公安政工部门的工作效率和管理水平，总结有效经验做法向公安其他领域推广，以带动公安机关整体工作效率和管理水平的提升。引入激励机制和竞争机制，打破“铁饭碗”、“吃老本”、“旱涝保收”等传统消极观念，实施知识强警，注重业务实绩，鼓励真才实学和风险精神，建立学习型人才队伍管理机制，推动西部公安政工人才队伍建设的长效发展。

吸引外部人才在保障其工资福利待遇的基础上，更为重要的是从思想上留住外部人才。引进外部人才的根本目的不是为了美化知识层次、年龄结构、专业多样化等指标，而是为了利用外部人才带来的新思想、新模式、新技术更好地促进公安政工业务发展，更好地服务于公安机关。因此，要培养外部人才的党性意识与奉献精神，并为其创造良好的人文环境与工作环境，使其坚定扎根西部的信念。在外部引进人才的同时，还要重视内部发掘，特别是要加大少数民族干部的培养力度。2014年4月，习近平总书记在新疆调研时强调，要坚持把培养少数民族干部作为干部队伍建设的重中之重来抓，按照德才兼备、以德为先的标准，坚持把坚定维护祖国统一，在大是大非问题上立场坚定、头脑清醒、行动坚决的优秀少数民族干部选拔到各级领导岗位上来。[②] 要充分利用公安政工少数民族人才在维护民族团结中不可替代的作用，做好从政工部门层面，到公安机关层面，再到社会层面的各民族团结工作，使少数民族人才成为民族工作与公安工作的排头兵。

（二）重视民警思想理论教育，完善技能培训体系，提高公安政工人才队伍建设的整体效能

我国西部少数民族地区的民警整体素质水平不高，这与社会的发展要求存

① 张文贤著：《人力资本》，四川人民出版社2008年版。

② 新华网：《十八大以来以习近平同志为总书记的党中央关心少数民族和民族地区纪实》，http://news.xinhuanet.com/politics/2014-09/27/c_1112652247.htm。

在差距。要加强政工人才的思想政治教育、法制教育和职业道德教育，确保公安政工人才队伍的建设符合党、国家和人民的利益，使公安政工人才队伍成为维护社会安全和民族团结的重要力量。“格物，致知，诚意，正心，修身，齐家，治国，平天下”，内心的修为是人奉献社会、发挥潜能的基础，因而要特别注重思想政治教育。西部少数民族地区地处边疆，是我国与“三股势力”（宗教极端势力、民族分裂势力、暴力恐怖势力）交锋的主战场。近年来，敌对势力在制造多起暴力恐怖事件的同时，又有将活动重心转向意识形态领域之势，对普通民众与政府工作人员进行思想渗透，试图挑起民族争端，造成西部地区的内乱。针对这一趋势，作为站在反恐怖、反分裂、反渗透战线第一线的公安民警更要有坚定的政治信仰与正确的价值取向。思想政治工作是公安政工部门最核心、最本质的工作，是从公安机关建立之初就传承下来的光荣使命，因此，公安政工人才的思想政治教育工作应摆到教育培训的首要位置，广大政工部门人员，各机构的政治委员、教导员、指导员首先要保证自身的纯洁性与坚定性，才能将其影响力扩散到整个公安机关，成为公安机关正能量的源泉与不良思想的防护罩。

一方面，要把握好知与行的关系。在深入开展思想政治忠诚教育的基础上，必须紧跟时代发展步伐，坚持现代培训的理念，加大公安政工人才技能培训的力度，根据社会与公安机关新需要，提高民警综合素质，建立符合西部少数民族地区公安人才队伍建设需求的培训体系，提高公安人才队伍建设的整体效能。另一方面，还要把握教育培训短期成果与长效发展的关系，既要针对某一突出问题，采取集中学习的方式在短期内予以解决，还要坚持有计划、有步骤、有层次的长期阶梯式教育。

（三）制定科学合理的警力资源配置标准，创新民警内部交流机制，提高公安政工人才队伍建设水平

在警力编制不再增加的情况下，要制定科学合理的警力资源配置标准，发挥现有队伍的整体功能。为适应社会上新行业的兴起与计算机网络技术的发展，特别要加强公安政工人才民警心理健康管理、公共关系管理及数字信息管理能力。第一，由于面临复杂的工作环境与严峻的反恐形势，西部地区公安民警心理健康问题日益突出，因此各级公安政工人才要具备专业的心理学知识，能够及时主动地为民警提供心理咨询服务，以缓解其心理压力、消除其心理负担，确保公安队伍积极健康的心理状态。第二，公安机关作为与民众频繁接触的行政部门，通过长久出色的工作业绩与优良的工作作风，在群众心中建立起良好的外部形象，“有困难，找警察”这一口号早已深入人心。但由于近年来出现个别害群之马的影响与少数媒体的扭曲报道，公安机关正面形象受到一定

程度的影响，如何管理公共关系成为了公安政工部门的新课题。良好的公共关系不仅关系到政府形象，还是公安基础业务开展的有利条件，因此公安政工人才要具备一定的公关能力，既要通过电视、广播、报纸等传统媒体对公安机关进行正面报道，还要特别重视微博、微信等新型媒体，充分利用社交网络加强和改善公共关系，开拓“双微”警务等工作新形态。第三，借助现代信息网络与计算机技术的发展，行政机关也在其内部开展了一场以无纸化办公为标志的信息化革命，传统的纸质人事档案管理手段与纸质文件传送系统早已满足不了新形势下行政效率的要求，因此，西部少数民族地区公安政工人才还需具备良好的电子信息管理能力，以达到提高办公效率与节约资源的目的。

同时还要确定合理的年龄结构、数量结构和专业结构，提高基层部门政治待遇与经济待遇，选拔、鼓励、引导公安政工人才充实到一线部门，最大限度满足基层部门的警力需求。警力下沉并不意味着警力只下不上，对于在基层锻炼过并且思想端正、业绩突出的人才也要视情况提拔到上层机关，将公安基层部门作为公安政工人才乃至整个公安队伍人才的储备库，实现有下有上、有降有升，建立有序流动机制，促进警力的合理有序流动，发挥人才的自身能力和特长，达到民警的量才适用，更加科学合理地提高用人水平。

（四）完善警务保障体系，重视维护民警权益，建立公安政工人才队伍全方位的保障措施

加强公安经费和装备的保障，建立适应新形势的保障标准。由于公安队伍经常超时工作，实际收入与劳动时间不相称，因此要提高民警的福利待遇，真正落实加班补助，通过合法途径增加工资性收入，保障民警的合法劳动权益，减轻人才经济压力。受人员编制影响，导致公安政工人才工作压力过大，不仅无法进行工作方式与领域的创新，还影响了传统公安政工工作完成的质量，所以可以根据工作性质，将不涉密的部分外围工作如公开信息的网络管理、公共关系的互动外包给专业公司和企业来完成。由于承接外包服务的公司具有专业性优势，可以出色地完成这一部分业务，同时又减轻了政工人才工作负担，使其能集中精力去完成核心领域的工作。俗话说“巧妇难为无米之炊”，相当比重的工作是人与技术相互配合才能完成的，公安政工人才工作绩效的提升还需要有相应必备的设施装备，如电子档案管理的专业软件支持、心理健康测试的生物电多导仪等软硬件等。

此外，目前西部少数民族地区公安政工人才队伍中也存在自身权益被上级机关、领导或普通民众侵犯的现象。因此要加大公安维权力度，转变个别领导徇私利己、蛮横无理的工作作风，扭转部分民众侵害民警的不良风气，维护民警切身利益，建立公安政工人才队伍全方位的保障措施。

四、总结与展望

我国西部少数民族地区公安政工人才队伍作为公安机关的一部分，承担着维护西部地区和谐稳定、保障西部人民安居乐业的责任，为西部经济的迅速发展保驾护航。本文对西部少数民族地区公安政工人才队伍建设中的问题进行了探讨，结果发现西部少数民族地区公安政工人才队伍建设存在结构不合理，人才引进与内部培养不平衡，公安政工人才队伍建设观念不先进，公安警力配置不科学等问题。针对公安政工人才队伍建设中出现的问题，本文从人才管理、教育培训、科学配置和保障措施等方面提出了改进建议，为西部少数民族地区公安政工人才队伍建设的科学发展提供了理论支持。

公安政工人才队伍的建设是一个非常重要而且复杂的问题，可以从不同角度和不同层面进行研究。未来还可以针对西部少数民族地区公安政工人才队伍的建设，更加具体地分别从人才队伍的梯次结构、人才教育培养体系和队伍思想建设的角度进行深入的分析，提高公安政工人才队伍的人员素质和工作效能，更好地为“完善和发展中国特色社会主义制度，推进国家治理体系和治理能力现代化”服务。

参考文献：

［1］曹力伟：《无增长改善是我国警务改革的优选之路》，载《公安研究》2008 年第 8 期。

［2］黄新春：《论警力资源的科学配置与使用》，载《公安研究》2009 年第 2 期。

［3］朱健平、董红缨：《警力资源分类管理机制建设的探索与思考》，载《上海公安高等专科学校学报》2007 年第 1 期。

［4］孙晓东：《论警力资源的长效管理》，载《江苏警官学院学报》2002 年第 1 期。

［5］靳文志：《马克思的劳动价值理论与舒尔茨的人力资本理论》，载《中国人才》2003 年第 7 期。

［6］桂昭明、王辉耀著：《中国区域人才竞争力报告》，社会科学文献出版社 2013 年版。

［7］张文贤著：《人力资本》，四川人民出版社 2008 年版。

专题十一

基于绩效分析的警力资源优化配置

刘忠轶[*]　高　岩[**]　张　旭[***]

一、引言

改革开放三十多年来，我国经济持续高速增长，增长率有十六年超过两位数，创造了世界经济发展的奇迹。尤其是十八届三中全会以来，围绕“全面改革、经济转型、产业升级”，党和国家出台一系列经济发展政策，为经济的可持续发展注入了新的活力。截至目前，我国经济总量已经跃居全球第二，进出口总值全球第一。一方面，经济的高速发展使得社会中的人、财、物流动急剧增大，这无形中增加了公安机关对社会管理控制的难度；另一方面，现代社会的发展在极大丰富人民生活的同时，也使得各种不稳定因素增多，各类突发事件、群体性事件不断发生，各类治安案件和新的犯罪形式层出不穷，社会治安环境复杂多变，现有有限警力疲于应付日趋严峻的治安形势。

“警力不足”是困扰公安机关的一大难题，已经成为影响和制约公安机关发展的瓶颈之一。我们通过对山东省某市公安局的调研发现，警力不足，执法量越来越大，且工作边界日益模糊，使得警力严重不足已成为常态，一定程度上影响了公安队伍建设的发展。警力不足导致公安民警工作时间紧、担子重、压力大，加班加点已经习以为常，民警身心疲惫。据统计，当地全市的警民比例仅为万分之九点九，相距发达国家的万分之二十至万分之三十的警民比例甚远。另外，年龄结构老化也是现有警力存在的突出问题，已经成为影响警力效

---

* 刘忠轶，中国人民公安大学公安管理学院讲师。

** 高岩，中国人民公安大学公安管理学院教授。

*** 张旭，上海市公安局民警。

率的重要因素，进而加重了警力不足的问题。在“财政供养人员只减不增”的政策前提下，有些地方多年没有招录民警，现有警力队伍的平均年龄均在四十岁以上，已经无法适应当前工作强度。因此，如何在社会转型期，更好地配备警力，维护社会的安定团结，完善和发展中国特色社会主义制度，推进国家治理体系和治理能力现代化，成为当下公安机关面临的问题。

面对日趋严峻的警力不足问题，公安部《关于加强基层所队正规化建设的意见》指出，按照精简机关、充实基层、强化实战的要求，建立警力下沉工作机制。所队实有警力原则上要占县级公安机关总警力的85%以上。各地公安机关积极响应政策，分别对局机关内设机构“瘦身”，减少管理环节，将警力补充到基层，强化基层警力，提高公安机关工作效率。警力下沉策略可以从宏观上弥补总体基层警力短缺现状，有效应对社会治安形势，降低犯罪案件的发生。但在警力下沉过程中会出现一些不容忽视的问题，一些地方公安部门将警力下沉看作一种“处罚”，向基层甩包袱，不符合公安部关于警力下沉精神和政策的要求。还有一些地方不考虑实际情况，警力下沉完全“一刀切”，主要表现为未考虑或考虑不周全公安部门的实际警力需求，完全按照统一规则分配等，这些都难以真正解决基层警力不足的现状，不能提高基层警务的效能。①

如何才能更好地响应警力下沉政策，建立警力资源优化配置的标准，避免警力分配过程中的“一刀切”等问题，更加科学合理地优化配置警力，在有限警力条件下有效提高警务工作效率，是当前公安机关亟待解决的问题。本文将从绩效分析的角度出发，探讨警力资源的优化配置问题。希望能够建立警力资源优化配置的依据，避免“分配不公和警力不均”等现象，努力解决警力不足的现状。基于绩效分析理论，将其应用于警力资源管理领域，优化现有配置，提高警务效能，更好地满足社会变革中对警力资源的需要。

二、警力资源绩效分析的含义与作用

绩效分析是一种全面的分析方法，可以对组织中的人、财、物等资源效率进行综合地评价。绩效分析旨在确定和测量组织的期望绩效与当前绩效之间的差距，对现行组织行为和组织环境等进行评价，找出差距原因，进而确定适当的绩效改进方案。具体到公安管理领域，进行绩效分析是警力资源优化配置的前端分析，是警力资源优化配置的基础。只有根据公安工作自身特点，实行科学的绩效分析体系，对公安工作、公安环境、公安警力等进行全方位的定量和

① 陈永胜:《警力下沉新探》，载《人民论坛》2011年第12期。

定性分析，明确各个公安组织的行为绩效，才能据此确定公安警力资源最优分配方案，进而促进公安工作的改善，发挥警力的潜能和积极性，更好地实现维护社会治安、服务人民群众的目的。

（一）警力资源绩效分析的含义

警力资源绩效分析是指运用一定的评价方法、量化指标及评价标准，对警员为实现其职能所确定的绩效目标的实现程度，及为实现这一目标所安排预算的执行结果进行的综合性评价。绩效考核的主要目的是通过对警员全面综合的评价，判断他们是否称职，并以此作为警力资源开发与管理的基本依据，切实保证警员的报酬、晋升、调动、职业技能开发、辞退等工作的科学性。通过考核提高每个个体的效率，最终实现组织整体的目标。

警力资源绩效分析是现代组织不可或缺的管理工具。有效的绩效考核，不仅能确定每位警员对组织的贡献或不足，更可在整体上对警力资源的管理提供决定性的评估资料，从而可以改善组织的反馈机能，提高警员的工作绩效，既可激励士气，也可作为公平合理地酬赏员工的依据。实践证明，警力资源绩效评价是警务人员制度的一项重要内容，是提高公安工作效率的中心环节。各级公安机关通过对警务人员的考核，有利于依法对警员进行管理，优胜劣汰，有利于人民群众对警务人员必要的监督。

（二）警力资源绩效分析的原则

警力资源绩效分析是衡量公安组织警力资源管理效率的工具，要保证这种评价结果全面、客观、准确，进行警力资源的评价就要遵循一定的原则。

1. 客观原则

决策管理者、评价者、被评者都要采取客观的、实事求是的科学态度，以充分的事实为依据，运用科学的认知工具，根据明确规定的考评标准，对警员工作行为的不同绩效水平作出客观的科学评价与判定，尽量避免渗入主观性和感情色彩。

2. 公平原则

公平是确立和推行警力资源评价制度的前提。不公平，就不可能发挥考绩应有的作用。

3. 严格原则

考核不严格就会流于形式，形同虚设。考核不严，不仅不能全面地反映警务人员的真实情况，而且还会产生消极的后果。考核的严格性包括：明确的考核标准、严肃认真的考核态度、严格的考核制度与科学的程序及方法等。

4. 单头原则

对各级警员的考评，都必须由被考评者的“直接上级”进行。直接上级相对来说最了解被考评者的实际工作表现（成绩、能力、适应性），也最有可能反映真实情况。间接上级（即上级的上级）对直接上级作出的考评评语，不应当擅自修改。这并不排除间接上级对考评结果的调整修正作用。单头考评明确了考评责任所在，并且使考评系统与组织指挥系统取得一致，更有利于加强经营组织的指挥机能。

5. 公开原则

考核的结论应对本人公开，这是保证考核民主的重要手段。这样做，一方面，可以使被考核者了解自己的优点和缺点、长处和短处，从而使考核成绩好的人再接再厉，继续保持先进；也可以使考核成绩不好的人心悦诚服、奋起上进。另一方面，还有助于防止考绩中可能出现的偏见以及种种误差，以保证考核的公平与合理。

6. 奖惩原则

依据考核的结果，应根据工作成绩的大小、好坏，有赏有罚、有升有降，而且这种赏罚、升降不仅与精神激励相联系，而且还必须通过工资、奖金等方式同物质利益相联系，这样，才能达到考绩的真正目的。

7. 导向原则

将组织战略目标与警员主体因素相结合，转化为工作绩效表现，控制和引导警员实现组织目标的具体化过程。通过对警员不同连续阶段工作的绩效评价，也就是通过评价对员工工作行为进行一次调整和控制，来进行目标导向，将警员的工作行为纳入到合乎实现组织目标的行动过程中来。

8. 反馈原则

考评的结果（评语）一定要反馈给被考评者本人，否则就起不到考评的教育作用。在反馈考评结果的同时，应当向被考评者就评语进行说明解释，肯定其成绩和进步，说明不足之处，为其提供今后努力的参考意见等。

9. 激励原则

警力资源评价中要创造一种富有挑战性和一定群体压力的组织气氛，考核评价等级之间要有鲜明的差别界限，不同的考评在工资、晋升、使用等方面应体现出明显的差别，使考评带有激励性，鼓励职工的上进心、事业心、责任感和成就感，提高警员成熟度、推动组织发展。

10. 可操作性原则

可操作性中应该包含评价体系的可判别性和可操作性，评价过程能为广大警员所理解和接受，评价体系及相关工作要与组织管理制度、发展方向和目标要求三个方面相一致。评价的程序、方法和计量、测试都要科学明确，使评价过程既要科学客观符合要求，又要简单易行便于实施，使评价者和被评者明确掌握解决问题的合理途径。

（三）警力资源绩效分析的作用

警力资源绩效分析是现代公安组织管理模式的主要方式，是公安组织根据自身特点采取的与之相适应的激励机制。实行科学的评价体系，对员工的工作、学习、成长、效率、培训、发展等进行全方位的定量和定性考核，可以促进改善警员的工作行为，充分发挥警员的潜能和积极性，更好地完成工作目标。

1. 客观与抽象的物化作用

作为评价客体的警务人员与岗位工作是客观的存在，然而作为警务人员的素质、绩效与工作因素，却是抽象的存在。同样，作为管理实施者的评价主体也是客观的存在，但作为评价主体依据的考评标准与选择的考评内容却又是抽象与无形的主观形式。通过绩效评价，把考评对象物化为考评内容或要素，使评价对象与评价标准连接起来，得以比较与评定。

2. 其他警力资源管理活动的参考作用

从最基本的意义上看，奖惩、工资福利、职务升降、培训、降职、辞退和调动等人力资源管理活动，都需要以绩效评估的结果为依据，管理者在作出这些人事决策时，都是以绩效评估的结果为基础的。从更深的层面看，警力资源绩效评估为其他警力资源管理活动的开展状况，及警力资源管理活动的整体开展状况、效率高低等问题提供了一种反馈。

3. 目标行为的激励和导向作用

在组织中，警力资源绩效评估活动不仅反映了被评价者的特征与内容，而且对于实施评价的管理者和被评价的警务人员都具有行为导向作用。绩效评估活动的存在本身就营造了一种压力，使考核客体在心理上受到督促，将自己的评估结果同其他人进行比较，将自己的工作表现同组织要求相比较，从而有效地激发其竞争意识，产生激励作用，促使其改进绩效水平。同时，绩效评估的标准使被考核者明确组织和管理层的价值取向、要求与期望，促使其按照标准修正自身的行为，从而起到导向作用。管理者会把组织发展所急迫的目标纳入考评体系以刺激被评者向这方面努力。

4. 管理者和被考核者的沟通作用

警力资源评估的过程向被考核者传达了管理者对其工作表现的看法，对被考核者来说，这是一种重要的信息反馈。在绩效需要改进的方面，被考核者还会获得具有建设性和针对性的指导，促进其发展。警力资源评估是对公安组织警力资源管理状况的一种反馈。

5. 推进工作的深化作用

预先制定好绩效考评体系，可以防止考评人员凭自己的主观印象进行考评，有效地克服考评者的主观随意性。制定绩效评价体系的过程也是深化认识被评价者以及对工作岗位再认识的过程。在制定与熟悉评价体系的过程中，必须把每一个可以独立出来的因素，单独加以特别的认识与理解，这种认识与理解同时又是专门与具体的，因此在独立因素的认识深度上要远远超过整体上的全面认识，从而达到推进工作深化的作用。

6. 公众对公共部门工作人员的监督作用

就公共服务部门而言，按照公务员考核制度的要求，考核的内容、标准要公开，考核必须听取群众意见。对担任国务院各工作部门司局级以上领导职务和县级以上地方政府工作部门领导职务的公务员进行考核，必要时可以进行民主评议或民意测验。在这种情况下，考核实际上向公众展示了公共部门工作人员的工作标准，使公众能够据此监督其工作作风和效率。

如果警力资源绩效评价无法发挥其应有的作用，会直接影响到我国公安管理的整体水平。警力资源评价在发现、选拔、培养、使用、考核过程中，具有正确裁判、正面激励、递进增强人才效能的作用，而在正确评价人才的基础上，建立一个客观、公平、公正、公开、合理、有效的分配激励机制，则对充分发挥社会经济发展第一资源——人力资源的作用有着至关重要的影响。这也是当前人才强国，以科学发展观构建和谐社会，实现中华民族伟大复兴中国梦的过程中，国家、社会以及专家学者研究探讨的重要问题。

三、警力资源绩效分析方法

自20世纪30年代以来，国内外专家学者已经提出了几十种绩效评价方法，而且仍在不断推陈出新中。不同绩效评价方法都是基于一定的组织类型和评价要素提出的，各有优缺点。这些绩效分析方法，总的来说可分为两大类，一是基本绩效评价法，二是系统绩效评价法。基本绩效评价法是基于员工特性的绩效评价方法，主要与员工的岗位特点等相关，关注的内容主要是围绕员工的特征要求、工作成果和工作行为展开，包括以员工行为为对象的行为评定法，以员工特征为对象的特征评定法，以员工工作成果为对象的结果评定法等。系统绩效评价法是指基于战略的绩效评价方法，主要与企业的战略目标相关，关注的内容围绕组织战略展开，包括与企业年度战略发展计划相联系的目标管理法，以全面平衡组织发展能力的平衡计分卡法，以提高组织核心竞争能力的关键绩效指标法等。下面将重点对实践中比较流行的层次分析法、关键绩效指标法、360度考核法、平衡计分卡法[①]进行详细介绍。

（一）*层次分析法*

层次分析法（Analytic Hierarchy Process）简称AHP，在20世纪70年代中期由美国运筹学家托马斯·塞蒂（T. L. Saaty）正式提出。它是一种简便、灵活而且实用的多准则决策方法，一种定性和定量相结合的系统化、层次化的分析方法。它在处理复杂的决策问题上的实用性和有效性，很快在世界范围得到重视。它的应用已遍及经济计划和管理、能源政策和分配、行为科学、军事指挥、运输、农业、教育、人才、医疗和环境等领域。

层次分析法通过将决策者的主观判断及逻辑推理联系起来，对决策者的推理过程进行量化描述，避免决策者在结构复杂和方案较多的逻辑推理上出现失误。首先，在深入分析实际问题的基础上，将有关的各个因素按照不同属性自上而下地分解成若干层次，对问题所涉及的因素进行分类，建立层次结构模型；其次，用成对比较法和比较尺度构造成对比较阵；再次，计算权向量，利用一致性指标、随机一致性指标和一致性比率做一致性检验，若检验不通过，需重新构造成对比较阵；最后，计算组合权向量，并根据公式做组合一致性检验，若检验通过，则可按照组合权向量表示的结果进行决策，否则需要重新考虑模型或重新构造那些一致性比率较大的成对比较阵，直至通过一致性检验为止。

层次分析法对人们的思维过程进行了加工整理，并提出了一套系统分析问题的方法，对理清评价框架很有帮助，而且将决策者的主观判断及逻辑推理联系起来的方式，在权重设定上可以很好地减少在百分制法中仅靠决策者判断的主观性影响带来的偏差，为科学管理和决策提供了较有说服力的依据。但层次分析法也有其局限性，主要表现在：（1）它在很大程度上依赖于人们的经验，主观因素的影响很大。它至多只能排除思维过程中的严重非一致性，却无法排除决策者个人可能存在的严重片面性。（2）比较、判断过程较为粗糙，不能用于精度要求较高的决策问题。层次分析法是使用两两比较的方式进行赋值，体现的是参评者的相对优劣，但忽略了绝对的优劣，如若干位参评者的某一项指标均不算好但通过相对值的比较却无法反映这些信息。因此，层次分析法是一种确定指标权重的好办法，但仅靠这种方法并不能圆满实现整个绩效评价任务。

---

① 杨燕：《基于平衡计分卡的绩效管理指标权重的确定——层次分析法的实证研究》，载《商场现代化》2008年第10期。

（二）关键绩效指标法

关键绩效指标（KPI）源自英国建筑项目的绩效评价，是指通过对组织内部流程的输入端（投入）和输出端（产出）的关键参数进行设置、取样、计算及分析，衡量流程绩效的一种目标式量化管理指标，是把组织的战略目标分解为可操作的工作目标的工具，是组织绩效管理的基础。

关键绩效指标源自于对组织战略目标的分解。当关键绩效指标构成组织战略目标的有效组成部分或支持体系时，它所衡量的职位便以实现组织战略目标的相关部分作为自身的主要职责；如果关键绩效指标与组织战略目标脱离，则它所衡量的职位的努力方向也将与组织战略目标的实现产生分歧。组织战略目标是长期的、指导性的、概括性的，而各职位的关键绩效指标内容丰富，针对职位而设置，着眼于考核当年的工作绩效、具有可衡量性，因此关键绩效指标是对公司战略目标的进一步细化和发展，并且当组织战略侧重点转移时，关键绩效指标随组织战略目标的发展演变而调整。

建立关键绩效指标法的要点在于流程性、计划性和系统性。首先确定个人/部门业务重点，确定哪些因素与公司业务相互影响；其次确定业务标准，定义成功的关键要素，满足业务重点所需的策略手段；最后确定关键业绩指标，判断一项业绩标准是否达到的实际因素。依据公司级的关键绩效指标逐步分解到部门，再由部门分解到各个职位，依次采用层层分解、互为支持的方法，确定各部门、各职位的关键业绩指标，并用定量或定性的指标确定下来。

关键绩效指标法的优势在于强调组织战略的成功必须有一套与战略实施紧密相匹配的关键绩效指标来保证，目标明确，把握关键，结果客观，具有可比性，但缺点在于指标确定相对较难，指标确定后缺乏弹性，各指标之间缺乏系统的联系，对组织的发展缺乏一种系统、整体的思考，各目标重要性很难区分，容易造成目标难以实现。

（三）360度考核法

360度考核法又称全方位考核法，最早被英特尔公司提出并加以实施运用。该方法是指通过员工自己、上司、同事、下属和顾客等不同主体来了解其工作绩效，通过评论知晓各方面的意见，清楚自己的长短处，以达到提高自身的目的。

360度考核法分为与被考核员工有联系的上级、同级、下级、服务的客户四组，每组至少选择6个人。然后由聘请的顾问公司来作分析，出具报告交给被考核人。考核的内容主要是跟组织的价值观有关的各项内容。四组人员根据对被考核人的了解来看他符合不符合价值观的相关内容，然后给出被考核人三项最强的方面。分析表是很细的，每一项针对同级、上级、下级均有不同的评价标准，通过专门顾问公司的分析得到对被考核人最终的评价结果。360 度考核法是为了避免在考核中出现人为因素的影响。这种考核是背对背的，强调这只是一种方式，最终结果重在自己的提高。

360 度考核法能够取得较全面的信息，涉及不同层次的人群，结果趋于客观，操作方式较简单，能够全面体现出员工的成绩。但是 360 度考核法也存在缺陷，整个 360 度评估方法定性成分高，定量成分少，易出现“老好人”结果，受主观因素影响较大，参与面广，工作量大，而且如果不能够让接受调查的员工的下属、领导和同级员工作出公正、诚实并开放的评价，那么这个方法将是毫无价值的。

（四）平衡计分卡法

平衡计分卡（BSC）是 1992 年由美国哈佛大学商学院 Robert S. Kaplan 教授和复兴全球战略集团创始人兼总裁 David P. Norton 合作提出的战略管理方法。经过近二十年的发展，平衡计分卡法已经发展成为集团战略管理的工具，在集团战略规划与执行管理方面发挥着非常重要的作用。它超越了传统的仅从财务角度来衡量企业绩效的测评方法，从财务、客户、内部运营和学习四个维度全面地考察企业，通过一套具有因果关系的指标体系将组织的战略转化为日常行动，力求在短期和长期目标之间、财务和非财务量度之间、外部和内部绩效之间达到平衡，各层指标之间既相互依存又相互作用，是绩效管理的重要工具。

平衡计分卡法中的目标和评估指标来源于组织战略，它把组织的使命和战略转化为有形的目标和衡量指标。平衡记分卡的核心内容包括四个层面：财务层面、客户层面、内部经营流程层面、学习和成长层面。财务层面，财务业绩指标可以显示组织的战略及其实施和执行是否对改善组织效益作出贡献。客户层面，管理者确立了其业务单位将竞争的客户和市场，以及业务单位在这些目标客户和市场中的衡量指标。客户层面指标通常包括客户满意度、客户保持率、客户获得率、客户盈利率等。内部经营流程层面，管理者要确认组织擅长的关键的内部流程，这些流程帮助业务单位提供价值主张，以吸引和留住目标细分市场的客户。学习和成长层面，确立了企业要创造长期的成长和改善就必须建立的基础框架，确立了未来成功的关键因素。平衡记分卡的前三个层面揭示了组织的实际能力与实现突破性业绩所必需的能力之间的差距，为了弥补这个差距，组织必须投资于员工技术的再造、组织程序和日常工作的理顺，这些都是平衡记分卡学习与成长层面追求的目标。

平衡计分卡法对我国企业和公共部门的管理具有非常重要的意义。平衡计分卡考核全面、指标平衡，有利于培育组织价值观念，可操作性、适用性强，结果客观，有利于连接平行部门，实现横向沟通，兼顾社会公益性，是目标管理的深化、体现组织的战略目标。但平衡计分卡法对信息化程度要求较高，工作量相对有点大。

四、警力资源优化配置思路

在当前各种警力资源都表现出不足的情况下，提高警务工作效率的最优方法就是将有限警力优先配置给所有警力需求部门中效率最低的，这样才能弥补“木桶效应”中的短板，最大限度地增加警力下沉的边际收益，有效避免警力分配不公的现象。因此，在警力资源优化配置之前，需要解决的一个重要问题就是，在警力下沉之前识别有关公安机关工作的真实需求。在前述中，笔者已经介绍了一种客观衡量部门效率的绩效分析方法——数据包络分析法，它可以有效避免人为虚报因素，用真实客观的警力数据说话，有效区分各机关工作效率。一方面，识别出警力资源严重短缺的机关，将下沉警力及时补充到相关机关，提高工作绩效；另一方面，及时总结学习标杆机关的工作经验，不断提高公安工作效率，在有限警力资源条件下，采用效率最高、绩效最好的工作方法。

在警力资源的数据包络分析中，将各个公安机关看作一个个的决策单元，而将机关内的人、财、物等看作投入要素，将破案率、公众安全感、公众满意度等看作产出要素。数据包络分析的优势就是可以同时将多投入指标和多产出指标纳入一个模型中，而将中间的效率衡量方法看作一个“黑箱”，排除中间各种因素的干扰。这种方法尤其适用于一个中心机构管辖几个子机构的情况，如公安市局负责管辖各区分局。通过一个模型可以综合考虑各分支机构工作的所有方面，获得各分支结构的绩效得分，评价出优劣。然后通过警力资源的再分配，调节各分支机构的工作效率，平衡各机构的工作效率，使得各机构都能达到最优的工作绩效。

通过绩效分析获得各机关的差距，依据工作效率再分配警力资源，提高木桶的“短板”，有效提升公安工作的绩效，为警力下沉提供决策依据，为科学配置警力、解决警力不足问题提供指导。基于数据包络分析的绩效衡量标准，一方面可以克服传统单一指标衡量体系，全面考虑公安工作的复杂影响因素；另一方面将中间评价过程进行“封装”，规避全面评价指标体系中的人为主观影响问题。基于绩效分析的警力资源优化配置，弥补机关的绩效差距，更加针对性地提高工作效率，全面提高全机关的工作效率，缓解现有警力不足问题，更好地维护社会治安，提高人民群众的安全感和社会满意度。

参考文献：

[1] 陈永胜：《警力下沉新探》，载《人民论坛》2011 年第 12 期。
[2] 魏权龄著：《数据包络分析（DEA）》，科学出版社 2006 年版。
[3] 杨燕：《基于平衡计分卡的绩效管理指标权重的确定——层次分析法的实证研究》，载《商场现代化》2008 年第 10 期。

专题十二

行政区划改革背景下公安机关职能定位研究

韩春梅*　孙穆群**

一、问题提出

行政区划，是国家为了进行分级管理，实行的国土和政治、行政权力的划分。一般来说，行政区划的标志就是在不同地域内，为地方全面实现国家机构各种职能顺利贯彻所建立的不同级别的政权机构。行政区划的核心是层级，行政区划的层级是一个国家的中央与地方的关系模式。行政区划的设置与国土面积大小、政府与公众的关系等因素有关。

行政区划体制作为一种国家结构体系，是国家政治抉择的结果，是地方政府设置及其职能定位的基础。一般而言，“行政区划是国家对行政区域的划分”，是“一个国家权力再分配的一种主要形式”，即“国家权力的空间或者地域的分割和配置”。① 一个国家根据本国治理的实际需要，遵循宪法和有关法律的规定，充分考虑经济联系、地理条件、民族分布、历史文化传统、风俗习惯、地区差异和人口密度等因素，将国土划分为若干层次、大小不同的行政区域系统，并在各个区域设置相应的地方政府，建立公共管理网络，为社会生活和社会交往明确空间定位。作为“一种国家结构体系”，行政区划由“地方行政建制、地方行政单位、行政区域三个部分构成”。国家依据行政区划体制设置一级地方政府，并划定其治理的地域范围，政府间纵向关系，包括权力划

---

* 韩春梅，中国人民公安大学公安管理学院副教授。

** 孙穆群，中国人民公安大学公安管理学院讲师。

① 任维德：《基于行政区划改革的地方政府职能定位与转变研究》，载《内蒙古社会科学》2014 年第 5 期。

分、职能配置依次展开。因此，行政区划体制作为一种制度安排，规定和影响着一个国家政府间纵向关系运行的基本框架，成为政府纵向权力划分、职能配置的法理基础。①

经验事实和实践研究都证实了行政区划改革与政府职能定位和重心之间存在联系的必然性。总体来讲，政府职能是国家机构活动的基本方向和主要方面，是政府活动的主导。作为一个历史范畴，政府职能的一个重要特点是其动态性，意味着政府职能需要根据社会矛盾关系的变化和社会发展不断地调整。不同历史时期、不同社会形态、不同经济条件的政府职能是不同的、有差异的。但从整体的演变脉络来看，政府职能的演变呈现一种共同的趋势，即政治职能在不断地被削弱，社会职能和服务职能在不断地增强，并且从简单的职能向复杂多元的职能演变。

具体而言，不论中国还是西方国家，在小农经济时代，各级政府最主要的任务是维持当时的政治统治，政府职能的中心被定位于社会稳定和汲取资源，公共服务职能处在次要位置。进入近代社会以后，随着经济的发展，政府职能随之得到扩展，促进经济社会发展成为一个主要目的。到现代社会，生产力突飞猛进，市场经济发展迅速，使得公共服务在范围和数量上都呈现出不断扩张的基本发展态势。在这样的时代背景下，政府需要提供高质量、高效率的服务，为民众提供更好的生产生活环境，不断地强化服务职能。总体而言，中国地方政府的职能中心基本上是沿着如下轨迹演进的：确保国家的政治统治—保证社会的安全有序—从保证社会安定走向促进社会经济发展—为公民提供质量更好的生活和生产环境。政府职能中心正逐步走向向公共服务倾斜的过程，实际上就是其趋向于现代化和高级化的过程，与之相伴的则是政府本身不断地向高的阶段发展。②

新中国成立初期，国内外执政环境不够稳定，形势错综复杂，政府的工作重心自然而然地定位于巩固和加强中央极权，建立稳定的政治社会秩序。行政区化经历了大而频繁的调整，从基本目标和动因来看，都是为了加强中央权威的控制，迅速建立新秩序，这一时期的区划调整突出了政治导向。改革开放以来，经济建设成为政府工作的中心。行政区划改革也不例外，如海南省、重庆市等的设立都体现了行政区划改革的经济导向。21 世纪，伴随信息社会的到来，社会在进步，市场经济在发展，民主和法制也日趋成熟。政府开始重视公

---

① 任维德：《基于行政区划改革的地方政府职能定位与转变研究》，载《内蒙古社会科学》2014 年第 5 期。

② 赵聚军著：《中国行政区划改革研究》，天津人民出版社 2012 年版。

共服务职责和质量。行政区划的改革目标也随之进行了调整，区域的整合、结构体系的改变等都突出了提高公共服务质量的目标。

公安机关职能的动态性表明，随着行政区划的调整，公安机关职能也需作出相应相适的调整，在不同历史时期有不同的职能表现，但从整体发展脉络来看，其职能的演变呈现出一种共同的趋势，即政治职能不断地被削弱，社会服务职能在不断地增强，并从简单的打击职能向综合治理职能发展。下表呈现了在三个不同历史时期中公安机关职能与行政区划调整目标的对应和相关措施。

公安机关职能定位与行政区划调整目标

时期	公安机关职能重心定位	典型措施	行政区划调整的基本目标	典型措施
新中国成立初期	肃清反革命分子	剿匪反特行动，整治黑道	维护中央权威，以迅速恢复和发展国民经济	大区制的存与废，省区重组，民族自治型政区的设立
改革开放30年	为经济发展提供稳定的社会治安环境	公安体制改革，“严打”斗争，“金盾”工程	直接服务于经济发展	各种“改市”行动，政区层级机构的调整，省区调整
新世纪以来	公正执法，保障人民安居乐业	服务型公安机关，社区警务，增强公安机关执法公信力	提高公共服务与政府施政效能	地方政区的合并重组，大都市区的机构体系调整

对于任何一个公安机关，都是在一定管辖范围内对一定数量的居民行使公共权力。因此，如果期望能较好地履行公安机关职能，实现基本目标，首先必须做到要保证公共权力能够有效延伸到所管辖的区域和居民。而要达到这一目标，就需要合理合法地划分管辖区域和居民，这就体现了行政区划的过程。作为国家结构体系在一国领土范围内空间投影的行政区划，本质上是国家为了实现其职能和施政目标，将公共权力投放在空间上的延伸和设置。

当前，“省直管县”是行政区划体制改革的重要内容。有很多地方已开始探索并实践，有些地方实行“撤县变区”，有地方撤并重组地级市，不断地从实践中总结经验，提升理论。从“省管市—市管县”向“省直管县”的行政区划改革是一个需要总体规划和协调省、市、县三个主体的系统工程，而地级市的改变非常大，涉及从“实”变“虚”的境遇。在这个背景下，公安机关的行政管理体制务必随之改变，需要解决诸多问题。

二、公安机关职能定位现存问题

改革开放30多年来，公安机关经过几次大幅度的改革，在职能转变、警务机制建设、警务模式创新、机构设置等方面取得了重大成效，但是在肯定成就的同时，也需反思存在的问题和冲突。

（一）机构设置不合理

行政区域边界犬牙交错，界线不清，公安机关的管辖范围相应存在界线不清的问题。公安机关处理事务基本遵循属地处理原则，由于个别辖区界线模糊不清，管辖责任时有分歧。公安机关的行政管辖是以地理坐标为依据划分的，但实践中，个别管辖地界不清、归属不明确的问题经常发生，已经影响到接处警工作的正常进行。

公安机关的行政层级同样与行政层级相对应，实行四级制。层级越多，管理幅度就越小。在这种层级多、幅度小的尖三角形结构的行政管理体制中，中央（决策与指导）与基层（执行与落实）都是相对重要的层级，而弱化了中间层级的功能和作用，显然这样的机构不尽合理。同时，公安机关的机构设置不够规范，对于各部门的设置没有一个统一的指导意见，导致层级、部门等名称不统一。对于警种、警队等设置缺乏宏观规划，导致有些地方随着公安机关重点任务的不同，随意增减部门或更改设置。如随着反恐形势的严峻化，某些地方单独设置反恐支队，而治安、特警等都承担反恐任务，造成任务的重叠和混淆；还有某些地方公安机关对警种的归口问题随意调整，如有时把行政归于派出所，有时又单独设立，这样极易造成业务重叠、资源垄断、权力过大、行政化严重等问题。

（二）职责利益相冲突

从经济利益层面来看，公安部和地方公安机关有着明显的利益冲突，公安部是从全局、整体出发的，追求的是公共安全和利益的最大化，而地方公安机关不仅对公安部负责，更重要的是接受地方政府的监督，所以它必须同时对公安部和当地政府负责。为了达到和保证本地区、本民族的利益最大化，保证本地区、本民族的秩序最安定，地方公安机关往往具有明显的“理性经济人”意识，必然在很多方面会从地方利益出发。尤其在政策的执行上，地方公安机关经常会出现选择性执行的情况，对本地区有利的政策就积极执行，如对本地区不利或无法在近期显现效益的政策，可能会消极或被动地执行。同时，公安部或上级公安机关的警令和警务活动有时会受制于地方政府。公安部或上级公安机关对下级公安机关而言具有权威性，但对于地方党委、政府却不然。因此，如果属于单纯的业务，与地方利益没有根本冲突，地方政府还可以协助下级公安机关落实；但是如果使地方利益受损或增加地方工作难度，那么地方政府可能会选择性执行，或消极对待，致使警务活动得不到落实。

（三）职责同构问题

各级公安机关是以“统一领导、分级管理、条块结合、以块为主”为指导思想进行事权划分，而不是以法律范围内各自应当承担的职责为依据，强调统一，强调对应，这样必然导致地方公安机关的机构设置成了公安部的翻版，在职权等方面高度雷同、如出一辙。特别是在列举地方公安机关职责的最后一条都是“办理上级公安机关交办的其他事项”。这一条貌似简单的规定，其实是以服从上级指挥和管理的名义将公安部对地方公安机关的操纵潜在地贯穿其中。职责同构的弊端有：从职权层面来看，各级公安机关、各个部门之间出现职权严重重叠，行政效率低，越位、缺位、错位现象同时存在；从机构设置层面来看，由于强调领导的统一性，因而出现了地方公安机关的机构设置上下对口，左右对齐的模式，虽然某些地方机关根据新形势、新情况以及本地区警务实践需求，创新地设置了新机构或新部门，但是在职责同构模式下，实施一段时间后也不得不将新部门重新规划，以实现对口管理，从而导致公安机关机构再膨胀；从警务活动的决策和执行层面来看，呈现公安部决策和地方公安机关执行存在一定程度上的分离，一方面决策过程中可能出现脱离地方实际的情况，另一方面执行过程中可能出现选择性执行、被动执行的现象。长此以往，会影响公安机关的权威性和管理政策的一致性和稳定性。

公安部与地方公安机关事权划分不清，刑事执法权与行政管理权相混淆，权力管辖的边界模糊，导致出现权力结合部和真空地带的矛盾现象。而地方政府同样未对刑事执法权和行政管理权加以区分，经常随意动用警力，以刑事执法权解决行政管理问题。此外，从公安机关内部来说，许多部门和警种都存在职能和权限重叠交叉。随着反恐形势越来越严峻，各地公安机关纷纷成立反恐支队，而治安、特警等也都承担反恐任务，但是在权限职能方面并没有加以清晰界定，由于各警种、各部门互不隶属，往往各自为政，协调配合不够，容易出现管理中相互扯皮、相互推诿以及没有人管理的现象。

（四）事权和财权不相匹配

公安机关存在事权和财权不相匹配的问题。“责任在基层，钱包在中央”、“跑部钱进”等词语不准确但较形象地描述了财力过度地集中在中央，而基层公安机关自我可支配的资金相对匮乏，但责任却从中央向下逐级地推延，越基层越前沿的公安机关责任越大。财权相对集中在中央，事权分散在地方，导致一些基层公安机关自我支配的资金缺乏，地方财政支出压力过大，以致基层公安机关事权实施打折或没有选择执行，甚至不去落实，造成工作效率低，引发了地方政府的不满。如公安部不定期的专项行动增加了地方公安机关的工作任务，但是这些任务有时却缺乏财力、人力等的支持，导致基层公安机关抱怨连连。

针对事权和财权出现的矛盾与问题，解决路径不言自明，要么下放财权，要么上收事权，或兼而有之，不同阶段不同时期有不同的倾向。但是，在对事权和财权进行改革之前，有必要弄清楚公安机关自身的定位。随着公众服务需求的增加，公安机关的公共服务、公安治理事务越来越多，而中央和地方公安机关的职能不清晰，财权不对应，造成了中央管指导，地方管服务，中央出政策，地方来“埋单”的现象。事权越来越向基层公安机关集中，向基层问责。

公共财政使用中普遍缺乏有效监督，又加剧了这些矛盾的产生。财力相对集中在中央、省级，事权分散在基层，大量的具体支出责任主要落在县市基层政府身上，而基层政府可支配财力又很少，形成责任在基层、财权在上级的不合理局面。

三、当前行政区划改革与公安机关职能转变目标的耦合

当前行政区划改革与公安机关转变目标存在内在的耦合，表现为服务成本的节约，服务效率和质量的提高，自治化和法治化水平的提高。

（一）节约服务成本

行政区划改革的一个重要目标是节约服务成本。城市规模太大，超过了政府服务能力限度，公共服务成本就会增大，公共服务效率也会降低。而城市规模小，政府提供的某些服务可能会因此而无法达到规模效益，公共服务成本相对而言也会增大。总而言之，政府全方位有效的服务需要与城市的规模相匹配，这样才能达到服务成本效用最大化。

我国现有的行政区划管理结构，包括中央、省、市、县、乡镇、村的层次，管理层级较多，管理成本较大，此外，从中央到地方的信息传输通道较长，传达成本较大，很容易出现信息失真、信息歪曲等现象造成了工作运作效率低、中央负担过重、地方积极性降低等问题。因此，行政区划改革需要减少层级，缩短自上而下的链接，逐渐实现扁平化结构，科学合理地确定行政区划的层次和幅度。行政区划改革不论采取什么样的模式，都要力求节约管理成本，整合分散资源，克服区域壁垒，克服条块分割、重复建设和资源浪费，发挥公共服务供给的规模效应，促进服务成本的节约。

公安机关职能转变的一个重要目标也是为了节约服务成本。众所周知，当前公安机关的职能泛化问题非常严重，造成了公共服务成本增大，服务资源匮

乏，服务质量缺乏保障。因此，转变公安机关职能首先要改变职能泛化问题，采用有限警务的模式，实现公安机关职责的有限化和法治化，让警察和公安机关的职责实现具体化和可操作化。

（二）提高服务效率与质量

从政治学和经济学范畴考虑，行政区划的调整是为了解决政治冲突，是一方对另一方的臣服或者妥协，而有效的方法则是整合。[①] “整合形成一种各方利益都能够得到表达的解决方案，而使其得以成功的秘密则是相互渗透。整合过程存在的巨大障碍使得整合不可能自然出现，因为对大多数人来说它是一个新概念。成功的整合要求人们接受概念本身，要求有力量打破以支配和妥协为前提的长久习惯，要求有一种发展新技巧的愿望。而这种新技巧就是整合社会资源。”[②] 当前行政区划改革通过整合碎片化、分割、分层的国家结构体系，[③] 整合公共资源，整合社会空间资源等，遵循公共物品的属性和事权合理的原则，在进行增量改革的基础上，积极响应辖区内公众的要求，以积极高效地提供公共服务为根本确定相应的管理层级与管辖幅度，[④] 并针对不同区域、不同社区的具体规模、具体情况等，提供针对性的服务，这样的改革和服务才更有效率，更利于满足公众和居民的不同偏好，才能更好地提高公共服务质量。

而公安机关的职能转变实质上是实现效率最大化的目标和过程，其基本含义是公安机关在公共安全治理和公共服务的过程中，支付成本最低而公众获得的收益最高。在所提供的公共服务能够满足支付成本最低，同时获取的收益也最大的条件下，该公共服务应尽可能由层级较低的地方公安机关提供，这样有利于公安机关整体运行效率的提高。

因此，公安机关应以效率最大化作为核心目标，将不同的职权尽可能细分，并合理分配于不同层级的公安机关，降低工作成本，最大限度利用有限资源，追求有效警务、有限警务。此外，效率最大化强调的不是警力、权力、职能的多少，而是各级公安机关行动能力的高低。它从传统的对公安机关规模与执法范围、职能范围等的关注转移到对公安机关警务活动的质量和效率的关注

---

① 张旭霞：《改革开放以来我国行政区划研究的范式变迁》，载《北京行政学院学报》2014 年第 1 期。

② ［美］乔纳森·R. 汤普金斯：《公共管理学说史：组织理论与公共管理》，夏镇平译，上海译文出版社 2010 年版。

③ Kenneth Lieberthal and Michel Oksengerg, Policy Making in China: Leaders, Structures, and Processes Princeton University Press 1988.

④ 张旭霞：《改革开放以来我国行政区划研究的范式变迁》，载《北京行政学院学报》2014 年第 1 期。

上来。当前提出的有限和有效警务正是一种以提高公安机关服务效率和质量为宗旨的新型警务理念，它强调的是警务活动和服务民众的有限和有效性，有效警务意味着警务活动的低成本和高收益。有效警务的实现首先需要厘清警察职能、准确定位警察角色、明确警察职责，坚持有所为、有所不为的原则，将本职工作做好；其次要求警察不断提高和优化自身素养和能力，树立一个有限且有为的警察形象；最后要加强整合社会资源，发挥民众的主体性和自治性，更好地实现社会全民治理。如果说从警务活动的泛化到有限警务是理论上、实践上的进步，那么更深一步的认识，却是从有限警务到有效警务的转变。有效警务理念的确立，是以有效性作为警务活动的根本价值取向，既是警务改革的发展方向和目标，更是社会主义科学发展观的根本体现。①

（三）提高法治化水平

行政区划改革影响范围较广、涉及领域较多、综合性较强，是一项复杂而全面的系统工程。行政区划改革也不同于一般的行政改革，它不仅涉及地理区域的范畴，而且涉及权力的空间配置和分割，是政府机构设置和职能定位的基础和依据，因此，行政区划改革需要法律制度的保障，需要慎重决策以避免行政区划调整的盲目性和随意性。近年来，有些地方在地方行政区划问题上缺乏整体规划、有力论证以及科学决策，采取“头痛医头，脚痛医脚”、零敲碎打、个案处理的方式来解决行政区划的紧迫问题，造成了同一地域撤—设—再撤—再设的路径怪圈。当前行政区划改革的重要目标之一是要提高法治化水平。首先，要进行顶层设计、总体部署、合理规划，要在实践调研的基础上进行科学论证，提出合理科学的措施；其次，要推进行政区划的法治化建设，制定修订行政区划管理法规和标准，建立健全相关法律制度，规范行政区划调整程序和方法，使行政区划改革做到有法可依、有章可循、依法行政；最后，要在深入开展调查研究的基础上，科学论证，本着有利于经济发展，有利于行政管理，有利于社会稳定的原则，开展分层次、分阶段、分步骤的行政区划调整规划工作，为行政区划调整审批工作提供重要的依据，保证行政区划调整工作稳妥有序地进行。

公安机关职能转变的最有力保障和最基础途径当属公安机关职权的法治化。这既是全面推进依法治国建设法治国家的内在要求，更是规范公安机关职责权限，防止职责滥用和泛化，制约地方党委、政府违法用警的关键途径。中共中央十八届四中全会指出，推进各级政府事权规范化、法律化，坚持法定职责必须为，法无授权不可为，为公安机关实现职权配置的法治化指明了方向、

① 程琳主编：《公安学通论》，中国人民公安大学出版社 2014 年版。

提供了准则。

法治化首先要法制化。法制是法治的前提和基础。当前针对我国公安机关职责权限正式法律的虚化问题，亟须从正式法律渊源和非正式法律渊源多层面对公安机关职责权限进行规范和细化，做到有法可依。同时要将公安机关的机构编制法定化，才能将职责权限法治化在幅度、深度、层次中充分体现出来，才能将公安机关的警务活动框定在法律法规的范围内而不游离。①

法治化是从法制的静态走向动态、从理念走向现实、从精神走向物质的过程，是由立法、执法、监督等组成的相互配合全面治理的系统工程。② 公安机关职责的法治化更强调的是落脚点和实施，更强调的是执法的公正和监督的有效，更强调的是以法治取代人治，逐步推进警务活动和公安工作的法治化和规范化。

四、行政区划改革背景下公安机关职能改革考量问题

在行政区划改革的具体方案还未落实的背景下，为公安机关职能改革提出具体的路径并非易事，但在改革进程中，公安机关需要预先考量到种种矛盾与问题并加以重视。

（一）利益博弈的抵制障碍问题

行政区划改革将牵涉到各种利益关系、各种利益冲突和矛盾以及各层级的权力博弈。同样，在行政区划改革背景下，公安机关职能转变也会遇到各种阻碍。公安机关需要随着行政区划改革而改变行政层级，面临着撤并层级的问题，需要调整机构设置，变动警察的职责岗位。这一系列非常具体又复杂的问题直接涉及公安机关管理范围、管理权限、财权、人事权等的转移和调整，③造成对权力结构的冲击，不仅包括政治权力，而且还包括经济权力，权力受到削弱的利益群体必然会抵制改革。而权力归属和权益问题正是一些领导所看重的，由于官本位思想较为严重，他们更关注的是级别、岗位等。以这种心态和目的去推进改革，可能会忽略或弱化职能转变这一根本目的。④

除了自身存在的制约性因素，公安机关改革过程中也会衍生出很多问题。

---

① 朱光磊、张志红：《“职责同构”批判》，载《北京大学学报（哲学社会科学版）》2005 年第 1 期。

② 宁福堂、张波等：《从法制到法治——浅议社会主义法治建设的成就》，载《大观周刊》2011 年第 38 期。

③ 庞明礼、马晴：《“省直管县”改革背景下的地级市：定位、职能及其匹配》，载《中国行政管理》2010 年第 4 期。

④ 潘福能：《“省直管县”与地级市发展的对策》，载《行政与法》2010 年第 2 期。

近年来，地方公安机关在公安体制改革实践中大胆创新、积极摸索，探索出新的警务体制和模式，如尝试将警务指挥管理模式从三级变为二级，一些地方公安机关撤销了公安分局，做大派出所，也有的撤销派出所，增设分局，但是这些重要的改革举措上缺乏顶层设计，下有来自基层和民众的改革压力，改革自身的问题又不断显现，在主推领导相继卸任后，有些地方还在坚持探索，但有些地方已经失去了改革的热情。

（二）公安机关层级设置问题

公安机关的层级应该依据行政区划层级改革而调整。纵观行政区划改革的历史，不难发现我国在各个历史时期进行的行政区划层级改革大都是在全国范围内实行的统一改革和调整，没有充分地考虑不同地区、不同经济条件、不同民族因素、不同地理环境等特殊情况。当前“省直管县”的行政层级改革成为热点问题，也得到了较大的支持和较多的呼应，但是“省直管县”层级体制对省的治理能力、公共服务理念、保障条件等提出了较高的要求。省域的管理范围、人口数量、经济条件等都是直接或间接决定或制约管理幅度、管理任务、管理效率、管理质量的因素。换句话说，如果某省域管辖范围较大、经济水平不高、人口过多，在条件不够成熟的情况下推行省直管县有可能造成管理任务重、治理效率和质量不高等问题。因此，公安机关的层级改革也需要考虑诸多因素，要根据行政区划层级来设置，要考量不同地区的经济因素、地域范围、人口数量、历史渊源、民族因素、宗教差异等问题，要因地制宜，推进试点实验，稳步前进。

（三）公安机关的事权和财权问题

行政区划调整的根本目的在于加强中央的权力，并调动地方政府的积极性，发挥地方层级的潜力和活力，不适度的集权和分权都会制约中央和地方的积极性。当前行政区划改革中，地方层级调整是改革的核心和重点。不论省市县乡如何改革，理顺事权和财权关系是关键。事权和财权要达到均衡，事权和财权要合理分配、相互匹配。中央对地方一方面下放事权，另一方面也应该下放相应的财权，为地方履行职责和事务提供资金保障。

公安机关行政层级必须随着行政区划的调整而调整，其中厘清事权和财权是重中之重。当前公安部、地方政府、地方公安机关等权力主体就存在事权划分不清的问题，刑事执法权与行政管理权相混淆，权力管辖的边界模糊，出现权力的结合部和真空地带的矛盾现象。[①] 地方政府同样未对刑事执法权和行政

① 李经天：《权限划分与教育管理体制改革》，载《湖北大学学报》1997年第5期。

管理权加以区分，经常随意动用警力，以刑事执法权解决行政管理问题。[①] 此外，从公安机关内部来说，许多部门和警种都存在职能和权限重叠交叉的问题。

现行的公安管理体制是“统一领导、分级管理、条块结合、以块为主”，国家对地方公安机关没有直接管理权，基层公安机关的财权和人事权基本上处于地方政府的管辖范围之内，这就造成了中央权威不足、地方又缺乏权力归属感的现象，换句话说就是处于有分权而无统一的局面。当前许多学者呼吁对专门公安机关的垂直领导，解决刑事执法权的中央归属问题以及国家公安机关和地方公安机关的分设问题，本文对这些问题的具体内容未做详细讨论，但是不论公安管理体制如何改革，不论是垂直领导还是横向领导，不论是“条”还是“块”，不论是中央统一领导还是地方主要管理，最终都需要落实的是事权和财权相匹配的问题。

要解决事权和财权的两极分化、变相异化问题，首先不是争论中央和地方公安机关谁该承担得更多，而是把本不属于中央公安机关承担的事权卸掉，不是放权于地方公安机关，而是真正放权于社会和公众。另外，为了更好地解决事权和财权问题，必须加强有效和公正的监督，尤其是加强财权的监督，杜绝领导权的干预和滥用，推行财政公开。

---

① 魏克枝：《警察体制改革的思考》，郑州大学2006年硕士学位论文。

专题十三

超大型城市警务模式创新研究
——以首都北京为例

周华兰*

一、问题缘起

超大型城市，是指城区常住人口超过1000万人以上的城市。① 超大型城市由于人口众多、人员结构复杂，经济发展快、人财物流动性强以及公共资源紧缺等原因，社会面不稳定因素众多、矛盾冲突不断，各种关系错综复杂，警务工作难度大、强度高。不仅如此，由于其特殊的重要战略地位，超大型城市日益成为暴恐袭击、街头政治的目标，这给超大型城市警务工作带来了更大的挑战。当今社会，民众权利意识日益增强，过去个人离开居住地到大城市、到首都需开具有关证明甚至获得批准，而今天就连作为流动人口基本管理措施的暂住证也被强烈要求取消。但人们对"法治"的敬畏远没有达到与对"自由"的推崇相应高的程度，小到闯红灯，大到对执法民警的谩骂甚至拳打脚踢，违法、抗法现象屡见不鲜、屡禁不止，相较同样的执法比以前需要更长的时间、消耗更多的警力，对执法方式、民警素质也提出了更高的要求。可以说，超大型城市特殊的社会环境与治安形势给警务工作带来了更大的压力、更多的挑战，也提出了更严格的要求。与此形成鲜明对比的，是警力增长的滞后。以北京为例，从2000年到2014年，北京市公安局平均每年新招入警1000～1500人，14年内新增警力约60%，而同期北京市110警情数由每天不到20个上升到每天50～60个，增长了约250%，远远超过警力的增长。总体上说，警察处于长期超负荷运转状态，警务工作仍在大量积压，警情有增无减，群众的满意

---

* 周华兰，中国人民公安大学公安管理学院讲师。

① 参见国务院2014年11月20日印发的《关于调整城市规模划分标准的通知》。

度亦无明显提升。

“警情高发、警力不足”的困境并非我国独有，类似情形在英、美以及其他一些西方发达国家都曾出现过。以英国为例，根据有关统计，20 世纪 70 年代到 21 世纪初是英国警情高发期。1970 ~ 2004 年，英格兰和威尔士的警局登记在册案件量增长了 250%，而同一时期警力增长仅约为 50%。又如美国，20 世纪 60 ~ 90 年代是美国社会、经济高速发展时期，也是其社会矛盾凸显期，1991 年相比 1960 年登记在册案件总量上升了约 300%，而警力的增长仅为 100%。[①] 高发的警情牵制了警察大部分的精力来作出快速的反应和处置，同时，由于没有足够的警力投入更加耗费资源的犯罪预防和案件侦破工作，发案得不到有效控制，破案率仅维持在 20% ~ 25%，而这种高发案、低破案的状况又使居民缺乏安全感，无法认同警察的工作，使警方陷入“打不胜打”而民众始终不满的怪圈。为了破解警情高发、警力不足的难题，各国警界纷纷着力进行警务创新，尤其是警务模式创新的探索。首先在美国纽约兴起的计算机犯罪统计驱动警务模式（CompStat）、英国的情报警务模式（Intelligence – led Policing）以及在多个国家得到推广的社区警务模式（Community Policing）、问题导向警务模式（Problem – Solving Policing）等都是在这一时期发展起来的，也在不同层面、不同程度上缓解了警务工作面临的困境。

我国警务现状和外国警务发展的经验告诉我们，如何适应外部环境变化，在警务活动中争取主动，最大限度发挥有限警力的效用，是新形势下超大型城市必须破解的难题。北京作为首都，因为其特殊的政治和战略地位，警务工作所面临的社会环境最复杂、治安管理难度最大、安保工作最为棘手。北京公安机关警务活动效能如能得到根本改观，其成功经验可为其他超大型城市提供参考和借鉴，其警务效能的提高又会在全国范围内为各地公安机关警务效能提升起到有益的示范和促进作用。综观西方各国，警务效能的根本转变无一不是对警务活动进行根本思考的结果，探索一套符合我国国情、地方实际的警务模式将是新形势下实现我国整体警务效能根本转变的必然方向。

二、警务模式本论

在深入探讨警务模式创新之前，有必要先明确何为“警务模式”，西方主流警务模式类型有哪些，各自的特点和优劣如何、相互间关系怎样，以在正本清源的基础上充分借鉴前人成功经验，探索符合我国国情和地方实际的警务

---

① ［英］杰瑞·莱特克里菲著：《情报主导警务》，崔嵩译，中国人民公安大学出版社 2010 年版，第 16 – 17 页。

模式。

（一）警务模式的概念

“警务模式”并不是一个新概念，不同学者在不同层面进行过界定、使用，归纳起来主要有三种情况。第一种是指某项或者某类警务工作的具体工作方式或者措施。由于相应工作方式、措施具有一定创新性或先进性从而被推广、固化下来，并对整项或整类警务工作的开展产生一定影响，因而使用“警务模式”而非“警务措施”来对其进行称呼。例如，将开设“首都网警”微博认证账号，直接开展虚拟社会执法的做法称为“网上公开执法警务模式”即是如此。[①] 第二种是指某项或者某类警务工作的整体运行方式。如关于交通管理警务模式的研究即是在此意义上的使用。[②] 第三种是指对整体警务活动的战略思考与部置。例如，有学者在分析情报主导警务时指出，“情报主导警务最初只是一个执法打击手段……但情报主导警务没有止步于此，它已经发展成为一项管理哲学和运动……确保人们把决策建立在更为客观的基础之上，更科学地确定工作重点、配置资源……情报主导警务是一个警务模式，一个管理哲学”。[③] 除以上三种情况之外，也不乏游离于这三种之间，更接近于而又未全然达到某个具体类型的使用方法。例如，有学者认为“警务模式，主要是指警察的行为模式，即公安机关在执行警务活动中所进行的组织、指挥、协调、控制并使之正常运转的行为过程体系”。[④] 此定义超越了对不同种类警务活动的划分，但由于其将视角限定在“执行警务活动”过程，忽略了更高层次的警务“决策”过程，属于接近第三种类型而又未完全达到第三种类型的用法。

本文所要探讨的警务模式，其目标是实现警务活动效能的根本转变，从而必须从警务活动的全局、整体上来进行思考。具体来说，警务模式是指一个警务作战单元对其辖区内整体警务工作的战略管理。对这个定义应注意以下几个方面的把握。第一，这里所说的“警务作战单元”既可以是公安部、省公安厅、市县公安局，也可以是市局下属的公安分局和公安分局下属的基层派出所；相应地，“辖区”既可以是全国，也可以是一个省、一个市县、一个市的区，甚至是一个属地派出所几平方公里的辖区。第二，无论辖区大小，警务模

---

① 周欣、邱子津：《网上公开执法警务模式研究》，载《信息网络安全》2012 年第 8 期。

② 张新海：《交通管理现代警务模式选择》，载《政法学刊》2008 年第 5 期。

③ 张新海：《交通管理现代警务模式选择》，载《政法学刊》2008 年第 5 期。

④ 蒋基勋：《构建以公众安全与满意为导向的警务模式——以广西钦州市为例》，载《广西警官高等专科学校学报》2014 年第 2 期。

式是指对辖区内“整体”警务工作的战略思考与部置，并不限于某一项或者某一类警务工作，任何一项或者一类警务工作，无论多么重要均要服从、服务于整体警务工作的战略目标。当然，警务模式作为对整体警务工作的思考并不回避对某项或某类警务工作的战略部署，整体警务工作是由各项、各类警务工作有机组成的整体，只不过从警务模式角度对某项或某类警务工作的把握需要放在整体警务的高度来进行考量，而不是将眼光仅仅局限于具体的某项或某类警务工作。第三，所谓“战略管理”是对整体警务进行战略思考与部置，制定有关警务战略、战术，并按照相应警务模式的内在要求推进执行过程。从构成要素上来看，本文所探讨的警务模式包含组织目标或者说价值取向、决策方式、工作任务、内容与机制、资源配置、组织结构与管理制度等。可见，本文所采用的定义属于以上第三种，通过“警务模式”的概念要强调的是一种统领全局，贯穿各项警务工作的管理思维和管理哲学。

（二）西方国家警务模式的主要类型

从1829年第一个专业的现代警察机构在伦敦街头建立开始，西方国家的警务模式经历了一个漫长的、不断探索发展的过程。警察的工作由最初的以预防为目的在街上漫无目的地转悠，和居民打打招呼，拍拍重点人肩膀的传统模式，到严打犯罪以侦查为主业的警务模式，再到现代警务模式的创新，这是一个对外部社会环境不断适应的过程。在西方国家现代警务模式创新探索中，社区警务模式、问题导向警务模式、计算机犯罪统计驱动警务模式以及情报主导警务模式无疑是最引人注目也最具影响力的，是对西方国家现代警务模式分析不可错过的内容。

1. 社区警务模式（Community Policing）

社区警务模式是20世纪六七十年代逐步在美国兴起的一种以社区参与、解决问题和权力下放为特征的警务模式。这种警务模式在多个国家受到推崇，如英国、澳大利亚、加拿大等，但推行社区警务范围最广、程度最深的当首推美国。据一份调查报告显示，截至1997年，全美85%以上的警察局声称其推行了或者正在着手推行社区警务模式；截至2000年，美国人口超过25万城市的警察局有90%已经向社区派驻了全职的、经过专门培训的社区警察。[①] 另据统计，1994年至2000年近8年间，美国联邦政府共拨款超过80亿美元用于资助地方执法部门发展社区警务，并在司法部下设“社区导向警务办公室”（Office of Community Oriented Policing Services），专门负责资助、跟踪推进全国

① 数据出自美国警察基金会1997年所做的一项统计。转引自：Wesley G. Skogan, The Promise of Community Policing。

社区警务建设事宜，可见其重视程度。①

“社区参与”（community involvement）是社区警务模式的第一要义。所谓社区参与是指警察在设定警务工作重点、制订警务战术时，将社区居民和代表居民的各类居民组织纳入进来，充分听取各方意见、调动各方力量，群策群力，共同进行社区安全保卫工作的过程。社区参与是“双方的”，既要求社区居民、居民组织对社区警务发表意见、提供协助，又要求警察将警务工作的关注点投向社区，深入社区了解情况、解决问题。“解决社区问题”是社区警务的第二个特征。一方面社区参与必须以解决社区问题为落脚点，因为只有警察认真对待居民、居民组织反映的问题，才能获得居民、居民组织的认可、信任和支持，社区参与才有成长的土壤，另一方面社区警务的终极目标本来就是要保卫社区安全，提升社区生活质量，以解决“社区问题”为核心是其应有之义。“社区问题”涉及面很广，不仅包括偷、盗、抢等典型案事件，还包括各类微型治安问题、安全隐患甚至是社区生活困扰，如邻里矛盾、私搭乱建、强制乞讨、涂鸦、扰民等，对“社区问题”的解决能够起到预防犯罪的作用。“权力下放”是社区警务的第三个重要特征，也是社区警务的内在要求。社区警务要求围绕“社区问题”开展警务工作，而无论是发现问题、分析问题还是解决问题都要求警察眼光“向下”，警务工作重心下移，引导警务工作首要的不是上级机关的命令、要求，而是所服务社区的需要。能有效支撑这样的工作任务的权力结构只有“权力下放”，社区民警被赋予更加宽松的自主调查、协调解决问题以及对公众进行动员、教育和培训的权力；基层所队作为城市警察局的桥头堡被赋予更加广泛的自主裁量权，充分发挥其社区民警的坚实后盾与根据地作用，为社区民警提供人财物支持和战略、战术指导，主持大局、协调各方力量支持社区民警工作，并以更加长远的眼光来审视所辖各社区的问题，根据实际情况研究对策、配置资源、部署工作，实现社区的长治久安，而不是简单地成为上级命令的传话筒。

严格说来，社区警务并不能算是一种基本的警务模式，其所涉及的只是整体警务的一个组成部分——社区警务，尽管是一个重要组成部分，但社区警务所要求的管理层面的改革却是整体性的。除了上面说的对组织体权力结构的变革要求，即“权力下放”之外，社区警务对社区民警的工作性质（由巡逻、侦查等典型业务向更加综合、社会化转变）、社区民警的素质（尤其是交际沟

① Office of Community Oriented Policing Services, U. S. Department of Justice, Funding Community Policing to Reduce Crime: Have COPS Grants Made A Difference From 1994 to 2000, P6.

通、组织协调、分析解决问题能力)、社区民警的绩效考核标准等都会产生连带的要求。

2. 问题导向警务模式(Problem – oriented Policing)

问题导向警务是由美国学者赫曼·戈德斯坦系统提出的一种警务模式。①虽然有关问题导向警务的理论研究在20世纪六七十年代就已经展开,但问题导向警务在实务界的兴起乃是在20世纪90年代的事。之所以如此,与问题导向警务在本质上是一种工作思路、工作方法有关。其他警务模式因为使用了更加先进的技术、引入了新的理念或者开辟了新的警务领域而受到关注和追捧,但人们慢慢发现这些带有创新性的、最终不可避免会涉及组织结构、管理制度改革的警务模式并不能必然地、自动地实现预期的警务目标,必须要有一条实质性的主线、一个主心骨来引导,对具体工作进行深挖细究,才能产出有效的成果,而问题主导警务正是填补这样一个空白的主线或者说主心骨,并提出了一整套分析问题、解决问题的思路和方法,因而也就在其他警务模式不断探索发展、反思完善中兴盛起来。

根据赫曼·戈德斯坦的观点,问题导向警务模式是针对警务模式改革中出现的五个方面的问题而提出的。一是实战部门的主要精力在于管理、内部程序建设和警务工作效率考核,对实质性问题解决的有效性关注不够。二是警务部门将大部分警务资源用于应对民众的求助,仅将少量的时间和精力用来积极主动地预防或者减少犯罪。三是社区本身蕴涵减少问题、减轻问题危害性的巨大潜力,可以减轻警察的负担,但这种潜力并未被开发出来。四是警局中普通警员的时间和能力还没有被有效利用。五是改革创新措施并未从警察机构的各种变化因素和整体复杂性来思考问题,从而没有取得良好的效果。

问题导向警务强调应当围绕“解决实质性问题”(Substantive Problem)的目标来构建警务部门,从而引起警务部门人事、结构、程序等各方面的相应变革。具体来说有十一个方面的要求。第一,警务工作不能停留在发生的案(事)件本身,而是应该对案(事)件进行分类和系统分析以形成“问题”,挖掘成因,从根本上予以消除。第二,应将“实质性问题”作为警务工作的核心。这里所说的“实质性问题”并非某个孤立的案(事)件,而是对一系列案(事)件进行归纳总结所形成的,可以从不同角度、不同层级来界定的案(事)件群。例如,将不同的入室盗窃案件或者不同的停车场砸车案件按照一定的条件串并起来形成真正的“问题”。第三,将对“问题”解决的有效性与警务工作绩效联系起来。对于“问题”解决的有效性可以从五个层次来

① Herman Goldstein, Problem – Oriented Policing, McGraw – Hill Publishing Company.

考察：(1) 问题被彻底消除；(2) 相应问题所导致的案（事）件数量减少；(3) 相应问题所导致的案（事）件严重程度减轻；(4) 找到了更好的处置有关案（事）件的方法；(5) 将相应问题排除出警务工作考虑范围。第四，对“问题”的特征、诱发因素等信息进行系统地收集与分析，既有利于抓捕罪犯，更重要的是利用这样的分析结论来改变“问题”的诱因，从而最大限度减少“问题”的发生或者减轻“问题”的严重程度。第五，对“问题”进行正确的分类和命名。不同的“问题”诱因不同，应对方案自然有差异，只有将“问题”进行适当细化分类、正确命名才可能找到适宜的应对方案。例如，将居民区偶发的汽车盗窃案件与大型商厦停车场发生的系列汽车盗窃案分开归类，比笼统以汽车盗窃案来归类更有意义。第六，对“问题”的各种利益关系进行分析，以动员各方力量，从根本上削减“问题”。例如，有关站街卖淫行为对社区道德、商业利益、青少年成长、传染性疾病防控的影响分析即是如此。第七，对案（事）件处置方式进行全面捕捉，组织一线民警进行广泛交流、分析，找到最为理想的问题应对方案，继而推广开来，实现整体警务效能的提升。第八，多角度思考“问题”，利用多种途径、发动多方力量制定一套“量身定做”的问题解决方案。例如，对于低收入社区入室盗窃问题的解决，除了尽快抓获嫌犯之外，还可以向物业部门询问小区的栅栏、路灯、门禁等情况，提出整改意见和建议，就违法违规的建筑设施向有关部门反映，向住户进行安保知识宣传，对小区租住乱象进行治理等。这样的一整套工作远比抓捕犯罪嫌疑人更有成效。第九，警察以更加主动的姿态投入工作。主动发现问题，积极沟通，联合各方力量寻找问题解决方案，对社区的各类治安乱象、安全隐患予以说服、教育、协调和及时纠正。第十，强化决策过程，增强责任机制。对于解决问题的方案决策，应增强其透明性，包括公布方案预案、邀请社区参与讨论与决策、正式成文分发各社区警察以提高准确性等；同时，应注意适当增强责任机制建设，使社区警察处于其上级领导和社区群众的共同监督之中。第十一，对新实行的应对方案应建立考核机制。应对方案可能是各种各样的，对其有效性的考核也应具有多样性；同时，考核应当定期进行，以针对外部条件的变化及时更新、调整应对方案。

问题主导警务在本质上是一种工作思路、工作方法，但在“问题”、“解决方案”等核心概念内涵上又比通常的理解有所扩大。在问题主导警务模式下，进入警察视线范围内的“问题”一般被界定为“社区问题”，而非“警务问题”；警察处理“问题”的目的是为了找到最公平、最有效、能够最大程度削减“问题”的方案，而非拘留、起诉；顺理成章地，警察在寻求解决方案时就必须跳出“刑法”与“执法者无裁量权”的理念束缚，从根本上消除问题的角度来思考、寻求答案，这实际上会导致警察职能在一定程度上的转变。

3. 计算机犯罪统计驱动警务模式（CompStat Policing）①

根据有关学者的定义，计算机犯罪统计驱动警务模式是一个以目的为导向，运用信息技术、实战战略及管理责任来引导警务实战活动的战略管理过程。② 该模式兴起于20世纪90年代，时任纽约市警察局局长的威廉·布莱顿针对纽约警情高发的情况提出了警察工作的首要任务乃是“减少犯罪、提高社区生活质量”的观点，并通过一系列创新战略和动态管理过程创设了一种新的警务活动范式，即计算机驱动犯罪统计警务模式，在未明显增加警务资源投入的情况下实现了纽约市发案率的显著下降，从而使该模式受到广泛的瞩目和推广。

首先，计算机犯罪统计驱动警务模式是一种目标明确的警务模式，其以“减少犯罪”为警务工作的首要目标，即重在预防。警察局局长威廉·布莱顿将“减少犯罪”作为警务工作的首要任务，并将“发案率”确定为考核一线所队指挥官的核心标准，对于不能有效控制辖区内犯罪的指挥官予以更换。布莱顿所强调的“减少犯罪”并不仅限于降低重大刑事案件发案，而是包括影响人们生活质量的粗野、不文明的轻罪。之所以这样，是因为布莱顿是“破窗理论”的支持者。早在担任纽约城市交通警察局局长期间，布莱顿就已经开始奉行“破窗理论”③，对地铁中的涂鸦、强迫乞讨、逃票、在公共场所大小便等轻微违法行为予以零容忍，严格整顿了纽约地铁的治安秩序，并在此过程中成功查获了一批重大犯罪嫌疑人。担任纽约市警察局局长之后，威廉·布

① 对于CompStat的具体含义，学界存在一定争议。笔者的翻译取自菲利斯·帕谢尔·麦克当娜所著《管理警务实战：实施纽约犯罪控制模式——CompStat》（Managing Police Operations：Implementing the New York Crime Control Model——CompStat）一书所使用的“computer - driven crime statistics”的注解。一是因为从CompStat警务模式的内涵来看，利用不断更新的计算机犯罪统计数据指导警务实战工作确实是该警务模式的标志性特征；二是因为本书的作者曾经是CompStat发起人威廉·布莱顿的下属，对威廉·布莱顿的工作思路比较熟悉，且其所著《管理警务实战：实施纽约犯罪控制模式——CompStat》一书由威廉·布莱顿亲自作序，这在一定程度上也表明了威廉·布莱顿本人对该书所持观点的认可。

② William F. Walsh, Gennaro F. Vito, The Meaning of Compstat, Journal of Contemporary Criminal Justice, Vol. 20 No. 1, February 2004, 51 - 69.

③ 詹姆斯·威尔逊与乔治·凯琳提出的一种犯罪学理论。根据该理论，环境中的不良现象如果被放任，有可能诱使人们效仿，甚至变本加厉，成为违法犯罪滋生的场所，就好像一栋楼的一扇破窗，如果不及时修复可能引来更多的人砸窗，甚至闯进大楼定居、纵火或者从事其他更恶劣的事情。因此，“破窗理论”强调对轻微犯罪的打击有利于减少严重犯罪的发生，应该以“零容忍”的态度来面对罪案。

莱顿将“破窗理论”推行到整个纽约市社会治安管理中，最大限度地将“减少犯罪”作为其主政时的主要目标。

其次，每天更新的计算机犯罪统计数据系统和电子犯罪标注地图的应用是计算机犯罪统计驱动警务模式的又一显著特点。在实施计算机犯罪统计模式之前，纽约市警察局虽然也有犯罪统计数据库，但更新缓慢，往往滞后案（事）件发生好几个月，对于警务工作的指导意义不大。在计算机犯罪统计驱动模式下，市警察局每天向其辖区内的70多个基层所队收集犯罪统计数据，将其录入系统，作为警务决策的重要依据，大大提高了犯罪统计数据对实战的指导价值。电子犯罪标注地图则是将不同种类的犯罪分为不同的颜色标注在辖区地图上从而可以更加直观地显示出重点地区、重点问题的分布，以利于更加有效地制定决策。

目标明确和运用高科技虽然是计算机犯罪统计驱动警务模式的亮点，但并非其最核心的部分。计算机驱动犯罪统计警务模式最关键的是建立了一套责任追究机制以驱动整个警务模式系统高效运转，其在本质上是一个管理控制过程。威廉·布莱顿将“发案率”作为考核一线所队指挥官工作绩效的核心标准，大约每五个星期召集全局70多个一线所队指挥官召开述职会议，由各一线所队指挥官当着全局业务部门负责人和其他一线指挥官的面就前一阶段目标完成情况进行汇报，由市局业务部门负责人对一线指挥官的工作进行审核、评估，同时也将基层所队现在与过去绩效的对比以及与其他基层所队绩效的对比公布开来。及时的绩效评估、同僚之间的相互对比以及如果未达标将面临免职的不利后果给一线指挥官以紧迫感，也激发了他们的斗志。整个责任追究机制使纽约市警察局全局上下形成一种“战斗”的氛围，整个警察局就是一个与犯罪作斗争的“斗士”。

此外，计算机犯罪统计驱动警务模式还建立了一套自上而下与自下而上相结合、跨越部门间壁垒的战略、战术决策机制，这也是其获得成功的一个重要因素。在计算机犯罪统计驱动警务模式中，总体警务战略由市警察局根据犯罪统计数据和各方意见制定，具有自上而下的性质，但警务战术却主要是自下而上的，基层所队指挥官被赋予更大的裁量权，被允许根据本辖区的违法犯罪和警务资源情况制定适用于本辖区的警务战术，市局业务部门负责人每周轮流与各基层所队指挥官召开会议，面对面就其警务战术进行协商，既调动了基层的积极性，增强警务战术的可行性，也充分吸收了市局业务部门“高屋建瓴”的智慧。同时，警务战术协商会议召开的过程也是各业务部门共同面对基层所队的过程，这样既方便各业务部门之间的及时协调，也有利于形成一种合作的氛围。可以说，计算机犯罪统计驱动警务模式特有的战略、战术决策机制为整体组织构架注入了活力，增强了灵活性。

4. 情报主导警务模式（Intelligence – Led Policing）

情报主导警务是20世纪90年代兴起于英国的一种警务模式。情报主导警务最初只是一项根据刑事犯罪信息有针对性地先发制敌、减少犯罪的行动策略，后来逐步发展成为一项对绝大多数警务活动都适用的、强调以数据和客观分析为基础更加科学地确定工作重点、资源配置和降低发案的管理思想和哲学。在现代社会多部门联合执法、综合治理的背景下，情报主导警务甚至超越警察机关的范畴，对各类安保力量的安保活动具有普适性。

根据英国国家刑事情报所（National Criminal Intelligence Service）2000年发布的《国家情报模式》（The National Intelligence Model）描述，“情报产品”、“知识产品”、“系统产品”和“任务管理与协调过程”是国家情报警务实现由“业务活动”到“产出”转变的四个要素。

第一个要素之所以被称为“情报产品”而非“情报”，主要是强调其是经过加工（经过分析和整合）的、具有价值（对情报警务模式各阶段决策提供基础和依据）的信息和数据，具体包括战略评估、战术评估、重点人档案和重点问题档案四类，其中尤以战略评估情报和战术评估情报为重。

第二个要素“知识产品”是保障情报警务模式各组成部分正常运转、各项活动有效开展、各类工作人员达到最佳工作绩效的行为规范、操作规程与技术标准的总和，是使用或者构成情报警务模式的工作人员必须具备的专业知识。

第三个要素“系统产品”是指采集、接收、刻录、储存、分析、研判以及使用信息的设备与系统的总和，具体包括：为研判过程提供数据的储存、检索、对比分析支持的系统产品。例如，“英国国家自动指纹识别系统”、“国际刑警与欧洲刑警信息库”、“国家犯罪情报信息（预警）数据库”以及各业务部门特有的数据系统等；提供获取新信息、新情报的设备或系统的系统产品，如信息员、便衣以及各类监听监控设备等以及提供操作安全保障系统的系统产品。

第四个要素“任务管理与协调”是对情报产品、知识产品和系统产品进行综合，充分发挥其作用以得出结论、作出决策的过程。“任务管理与协调过程”的主要活动包括召开任务管理与协调会议、产出情报产品以及部署情报工作。“开会”是情报主导警务模式综合各方情报信息、集结各方智慧与力量的一个重要手段。通过“开会”形成总体防控战略，进行有关部署并形成警务战略、战术，“开会”也使情报主导警务模式的各类情报信息得到更新，不断对警务战略、战术进行调整以适应形势的需要。同时，不同主题的会议其会议制度，包括主持人员、参会人员、会议间隔期间等方面会有所不同。例如，战略由于涉及警务活动的根本决策，一般不宜过于频繁的变动，作出战略决策的战略会议通常一个季度或者半年才召开一次；相反，对于制定战术的战术会议，由于受眼前的形势影响较大并且会直接作用于眼前的形势，需要随着形势的变化及时调整，一般每周或者至少每两周要召开一次。“产出情报产品”的过程是情报人员和分析师对情报收集、解释、分析、综合并在此基础上形成有关决策建议的过程。在情报警务中分析师占据重要的地位，是连接原始情报和最终决策的中间环节，对其专业性有较高要求。通过分析所形成的战略评估、战术评估、重点人档案和重点问题档案等情报产品既是情报警务模式战略决策、战术制定与实施、警务实战活动的基础，又对警务战略、战术的实施和实战进展情况形成监控，从而使整个情报警务机器高效运转起来。

“任务管理与协调”的步骤虽然重要，但要做好“任务管理与协调”的工作必须首先做好“警务规划”（Business planning）。所谓警务规划，就是本着政府的目标、警务活动需要达到的要求以及预算的充足程度，对辖区内警务活动整体情况、治安状况、存在的问题、发展趋势、主要威胁和困难等基本问题形成总体的认识，从而为警务战略的制定奠定基础的过程。对这些问题的回答构成了“战略评估”的内容，也只有弄清楚这些问题才能作出正确的判断，为确定工作重点和资源配置方案奠定基础。

从上述四种警务模式的分析可以看出，每一种警务模式都要求有一套符合自身要求的管理体系，这些管理体系因为警务模式的不同而存在差异。例如，社区警务模式强调社区民警的独立工作与警察部门权力和工作重心的整体下移；问题导向警务模式强调对实质性问题的解决，从而对基层民警的综合素质提出了更高的要求，并强调以问题解决的效果作为绩效考评的主要标准；计算机犯罪统计驱动警务模式是以减少发案为目标，以严格的责任追究为驱动，以信息技术为手段所形成的较为完整的警务战略管理过程；情报主导警务模式尤其强调以情报为核心的警务战略管理以及情报分析员的作用。从前面的分析不难看出，真正符合本文警务模式概念的是计算机犯罪统计驱动警务模式和情报主导警务模式，社区主导警务模式可以作为主体警务模式的补充，问题主导警务模式则更主要的是一种工作思路以及由此开发出的一整套工作方式和方法。

三、北京现有警务模式及比较研究

（一）北京现有警务模式

北京现有警务模式的形成分为两个阶段。第一个阶段是 21 世纪初到 2010 年马振川主政的近十年时间。这是北京现有警务模式的成形期，通过一系列警务战略、战术改革创新形成了新时期北京警务模式的基本格局。第二个阶段是从2010年到2015年傅政华主政的近五年时间，也是新时期北京警务模式深入发展期，这一时期警务模式建设又有一些新的举措。

1. 马振川时期①

马振川主政北京市公安局是从2001年至2010年。这一时期，使北京市的整体社会环境发生了巨大变化。2010年全市常住人口达到1961.2万，其中外省来京人员704.5万，占常住总人口的35.9%，形成每三个常住人口中就有一个外来人口的人口结构形势，② 人口总量大、外来人口比重高、流动性强等特点必然使首都安保工作大量增加。经济方面，自2000年以来北京保持平均6%以上的生产总值增长率，城市基础设施建设大跨度发展，尤其是轨道交通，实现了从2条到12条、日均客运量从110万人次增加到410万人次的成倍增长，公共电汽车运营长度达到18743公里，③ 结构复杂、高负荷运转的公共交通网络及其他有关公共设施成为新时期首都公安工作需要重点防御的一个新区域。此外，北京的国际交流活动日益频繁，尤其是2008年奥运会这一超重量级国际活动在京举办，使北京安保工作面临更加严峻的考验。与此同时，这一时期也正是公安部发力公安系统改革，强化公安队伍建设，激发警务效能的重要时期，例如，提出了科技强警战略，加强信息化建设，召开全国派出所工作会议，强化基层警务工作，推行情报主导警务等。公安系统内、外两方面形势都催生着更加高效、更加科学、更加能动警务模式的诞生。

马振川时期的警务模式建设可以从以下几个方面概括。

一是确立了“整体防控，以防为本”的首都公安工作总体思路。在马振川主政之前，北京公安警务模式呈现出较为明显的“严打”特点，这种方式虽然能够收到社会面秩序在短期内得到明显改观的效果，但同时也带来警务工作滞后性、治安管理缺乏连贯性、警力投入与产出效果不成比例等问题。马振川主政之后，针对北京的特殊重要战略地位，提出了“大事不出，小事也尽量不出，各项工作确保万无一失”的首都公安工作奋斗目标，并确立了“整体防控，以防为本”的总体工作思路。所谓“整体防控”是指联合多方力量、

---

① 以下根据原北京市公安局局长马振川公开发表的文章编写，具体内容与内部公文可能有细微出入。

② 北京市第六次人口普查办公室：《北京市常住人口规模变动特点》，http://www.bjstats.gov.cn/rkpc_6/pcsj/201105/t20110530_203325.htm；《北京市2010年第六次全国人口普查主要数据情况》，http://www.bjstats.gov.cn/rkpc_6/pcsj/201105/t20110506_201581.htm。

③ 北京地铁官方网站：《地铁大事记》，http://www.bjsubuag.com/corporate/dtdsj/。

运用多种手段，构建覆盖全北京城的防控网络，全方位防控，不留治安死角；所谓“以防为本”就是以预防犯罪、减少发案为主要目标，从加强社会治安秩序整治和基础防范入手来组织公安工作。总体工作思路由“打”到“防”的转变使公安工作的重心由“治标”转向“治本”，从而更加具有主动性。

二是构建社会治安防控网络，实施“精确指导、精确打击”的警务战术。在“整体防控”战略的指导下，北京市公安局构建了由四张网组成的治安防控网络体系，分别是社会面巡逻防控网络、社区防控网络、单位内部安全防控网络以及重点行业场所治安管理防控网络，各网络之间相互重叠、相互配合，形成具有严密、稳定、长效功能的整体防控体系。由于有全覆盖的治安防控网络体系的支持，首都公安可以有效地监测各单位、各地区的治安形势，及时、有效地收集、研判情报，指导公安战略部署，有效打击违法犯罪，大大提高了警力的产出效能，增强了公安工作的针对性。

三是确立“巡逻”的主业地位，加强对首都社会面的动态管控。所谓“以巡逻为主业”就是把巡逻作为警察实现其职能的主要勤务方式，把大部分警力摆到街面上去。一线警察，尤其是基层民警，主要的工作场所不在办公室、不在派出所，而是在街面、在社区。通过巡逻，既增强了对犯罪分子的威慑力，也提高了人民群众的安全感。具体到战术上，形成了以步巡、自行车巡、机动车巡为基本巡逻方式，市局巡警总队、分县局巡警支队、派出所巡逻队及社区民警四级运行，公安、武警、保安、联防、协管等七种力量联合作战，以巡逻业务主管部门为龙头，以派出所巡逻民警为主体，以派出所社区民警为基础，以社会治安辅助力量为补充，交警、武警紧密配合、协同作战的动态巡逻控制网络，并通过重点场所、地段设卡巡逻看守为点，交通主干线、支线、次干线日常巡逻为线，社区巡逻为面，形成点、线、面三结合的警力优化部署格局。

四是加强公安基层基础工作。具体措施包括推进信息化建设与应用，全面提升首都公安基础工作的信息化水平；警力下沉，着力打造以派出所为平台的治安防控机制；大力推进社区警务战略，以社区防范工作为重点，广泛发动群众、联合各方力量，努力建设社区安全，维护良好的社区治安环境；加强基层所队正规化建设，不断改进和完善基层警务运行机制；通过开展苦练基本功、竞赛活动等形式提高首都公安队伍素质等。

2. 傅政华时期

傅政华主政北京市公安局是从 2010 年至 2015 年。这个阶段可以称为北京警务模式深入建设发展期。一方面，这个时期的整体社会情况与马振川主政时期相比并未发生根本性的变化，只不过人口更加密集、经济流动性更加显著、公共交通网络更加复杂，恐怖主义、街头政治等日益将北京作为目标以扩大影响的企图更加频繁，首都政治类警务增多，安保压力增大。另一方面，马振川时期所确立的“整体防控，以防为主”的战略及相应警务部署被证明是有效的，社会面治安比较稳定，人民群众满意度有所提升，尤其是使北京成功举办2008 年奥运会这一超重量级国际活动，有关成功经验和措施值得传承和发展。鉴于此，面向新时期的警务模式建设自然是在原有基本格局基础上的深入建设和发展。

具体来说，傅政华时期警务模式建设在继承之前整体防控警务模式基本格局基础上，有以下创新举措。

一是推行社区民警驻区制。社区警务是我国警务工作适应城市社区化发展的一项创新举措，而社区民警驻区制则是对社区警务的进一步发展。它不仅要求社区民警办公室前移到社区，配备相应的警辅力量，还要求社区民警居住在社区，从而可以全天候不间断地接触群众，随时了解社区警务动态，实现警民零距离互动，既增进警民感情，也使社区民警能够及时、全面地收集有关社区警务信息，有效化解社会矛盾，实现社区的长治久安。为了保障驻区民警的工作时间和精力，社区民警驻区制同时规定驻区民警原则上不参加所在警区值班、临时勤务以及管防打控常量任务。

二是设立市局直属派出所与分局直属中心警务站。市局直属派出所与分局直属中心警务站是北京市公安局针对全市 60 个不同规模的治安复杂地区进行重点整治所出台的创新举措。这 60 个重点区域大多具有人口总量大、倒挂严重（外来人口明显超过本地人口），治安隐患、火灾隐患问题突出等特点。针对这种情况，北京市公安局在这 60 个重点地区中选取 13 个适宜组建派出所的地区分别设立市局直属派出所，并在其他 47 个治安复杂地区设立 35 个分局直属中心警务站，进行重点地区重点治理。直属派出所和直属中心警务站的警力配置具有流动性，由市局在各警种、局属机关单位抽调，一般是已经取得晋升资格、处于锻炼考核期的民警，等到考核期结束再根据单位人事安排到新的岗位。直属派出所的任务集中在“治安”方面，主要是警情接警、人口管理、巡逻防范、情况搜集掌握以及交通秩序、消防隐患整治等，不负责户口和案件办理。直属派出所的设置也是流动的，根据重点治理地区治安复杂形势的实际变化而作出相应调整，既可以增加也可以减少数量，还可以变换位置，具有灵活性。

三是加强视频巡控建设，形成市局、分局、派出所三级联动视频巡控平台体系。视频警务是北京立体化社会治安防控体系的一个重要组成部分，是科技强警战略重点建设工程。2012 年北京市局巡警总队重新组建后将视频巡控作为一项创新型巡逻警务模式来发展，使视频警务功能由单一的发案后提取扩展为事前防范、事中处置和事后提取三大功能，极大地提升了视频警务在社会治安防控中的作用；并逐步形成了以市局、分局、派出所三级视频巡控平台为支撑，综合网上巡逻、网上指挥、网上管理、天网地网双网联动四大功能于一体的全方位、全时空覆盖视频巡控网络，在反恐维稳、应急处突、治安防控等领域发挥了重要作用。

四是进一步加强巡逻业务。一是设立治安巡逻岗亭。治安巡逻岗亭是对之前重点路口设卡巡逻方式的固化，岗亭多采取 4 警 8 辅 24 小时轮流值守的运作方式，以岗亭内值守与岗亭外步巡为基本工作模式。二是组建武装巡逻处突力量。这次组建的武装巡逻处突力量是从派出所抽调警力，组成专门的持枪巡逻力量。根据各分县局具体情况，有的武装巡逻处突队仍驻派出所，有的则统一进驻分局巡逻队，但只出三级警情，由市局、分局指挥中心统一调配，不受派出所指挥。

（二）北京警务模式与西方主要警务模式之比较

对比西方警务模式，尽管北京警务模式没有提出一个统一的名称或者说其同时存在多种警务模式，如社区警务、情报主导警务、问题主导警务、自主警务等，但从内涵上来说二者还是有很多相似之处。

一是对超大型城市的治安管理，都呈现出“治乱世，用重典”的倾向。例如，在纽约计算机犯罪统计驱动模式下，布莱顿所倚重的“破窗理论”和“整体防控、以防为主”的工作思路，马振川所依据的“沙堆效应”，都意在强调维护社会面良好秩序对于保持城市低犯罪率的意义。具体到实战领域，在纽约表现为对涂鸦、逃票、强制乞讨等微罪的“零容忍”，在北京则表现为“严打”与持续的治安秩序整治。

二是综合治理是一个大趋势。超大型城市由于人口、经济、社会发展等原因属于高发案地区，在警力不足的情况下尤其容易陷入“打不胜打”的被动局面。要想在超大型城市警务活动中获得主动，必须要以预防为主，从违法犯罪根源上想办法。西方的问题主导警务模式所提出的解决“实质性问题”的观点与北京警务模式提出的从基础防范入手都是这个意思。

三是警务模式改革过程也是管理制度的发展、完善过程。如本文最开始在谈警务模式概念时所强调的那样，“警务模式”是一种战略管理过程，亦即意味着任何警务模式都有自己的价值目标、工作重点、资源分配、组织结构以及绩效考评等，是一个系列的管理过程，任何一次警务模式的革新都会涉及相应管理制度的革新，也有相应的管理制度与之相适应。例如，纽约计算机犯罪统计驱动模式强调犯罪预防，以“发案率”作为考核基层所队指挥官业绩的重要标准，情报主导警务模式突出情报的核心地位，强调情报分析员的素质及在整个警务系统中的重要作用，北京“整体防控、以防为主”的警务模式则强调公安基层基础建设，打造以派出所为平台的防控网络体系等。

四是警务模式建设呈现出以一种警务模式为主体，多种警务模式兼容的趋势。尽管我们介绍了四种西方主要的警务模式类型，但是深入分析会发现，这些警务模式并不是相互排斥的，尤其是纽约的计算机犯罪统计驱动警务模式。在以计算机犯罪统计驱动警务模式为主体的条件下，还可以有效地吸收社区警务的成分，使社区成为警务工作情报的重要来源，加强警民联系，充分发挥社区在警务防备中的作用。将社区警务再进行拉伸，眼光不仅仅局限于社区案（事）件，而是更关注“实质性问题”、从根源上解决问题，即进入了问题导向警务模式领域。将情报主导警务对情报分析员的推崇引入计算机犯罪统计驱动警务中，会使犯罪统计数据分析更加专业化。同样的情形也出现在北京。北京市公安局既实行了社区警务，也实行了情报主导警务、问题主导警务、自主警务等，从总体上看是以情报主导警务为主体，社区警务为重要抓手，问题主导警务为工作导向，自主警务为工作方法的一种综合性的警务模式体系，并吸收了纽约计算机犯罪统计驱动警务模式中严格绩效考核的成分。可以说，如何实现各类先进警务模式的兼容、取长补短是下一步警务模式改革的一个重要方向。

四、北京警务模式存在的问题与对策建议

（一）北京警务模式存在的问题

对北京警务模式的反思既要从实际情况出发，也要参考西方国家警务模式创新的有益经验。综合笔者实地调研情况以及有关资料，笔者认为北京市警务模式主要存在以下几个方面的问题。

第一，警务战略的制定、警力的部署过于理想化，有些“力不从心”。现在北京安保总体形势可以用“警情高发、警力有限”来概括，在这样的条件下，“动态”管控是关键，只有“动”起来才能最大限度地弥补因警力不足带来的安保缺口。将有限的警力分散固化在社区、治安岗亭以形成防控的点和面，就犹如将一团面不断擀压碾薄铺开在台面上一样，尽管面擀得越薄可以铺得越大，但如果面团本身不足量，强力拉伸的结果即便勉强覆盖了整个台面，也必然漏洞百出。不以实有警力为基础的警务战略部署必然使警务战略的实施效果大打折扣，这也是为什么尽管三令五申，社区民警老也“沉”不下去，治安岗亭常常无人值守的根本原因。

第二，多头领导，自主警务有名无实。“自主警务”顾名思义就是要充分

发挥基层所队的主观能动性，尽量根据辖区的实际情况组织警务活动。但现实是，分县局各业务部门，如人口、治安、国保、警卫等每天上传下达各种命令、分派各种任务，并且，由于这些业务部门对派出所工作享有审核、评估权力，派出所既不敢不从同时也乐于“奉命行事”，派出所召开的全所会议实际上是传达会、落实会，而非对本辖区警情的研讨会、分析会。再加上有各种警力配置的限制，如社区民警的配比、巡逻民警的配比等（尽管这些配置本身是不可能完全实现的），基层派出所在警务战略、战术制定以及警力部署上基本丧失自主权。在这种情况下，派出所就好像一个木偶，虽然可以活动，但每一个动作都是由幕后的操控者支配着它完成的，没有自主行为，并且，在完成了各种规定动作之后也没有精力再去经营自己的自主警务了。这种情况既不利于充分调动派出所主观能动性，也不利于制定“量身定做”的警务战略、战术。

第三，逐年递增的常量牵制了派出所很大一部分精力，并使派出所偏离了治安综合治理与基础防范的基本地位。尽管从20世纪90年代开始，公安部就提出要纠正派出所大部分精力用于打击、破案的做法，将派出所还原到“治安管理和防范主力军”的角色上来，以“发案少、秩序好、群众满意”作为衡量派出所工作的最高标准。但北京市公安局仍然实行打击常量控制，并将打击成果与派出所工作绩效挂钩，这样派出所的日常工作主要分为两大块，一是完成上级的各类命令和专项活动，二是完成常量指标，此外再无真正属于自己的、由“内省”而产生的业务。这与派出所作为治安治理和基础防范的主力军的地位是显然不符的。

第四，在队伍的规范化建设过程中缺乏人性化考量，“处罚”大于“教育”。在过去近十年的时间，北京市公安局队伍建设的突出成效即是加强了纪律制度建设，严格了队伍纪律要求，从而使得执法不公的投诉少了，老百姓满意度提升了，这是需要肯定的一面。但在警力不足的条件下，过于严厉的纪律要求有可能产生不公和不满情绪，对于改进工作并无益处。例如，本来应该两班倒、4小时、两名民警共同巡逻出警的工作模式，由于警力不足只能实行由一名民警连续工作8小时来完成，对于该民警在执法工作中轻微的违纪违规行为，就应当以教育为主，而不是一律给予纪律处分。只有设身处地为一线民警着想，“合理”执法才能收到心服口服的良好执法效果。

（二）北京警务模式改进的对策建议

第一，从实有警力出发，制定更加科学、合理的警务战略、战术。对于警务战略、战术的制定，“应然”研究是必要的，它可以明确最佳警务部署的状态，但“应然”研究只能作为实际警务战略、战术制定的一个背景。对实际警务工作的谋划一定要建立在实有条件基础之上，并在“理想”警务部署计划的基础上进行调整，使制定的战略、战术具有可操作性。脱离实际的警务战略、战术必然无法实现预期的目标。

第二，厘清分县局与基层派出所的关系，明确各自的定位。基层派出所是治安整治与基础防范的重地，应该眼光向下，立足于本辖区扎实工作。分县局与派出所之间是指导、监督、协调关系，分县局既要利用自己站在更高层级、能够统揽全局的优势指导派出所工作，也要给派出所自我发挥的空间，既不能越俎代庖，也不能撒手不管，必须建立适当的考核、问责机制。此外，分县局还应积极协调各方力量，给派出所以强大的支持，做好派出所的后盾。但不论怎么样，首先必须改变目前这种分县局只是发布命令、下达任务的格局，在决策之前应多与派出所协商，在明确实际情况、充分协商的基础上确定工作目标与工作计划。

第三，彻底解除常量束缚，建立更加科学的绩效考评体系。在警力不足的情况下，逐年递增的常量只会使情况变得更糟而不是更好。由于常量是死命令，为保常量基层所队往往不顾质量，牺牲打击的对称性，亦无视本辖区治安症结所在，只图“多、快、省”地完成任务，这对于实现辖区内治安状况根本好转没有太大意义，更何况逐年递增的常量与逐年递减的发案率奋斗目标也是相互矛盾的，不利于基层所队专注于降低发案率、减少犯罪率。

第四，在适用有关纪律规章制度时应注意把握适当的度。由于警力不足，目前整个公安系统可以说是处于超负荷运转状态。在这种情况下，只要违纪民警没有故意或重大过失，不涉及违法犯罪，没有造成不良社会影响，就应当以教育为主、处罚为辅，真正通过关心民警、帮助民警解决实际困难来达到提高民警自律性的目的。

专题十四

公安队伍建设是实现法治公安的基石和保障

魏永忠* 高 蓓**

党的十八届四中全会通过的《中共中央关于全面推进依法治国若干重大问题的决定》（以下简称《决定》）第六部分专题论述了“加强公安工作队伍建设”问题，并从“建设高素质法治专门队伍”、“加强法律服务队伍建设”、“创新法治人才培养机制”三个部分作出全面阐述、提出明确要求，指明了未来一段时间我国法治工作队伍建设的任务、要求和发展方向。2014 年 1 月 7 日至 8 日在北京召开的中央政法工作会议也指出，要按照政治过硬、业务过硬、责任过硬、纪律过硬、作风过硬的要求，努力建设一支信念坚定、执法为民、敢于担当、清正廉洁的政法队伍。2014 年 9 月 22 日至 23 日在杭州召开的全国公安厅局长座谈会上，国务委员、公安部党委书记、部长郭声琨强调全国公安机关要深入学习贯彻习近平总书记关于公安工作的重要指示精神，积极适应新形势新任务提出的新要求新挑战，进一步加强和改进新形势下的公安工作和队伍建设，全面深化公安改革，大力推进基础信息化、警务实战化、执法规范化、队伍正规化建设，着力提升维护国家安全和社会稳定的能力和水平，不断开创公安工作新局面。2014 年 10 月 24 日公安部分别召开部党委会议和部机关副局级以上领导干部大会，传达学习党的十八届四中全会精神，研究部署全国公安机关的贯彻落实工作，国务委员、公安部党委书记、部长郭声琨强调要切实抓好纪律作风建设，努力以铁的纪律作风打造一支铁的队伍。2014 年 12 月 21 日郭声琨部长在全国公安机关学习贯彻党的十八届四中全会精神、深化执法规范化建设工作会议上再一次强调，要始终坚持以提升能力素质为保

* 魏永忠，中国人民公安大学公安管理学院副院长、教授，学科带头人。

** 高蓓，中国人民公安大学硕士研究生。

障，努力建设一支过硬的公安执法队伍。按照上述精神，加快推进法治公安建设，有两个方面的基础工作必须打牢、抓实，一是建立并完善中国特色公安法制体系，二是建立一支高素质公安工作队伍。这两项基础性工作建设事关法治公安建设的质量和成败。尤其是“加强公安队伍建设，创新公安人才培养机制”的问题更是实现依法治国目标的基石和保证。

一、加强公安队伍法治建设的重要性

随着法治中国进程的不断加快，人民群众对正确有效实施法律、保障社会公平正义的期待和要求日益提高，这在客观上对法治工作提出了更新、更高的要求，进一步加强和深化公安工作队伍履职能力建设，主动适应依法治国、建设社会主义法治国家的迫切需要，是持续推进法治工作规范化、不断提升公安工作队伍整体公信力的迫切需要，更是法治工作部门在法制建设和司法、执法过程中有效发挥作用的迫切现实要求。

《决定》指出加强我国政法工作队伍建设，是基于我国实现法治社会目标、推动中国特色社会主义物质文明、政治文明、精神文明、社会文明、生态文明协调发展，高度统一所作出的一项重要举措。要实现“建设中国特色社会主义法治体系，建设社会主义法治国家”的总目标，必须加强政法工作队伍建设。否则，依法治国就成了无源之水、无本之木。公安工作队伍是法治工作队伍的重要组成部分，是法治中国建设的主要推动者和践行者，加强这支队伍建设的意义在于以下几个方面。

（一）加强公安工作队伍建设，是全面落实《决定》的客观需要

在《决定》中明确指出，全面推进依法治国，必须大力提高法治工作队伍思想政治素质、业务工作能力、职业道德水准。要想将《决定》的各项任务、措施真正落到实处，必须从加强公安工作队伍自身建设入手，公安工作队伍作为法治中国的建设者和重要基石，只有不断提升这支队伍的整体素养，提升这支队伍的正规化、专业化、职业化水平，才能准确把握、全面贯彻落实《决定》精神，才能为加快建设社会主义法治国家提供强有力的组织和人才保障。

（二）加强公安工作队伍建设，是法制机构地位和作用的内在要求

《决定》明确提出全面推进依法治国的总目标，要实现科学立法、严格执法、公正司法、全民守法，促进国家治理体系和治理能力现代化。作为履行法律规范和政策起草、法律宣传、案件核审、执法监督、行政复议、诉讼、审判和执法部门等重要职能的机构，公安工作队伍处于法治建设基础性、全局性的地位，在推进法治中国建设中处于重点和关键环节，需要一支德才兼备、有高度事业心和责任感的专业公安工作队伍。这支队伍既要有较高的政治理论水平

和思想道德水平，又要有精湛的法律专业素质和执法专业技能；既要有丰富的法制建设经验，又要有法治实践和管理知识；既要有广泛的法治工作实践，又要有坚持原则、认真负责、敢于创新、视野开阔的职业素养。只有这样才能有效发挥法治工作机构在依法治国中的职能定位，才能强有力提升法治工作机构的专业性水平并发挥出这支队伍的综合性指导作用。

（三）加强公安工作队伍建设，是深入推进依法治国目标加快建设社会主义法治国家最根本的保证

《决定》中明确指出：全面推进依法治国，必须大力提高公安工作队伍思想政治素质、业务工作能力、职业道德水准，着力建设一支忠于党、忠于国家、忠于人民、忠于法律的社会主义公安工作队伍，为加快建设社会主义法治国家提供强有力的组织和人才保障。可以明确的是，不断加强公安工作队伍建设，必须加强和改进党对公安工作队伍的领导，把党的领导贯彻到公安工作队伍建设的全过程，坚持政治建队不动摇。具体工作重点有：一是提升司法队伍专业化水平。要逐步完善法律职业准入制度，建立从符合条件的律师、法学专家中招录立法工作者、法官、检察官制度，健全从政法专业毕业生中招录人才的规范便捷机制，把善于运用法治思维和法治方式推动工作的人选拔到领导岗位上来，畅通立法、执法、司法部门干部和人才相互之间以及与其他部门具备条件的干部和人才的交流渠道。二是不断提升司法职业化水平。具体是要建立法官、检察官逐级遴选制度，从基层和下一级法院、检察院择优遴选法官、检察官，保证司法工作队伍具有丰富的司法经验和较强的司法能力。三是不断加强法治服务队伍正规化建设。这就要求各级党政机关和人民团体普遍设立公职律师，特别是要求律师参与政府决策和法律文件的法律审查，保证法律顾问在制定重大行政决策、推进依法行政中积极作用的有效发挥，不断提高政府依法行政的水平，加快建设法治政府。四是建立法律服务人才跨区域流动机制。逐步解决基层和欠发达地区法律服务资源不足和高端人才匮乏问题，实现我国法律专业服务全覆盖。上述内容的具体实践，应以推进法治专门队伍正规化、专业化、职业化（“三化”），提高以职业素养和专业水平建设为主线，着力创新法治人才培养机制，坚持走中国特色法治人才培养之路。

（四）加强公安工作队伍建设，有利于保障党的事业顺利推进，满足广大人民群众的热切期待

建设一支忠于党、忠于国家、忠于人民、忠于法律的社会主义公安工作队伍，是党的十八届四中全会着眼全面推进依法治国提出的一项重大战略任务，是实现建设中国特色社会主义法治体系、建设社会主义法治国家总目标的迫切要求。加强公安工作队伍建设，事关党制定的国家发展战略目标的实现，事关

党的事业发展；加强法治工作人才队伍建设，保障公安工作队伍建设的正规化、专业化、职业化水平不断提高，法律服务队伍不断壮大，事关法治中国建设的成与败。

当前，我国公安工作队伍的整体水平与全面依法治国的总目标和重大任务相比，与人民群众对法治工作者的期望相比，这支队伍在思想政治素质、业务工作能力、职业道德水准等方面都有待提高。正如古人所言：“得其人而不得其法，则事必不能行；得其法而不得其人，则法必不能济。人法兼资，而天下之治成。”全面推进依法治国，就必须造就一支更加优秀的社会主义公安工作队伍。“致治之要，以育才为先”，“国势之强弱，系乎人才”。古往今来，成就伟大事业的关键就在于是否能够不断发现人才、培育人才、用好人才。建设中国特色社会主义法治体系和建设社会主义法治国家，同样迫切需要一支忠诚可靠、素质优良、业务精专的公安工作队伍。

二、加强公安工作队伍建设的重点内容

《决定》明确指出：“全面推进依法治国，必须大力提高法治工作队伍思想政治素质、业务工作能力、职业道德水准，着力建设一支忠于党、忠于国家、忠于人民、忠于法律的社会主义法治工作队伍，为加快建设社会主义法治国家提供强有力的组织和人才保障。”这里，不仅指明公安工作队伍建设的重点内容，即加强思想政治素质、业务工作能力、职业道德水准，同时又指明公安工作队伍建设的目标是“四个忠于”。

（一）公安工作队伍建设的要义

党的十八届四中全会关于法治工作队伍建设的提出，突出强调了全面推进依法治国实施过程中的组织和人才保障问题，特别是在《决议》中指出：“全面推进依法治国，必须大力提高法治工作队伍思想政治素质、业务工作能力、职业道德水准，着力建设一支忠于党、忠于国家、忠于人民、忠于法律的社会主义公安工作队伍，为加快建设社会主义法治国家提供强有力的组织和人才保障。”“推进法治专门队伍正规化、专业化、职业化，提高职业素养和专业水平。”邓小平同志从人才战略的角度曾经指出：“中国的事情能不能办好，社会主义和改革开放能不能坚持，经济能不能快一点发展起来，国家能不能长治久安，从一定意义上说关键在人。”按照上述要求，公安工作队伍建设的要义在于：在政治、思想、组织、纪律、作风、人才等方面加强教育和训练，按照“政治建队、依法管队、科教强队、从严治队”的方针，坚持严格政治、严格教育、严格训练、严格管理、严格纪律，把公安工作队伍建设成为职业素养高、专业水平能力强的正规化、专业化、职业化专门队伍。公安工作队伍必须

是一支政治坚定、业务精通、作风优良、执法公正，具备现代执政能力，具有坚强战斗力的专业公安工作队伍。加强正规化建设，始终是贯穿公安队伍建设的一条主线。要始终坚持政治建警、素质强警、从严治警、从优待警方针，以铸造忠诚警魂为根本、以科学管理队伍为核心、以增强素质能力为重点、以培养优良警风为保障，大力推进队伍正规化建设，创新思想政治工作，完善人民警察管理制度，加强反腐倡廉和纪律作风建设，努力打造一支信念坚定、执法为民、敢于担当、清正廉洁的高素质公安队伍。法律是治国之重器，公安工作队伍建设是治国之保障。法律是善良公平之术，公安工作队伍应是天地良心，建设一支正规化、专业化、职业化的社会主义公安工作队伍，才能依法治国、依法执政、依法行政、严格执法和公正司法，这是坚持和发展中国特色社会主义的本质要求和重要保障，是实现国家治理体系和治理能力现代化的必然要求，是加快社会主义法治国家强有力的组织和人才保障。全面推进依法治国，必须造就一支更加优秀的公安工作队伍，抓好公安工作队伍建设是一项基础工程，必须抓牢、抓实。

（二）公安工作队伍建设的重点内容

公安工作队伍建设的内容涉及思想政治建设、组织建设、职业道德建设、教育与训练、人事管理、队伍正规化建设、纪律作风建设、监督与督察工作、法治部门内务管理、编制管理等诸多方面，其中，尤以提高公安工作队伍思想政治素质、业务工作能力、职业道德水准为重点。

1. 提高公安工作队伍思想政治素质

思想政治素质是指政治主体在思想政治社会化的过程中所获得的对他的思想政治心理和思想政治行为发生长期稳定的、内在作用的基本品质，是社会的政治理想、政治信念、政治态度和政治立场在人的心理中形成的并通过言行表现出来的内在品质。思想政治素质主要包括思想观念、政治理论知识、政治心理、政治价值观、政治信仰、政治能力等。习近平同志指出，只有全党思想和意志统一了，才能统一全国各族人民思想和意志，才能形成推进改革的强大合力。从实践来看，抓好公安工作队伍的理论教育，提高公安工作队伍思想政治素质关系依法治国的成败，也是实施依法治国战略首先要解决的问题。《决定》指出，建设高素质法治专门队伍，要把思想政治建设摆在首位，重点加强理想信念教育，深入开展社会主义核心价值观和社会主义法治理念教育，牢固树立三个至上：坚持党的事业、人民利益、宪法法律至上。在思想政治教育的主体上重点加强立法队伍、行政执法队伍、司法队伍建设。尤其是要抓住立法、执法、司法机关各级领导班子建设这个关键，突出政治标准，把善于运用法治思维和法治方式推动工作的人选拔到领导岗位上来。加强公安工作队伍建设，必须建设高素质的专门队伍。坚持把思想政治建设摆在首位，就是做到把树立坚定的理想信念作为公安队伍的政治灵魂，敢于担当是公安队伍必须具备的基本品质，纪律严明是公安队伍的光荣传统和政治优势。要毫不放松地加强理想信念教育，确保公安民警严格遵守政治、组织纪律，进一步打牢高举旗帜、忠诚使命的思想基础。公安机关手中掌握的执法司法权，关系百姓生死荣辱，关乎社会公平正义，也时刻面对错综复杂的人情关系干扰和各种诱惑。要深入开展社会主义核心价值观、社会主义法治理念和职业道德教育，确保公安民警坚持原则、挺直脊梁，善于拒绝、敢于抵制各种诱惑和干扰，树立惩恶扬善、执法如山、公平如度、清廉如水的浩然正气。

2. 提高公安工作队伍业务工作能力

业务工作能力，是指对一个人从事某项专门业务工作或担任一个职位的一组标准化的履职要求，用以判断其是否称职。简单来说，公安工作队伍的业务能力就是公安工作者是否有能力担任一个公安工作职位的履职条件。一支高素质的公安工作队伍，必须具备四项条件：第一，拥有坚定的社会主义核心价值观和善用法律思维；第二，公安工作队伍应符合正规化、专业化、职业化要求；第三，对公安工作者按照行政执法与刑事司法人员要求实行专门化选拔、教育、训练；第四，建立完备的公安工作队伍体系。公安工作队伍涵盖公安法制立法人员、行政执法人员、刑事司法人员和其他公安工作人员，它体现了从事公安专门业务工作或担任立法、执法、司法等职位人员应具备的专业化、职业化、标准化的履职条件和要求，以此作为判断是否称职的考量指标。因此，全面提高公安工作队伍业务能力不可能是一蹴而就的事，需要社会各界的支持，需要良好的政治风气，更需要广大公安工作者坚持不懈的努力。公安工作队伍业务能力有效提升要做到“五个结合”：一是提升公安工作队伍业务能力要与保持共产党员先进性教育活动相结合；二是提升公安工作队伍业务能力要与“规范执法行为，促进执法公正”专项整改活动相结合；三是提升公安工作队伍业务能力要与“开门大接访”活动相结合；四是提升公安工作队伍业务能力要与政治建队相结合；五是提升公安工作队伍业务能力要与专门化、职业化教育训练相结合，事有所成，必是学有所成。

3. 提高公安工作队伍职业道德水准

公安工作队伍职业道德，是指公安工作者在职业生活中应遵循的基本道德，即一般社会道德在公安工作职业生活中的具体体现。它是职业品德、职业纪律、专业胜任能力及职业责任等要素的总称。公安工作队伍职业道德属于自律范围，它通过公约、守则等对其职业生活中的某些方面加以规范。公安工作职业道德既是本行业人员在职业活动中的行为规范，又是公安机关特殊行业对社会所负的道德责任和社会义务。提高公安工作队伍职业道德水准应重点解决两个问题：一是完善公安工作者职业道德规范。公安工作者作为国家工作人员，代表国家和所在部门形象，因此公安工作者的职业道德标准是不可缺少的，《公安机关人民警察职业道德规范》（公安部2011年9月修订印发）是公安部门行业内的道德和纪律，它为争做一名合格人民警察提供了根本保证。这个“规矩”是道德与法制的统一体，必须坚决贯彻和落实，进一步加强公安民警职业道德建设，提高广大民警的职业素质，正确履行《人民警察法》精神，提升人民警察道德和行为规范水准。二是强化公安工作者职业道德素养。道德素养是一个不断自省、修为、磨砺、陶冶的过程。中国古代“修德”、“克己”、“正身”、“修己”等概念反映了道德修养的思想观念，对后来人们道德修养的形成开了先河。儒家经典著作《大学》中提出的“格物、致知、诚意、正心、修身、齐家、治国、平天下”等，其中“修身”是核心，“格物、致知、诚意、正心”是修身的方法，“齐家、治国、平天下”则是修身的目的。公安工作者的职业道德修养，其根本途径就是坚持不懈的职业实践，就在于为人民群众切切实实地服好务、做好事的实践中，在具体执法、司法实践中进行职业道德意识和道德情感的修养。这种修养的过程，也就是在不断蜕变的过程中除恶扬善化茧成蝶，只有在浴火中历练才能重生，只有经过锻造打磨，才能走向成功。说到底，一名优秀的人民警察职业道德品质和崇高的道德境界，就是在为人民服务的过程中逐步培养起来的，这是唯一的选择。

三、创新公安人才培养机制的路径选择

《决定》对法治人才培养提出的整体要求就是：创新法治人才培养机制。其内涵具体包括四个方面内容：一是加强法学理论建设、学科建设和专业建设。坚持用马克思主义法学思想和中国特色社会主义法治理论全方位占领高校、科研机构、法学教育和法学研究阵地，加强法学基础理论研究，形成完善的中国特色社会主义法学理论体系、学科体系、课程体系，组织编写和全面采用国家统一的法律类专业核心教材，纳入司法考试必考范围。二是加大法治人才教育力度。坚持立德树人、德育为先的导向，推动中国特色社会主义法治理论进教材、进课堂、进头脑，培养造就熟悉和坚持中国特色社会主义法治体系的法治人才及后备力量。三是加强面向世界的国际型法治人才培养。国际型法治人才培养，重在建设通晓国际法律规则、善于处理涉外法律事务的涉外法治人才队伍。四是完善培育法学专家、教师的机制。健全法制工作部门和法学院校、法学研究机构人员双向交流机制，实施高校和法治工作部门人员互聘计划，重点打造一支政治立场坚定、理论功底深厚、熟悉中国国情的高水平法学

家和专家团队，建设高素质学术带头人、骨干教师、专兼职教师队伍。推进公安人才队伍正规化、专业化、职业化水平，提高公安人才职业素养和专业水平，亟须在创新公安人才培养机制上做文章、下功夫、谋出路。如何创新公安人才培养机制，可以从以下几方面努力。

（一）基于国情、社情、我情的理性剖析，提出创新法治人才培养的发展方向

具体来说，法学教育应在公安队伍建设工作中发挥出基础性、先导性作用，适应全面推进依法治国对公安机关法治人才培养提出的新要求。需要准确判断依法治国发展战略对人才的需求，需要理性评判我国社会整体法治化的水平，需要对公安机关现有法治工作人才作出客观评判，尤其是要实现对当前我国公安高等教育中法治人才的培养，从重规模轻特色、重数量轻质量上作出改变；需要从当前公安高等教育粗放发展向追求质量提升的转变；需要实现由过度重视法学研究型专业人才教育向法律实践型职业教育的转变。实现上述转变的重要抓手就是创新公安法治人才培养机制，尤其是对承担公安法治人才培养任务的高校，要紧紧抓住法学师资队伍优化、法治人才培养模式转变、法学教学的课程与教材体系重构、法学教育教学方法手段转变、法学人才专业实习与实践重新规划等。与此同时，通过加强和完善中国特色社会主义法学理论和公安法制理论研究，加强扎实掌握和熟练运用中国特色社会主义法学理论、熟练掌握公安法制专业人才的培养。

（二）从中央到地方、从公安高校到公安法治工作部门，要进一步明确各层级、各机构承担的法治人才教育培训职责定位，实行公安法治人才的分级、分类培养

一般说来，法学本科、法学硕士、法学博士教育等不同层次教育有各自的功能和目标定位。法治国家建设既需要立法人才、行政执法人才、司法人才等法治专门队伍和律师等法律服务队伍，也需要法学研究和法学教育人才队伍。法治公安建设同样需要上述不同规格的专门人才。在培养公安法治人才方面需要作出分类指导，按照高校规格和功能定位，将公安法治专门人才和法学学术人才做分类培养。法学学术型人才培养要少而精、重质量，而公安法治专门人才培养要更加注重职位导向和就业导向。据此区分哪些人才应突出强化法律实务技能培养，哪些人才应注重法学理论教育，以此促进法学教育与法律职业教育的专业对应性与适应性，进而加大两类人才和相关理论的深度衔接与有机联系。

（三）加大国际化法学教育改革力度，建立跨区域国际法学教育合作机制，形成互联互通的法学人才交流机制，培养更多高品质国际型法治人才

为满足适应世界多极化、经济全球化深入发展和国家对外开放的要求，需

要培养一批具有国际视野、通晓国际规则，能够参与国际法律事务和维护国家利益的涉外法治人才，需要搭建与世界具有法学专业的名校联合培养人才机制，需要建立公安法治人才交流的跨区域协同机制。通过健全公安机关和公安（政法）院校、法学研究机构间的人员双向交流，实施公安高校和法治实际工作部门人员互派、互聘。把法学教育工作者派到执法、司法实战部门，实现理论研究与司法实践接地气的合作；从公安机关法制部门选派业务能力强、理论水平高、善于思考、写作、表达的专家型法治工作者到公安高校任法治教官，以工作经验和实践体会现身说法，提升公安法治人才培养的质量和能力。

（四）积极拓展公安法治人才实践平台，加大实践教学基地建设力度，引导学生走出校园，广泛参与法律实践，逐步增强学生法治实践的应用能力

作为公安高校，可以加大邀请知名法学专家、学者和法律工作者进校园、进课堂，用专家授课、开设讲座的形式，加深学生对法律专业知识及职业的了解；作为公安机关法制工作部门，可以积极与高校签署联合培养法学人才合作协议，利用实习实践教学基地挂牌的契机，选派经验丰富、责任心强、善于指导学生的法制工作者担任实习指导教师，提升法治人才的培养速度和质量。公安高校可以引进司法考试培训机构，增强学生的应试能力和就业能力，同时拓宽法学专业学生实习、实践的空间，提高学生法律知识的应用能力。通过加入法律援助中心，与公检法司等部门，中小学、社区等社会组织或机构合作，组织“法律援助社团”、“法治人在行动”、“送法进校园”、“送法支教到农村”等各类法律援助、普法宣传、法律志愿者等活动，锻炼和提高学生运用法律知识服务社会的能力。总之，只有通过应用型、复合型法律人才培养模式的改革，法治人才的质量才能不断得到提升。

“不知法之义而正法之数者，虽博，临事必乱”。法律并非纯粹的技术规则和技术操作，中国特色社会主义法治理论必须贯通法学教育的全局，这是培养坚持中国特色社会主义法治体系与通晓国际法律规则的人才后备力量的有力保障。创新公安法治人才培养机制行之有效的路径选择是在实践中探索，在探索中发展，在发展中创新。今天，我们必须比以往任何时候都要更加重视高素质公安工作队伍的培养和锻造，必须比以往任何时候都要具备更加积极的态度和勇于实践、勇于创新的气魄。在全面推进依法治国、建设法治公安艰辛且漫长的进程中，唯有坚定的意志、坚定的信仰、坚定的实践才能取得最后的胜利！

专题十五

现阶段影响我国警察离职主要因素的调查与分析

王海宁*

人民警察，一个充满威严与正义感的职业。在很多人心目中，这个职业代表着责任、安全感、不怕牺牲。正因如此，这个职业曾经受人尊敬，也让很多年轻人心生向往。然而，近年来，公安队伍中却有越来越多的业务骨干、基层领导干部在正值年富力强之际，主动离开了这个自己曾经热爱并感到自豪的行业。而年轻人中，愿意从事警察职业的也越来越少。本文试图以对离职警察的离职原因和在职警察的离职倾向动因为切入点，通过数据统计的方式对于造成我国警察产生离职的影响因素与离职倾向间的相关性进行研究，根据研究的结果，希望可以积极开发、提升我国警察的心理资本并进行一些制度上的调整和保障，有助于提高我国警察的工作情绪和积极性，有助于缓解我国警察的工作倦怠感并提升工作效能，有助于降低我国警察的离职倾向。

一、研究设计

（一）研究方法

本研究以案例调查的方式对已经离职警察的离职原因进行探析，同时采用抽样问卷调查的形式，在全国范围内对 600 名在职警察为被试对象进行研究。本研究共发放问卷600 份，回收问卷513 份，问卷回收率为85. 5%。为保证研究的有效性，淘汰有明显规律作答的问卷，在所回收的 513 份问卷中，得到 466 份有效问卷，有效问卷率为 78%。需要说明的是，由于涉及被试对象人员基本信息资料的填写，部分被试者的作答有个别空选项，但总体作答状况良好，因此对这部分被试的调查问卷视为有效。

* 王海宁，中国人民公安大学公安管理学院讲师。

（二）研究工具

本研究采用问卷调查法进行资料的收集，整体分为三个部分。第一部分为一般资料调查表：包括年龄、工龄、婚姻状况、学历等。第二部分为通过对离职警察的案例分析得出的离职因素总结有八点，一是工作压力方面的五个维度：警察工作及专业方面问题、工作量及工作时间方面的问题、工作环境方面的问题、社会环境方面的问题、管理及人际关系方面的问题；二是工作倦怠方面的三个维度：情感耗尽、去个性化、低职业效能。第三个部分为离职倾向量表，采用 Blau 和 Lunz 编制的离职倾向量表，此量表由"您是否考虑要离开目前的单位"和"您是否有放弃警察职业的想法"两个条目组成。

评分标准采用的是 1～5 级反向计分的方法，回答"从不"计 1 分，"甚少"计 2 分，"偶尔"计 3 分，"经常"计 4 分，"总是"计 5 分。两个条目得分之和为量表总得分，得分越高则离职倾向越强。

（三）数据处理与统计方法

本研究将有效的 466 份问卷的全部数据采用 spss16.0 软件进行管理和分析。针对本文的研究结果采用的主要统计方法有描述统计、t 检验、方差分析、相关分析、逐步回归、分层回归分析。其中，描述性统计分析，是指对研究对象性别、年龄、工龄、学历、婚姻状况、是否担任领导等工作的样本特征分布进行描述性统计分析；对通过案例总结出来的警察离职原因从工作压力和工作倦怠角度共八个因素分析对离职倾向的相关性分析。独立样本 t 检验和方差分析，是指以了解不同人口学变量对我国警察离职倾向以及各维度的差异情形。在进行方差分析时，由于方差分析结果显示差异显著且方差齐性，因此要做事后检验。

相关分析，主要用于检验不同因素对造成警察离职倾向以及各维度的相关性，用的是皮尔逊积差相关分析。

二、警察离职案例实证研究

（一）广东佛山众多警察离职

近年来，佛山市公安系统不时有人辞职下海或调离，每年辞职人数，位于佛山各政府部门前列。据佛山警方的一份资料显示，仅在 2010 年就有 93 名民警辞职或调离公安机关。据称，警察之所以离职，跟公安的高强度工作环境有关，2010 年佛山基层民警年人均加班 82 天，80% 以上民警体检指标异常。在佛山 5 区民警超负荷工作中，禅城情况尤为严重。禅城公安分局局长李剑雄曾透露，因精力不足、工作强度大，民警长期加班加点，休息得不到保障，大部分民警身体处于亚健康状态。2007 年至 2011 年，该局先后有 70 人调离，20 人辞职。

2011年8月，时任佛山市市委常委、市公安局局长杨建华曾分析说，因巨大工作压力，佛山民警身体健康堪忧。同时，现有的行政管理体制、公安激励机制不健全，民警的政治、经济待遇与其他行政机关相比较低。

（二）浙江杭州“警界新星”辞职

被网友誉为“警界新星”的胡冰突然辞职了。他曾是杭州市公安局余杭区分局警察公共关系科的科长。但人们常常忘记他的干部身份，亲切地称呼他为“冰哥”。他乐于在微博里分享自己的生活和工作，调侃自己，释放压力，也给网友找了很多乐子。

12月12日，凤凰网对话刚刚辞去警察职务的胡冰。他说，目前是中国警察的阵痛期，社会治安环境复杂，公众对安全的要求高，警察承受着巨大的工作强度却不被理解，而待遇处在公务员体系中下层。他呼吁社会给予警察更多的理解和肯定，因为这是警察赖以工作的精神动力。

很多警察面临着不被理解、遭受委屈的情况。当前这个阶段有些地区治安情况复杂，案件也比较多发，老百姓对于自身安全方面的需求和期望很高，所以对警察工作的要求就很高，这个过程中难免有不理解的情况。在媒体上我们还看到一些荒谬的报警，例如，在厕所里没有纸了，小伙伴之间打闹抢玩具，都会找警察。如果处理得好，老百姓会觉得你很贴心，但是换一个角度，这说明老百姓对警察的功能定位和职责范围不了解，滥用警力。

警察的待遇不合理，在公务员体系里处于中下层水平。警察随叫随到，服从性特别强，付出和收入并不相称，工作强度太大。警察有时和身边的朋友交流发现，一些乡镇上聘用制的工作人员工资甚至高于公安局正科级干部，在这方面心里多少会有一些不平衡。

（三）暴恐事件之后昆明百余民警辞职

“3·1”昆明火车站暴力恐怖案发生后，昆明警方史无前例地增加安保投入，十个月内多次启动一级响应，街头见警率大幅提高，市民安全感显著提升。然而，反恐高压态势之下的代价则是民警全员取消休假，超负荷运转，长达一个月时间吃住在单位，甚至造成百余名民警提出辞职申请。

对于17000多名昆明民警来说，那次暴恐事件之后，随之而来的是长达一个月的每天24小时待命状态。在种种压力下，昆明警界百余名民警递交了辞职申请，但大多数都被领导出面予以劝解挽留。一位基层女民警辞职前，在派出所的内网上留言，作为单亲妈妈，3000元的工资已显得捉襟见肘，还因长时间的加班无法照顾孩子，原本轮休，可所里一个电话便赶回加班。考上警察时，老家的乡亲还以她为荣，但如今高负荷的压力已难以承受。

根据两年来五华分局民警体检报告统计显示，民警患病率高达80%以上，其中患心脑血管疾病的占到47.7%。值得注意的是，45岁以下年龄段民警群体身体健康状况较为堪忧。仅2014年10月到12月，五华分局即有3名在职民警因病相继去世。

依据公安部2013年公布的统计结果，近五年来，全国公安民警因公牺牲2204人，因劳累过度猝死1098人，占同期牺牲民警总数的49.8%，其中，2012年因劳累过度猝死234人，占54.4%，为历年最高。因劳累过度导致猝死也成为民警因公牺牲的首要原因。

（四）基层派出所所长的辞职感言——非警务活动占据大量精力，没有尊严的执法环境

2001年入职工作，从一名普通的警察到基层派出所副所长，陆晨（化名）作为人民警察队伍中的业务骨干，不仅工作出色，一路升迁也可谓顺风顺水。可就在大家都觉得他的工作一帆风顺的时候，他却脱下穿了12年的警服，转行去了别的单位。

陆晨说："因为现在警察的工作越来越本末倒置，大量的非警务活动占据了民警正常的办案时间和精力，让我觉得很没意思。"在基层派出所，每天做得最多的事情不是办案，而是忙着应付各种总结、评比、检查、排名；或是忙着出一些没有任何技术含量的勤务。"我们派出所有280多人，除去后勤，剩下的人每4天一个班，一个班大概有十几个人执勤。但因为各种外勤活动，一般能留下出警的，也就10个人左右。一个派出所辖区那么大，这么几个人的工作强度可想而知。"陆晨说，现在大量的非警务活动经常让本就紧张的警力更加疲于应对，他不明白，为什么要把精力放在那些"不务正业"的事上，而不能让警察真正回归本职工作呢？

"当时我所在的辖区有很多大型的体育和演出场馆，每当这些场馆开各种商业演唱会的时候，就是我们最忙的时候。一些大型的演唱会，我们甚至要出动上百名警力去进行安保。从晚上6点到10点，一站就是四五小时。而且因为是勤务，所以都是义务的。"在陆晨看来，现在社会上有那么多安保公司，像这样商业活动的安保完全可以交给他们来做，公安机关只要对他们的方案进行审核即可，完全没有必要将宝贵的警力浪费在这些方面。"本来我们人手就不够，民警工作也很辛苦，现在却要去做这些非警务活动，让人觉得挺无奈，也挺寒心的。"

除了非警务活动所占比例越来越大，工作环境的恶劣也让陆晨对警察工作越来越心灰意冷。"我说的工作环境恶劣，并不仅仅是面对歹徒时的危险，而是社会对警察这个职业的不尊重和执法难。"陆晨告诉记者，基层警察执法时，一些法制观念淡薄的群众很容易将不满情绪转移到警察身上，做出一些过

激举动，如当众将口水吐到警察脸上，拳头打到警察身上。有的甚至采取凌辱手段，恣意践踏警察的尊严，阻碍警察执法，并将其作为宣泄情绪、发泄不满的途径。遇到这种情况，警察往往只能委屈得“打碎了牙往肚里咽”。

陆晨说，现在警察执法是不允许佩带武器的，而且警察执法被严禁使用武力。由于中国没有袭警罪，更没有侮辱警察罪，所以只要暴力抗法者没有对警察构成严重伤害，就不会承担太大的责任。而在现实中，这不仅为警察的执法制造了难题，也在一定程度上削弱了警察队伍的士气。“他们（警察）和普通手无寸铁的群众其实没什么两样。你让他们拿什么来和歹徒搏斗？”陆晨表示，作为执法者，警察代表的不是个人，而是整个国家。“如果连警察都没有足够的权威，自身的尊严和安全都失去了保证，那我们的人民群众、我们的公民的权益，又靠什么靠谁来保护和保证呢？”

三、警察离职倾向影响因素

在关于警察辞职原因的专项调查中，得知辞职的原因大致可以归纳为以下几点：(1）工资待遇偏低。(2）工作压力大。(3）职业前景不明，对个人现状不满意，工作倦怠。(4）工作危险性高。结合警察工作的几个特点可以看出，当面临巨大的经济压力、高度的危险性和高强度的工作内容时，辞职便是结束这些负面影响的最简单、最直接的选择。

（一）工作压力大，健康状况堪忧

据公安部统计，2003 年，全国公安机关因公牺牲民警 476 名，也就是说，平均每天有不止一名民警牺牲。而 1999 年至 2003 年，全国公安机关每年因病殉职的民警都超过了牺牲民警总数的三分之一。依此推算，全国范围内每三天，至少有一名民警因病殉职。①

早在 1999 年，中国前卫体协就对公安民警进行了一次体检调研，接受调查者为北京、辽宁两地公安民警共 15887 人。调查结果显示：民警患病率高达 86%，其中 45 岁以下年龄段民警群体身体健康状况差且呈逐年大幅下降趋势。造成此状况的原因包括：大多数公安民警在工作上自我要求高、压力大、长期处于紧张疲劳状态，导致机体功能紊乱、营养结构失衡等。2005 年全年，全国共有 154 名民警因积劳成疾，牺牲在执行任务中或工作岗位上，占全年牺牲民警总数的 37. 2%。积劳成疾牺牲民警多集中在一线岗位。福建省福州市公安局政治部对全市 5860 名警察的身体健康进行调查显示，68. 6% 的警察患有

---

① 戴天晨：《警察职业特点与警察心理应激反应及警察身心健康的探究》，载《上海公安高等专科学校学报》2003 年 10 月，第 13 卷第 5 期。

各种疾病，其中众多疾病与职业相关。2006 年涟源市公安局的体检汇总表明，参加体检的 309 人当中，无明显异常的仅 92 人，肝功能有问题的 77 人，B 超有问题的 162 人，胸片有问题的 6 人，心电图有问题的 18 人。①

据统计，在我国人均寿命已超过 70 岁的今天，一线警察的平均寿命仅有 48 岁。警察已成为国家机器上磨损最快的部件，平均每天有不止一名民警牺牲，每三天至少有一名民警因病殉职，积劳成疾牺牲民警多集中在一线岗位。基层警察常年辛劳奔波，积劳成疾，处于持续、高强度的压力之下，身体和心理都处于亚健康状态，客观上增加了警察“过劳死”的风险。

（二）危险系数高，因公伤亡人数居高不下

警察是和平时期唯一的每天都在流血的职业。警察职业的属性决定了警察群体的职业风险系数远高于其他职业，据公安部人事训练局 2013 年 4 月的数据显示，1981 年至 2012 年，全国公安民警因公牺牲 11286 人，因公负伤 164250 人（2008 年至 2012 年，因公牺牲 2204 人，因公负伤 16821 人，年均 441 名民警因公牺牲、3364 名民警因公负伤）。警察处于各种突发事件处置第一线，处于和各种犯罪分子对抗的最前沿，警察在与犯罪分子的对峙、肉搏、交火以及处置突发性事件中，可以说几乎每时每刻都可能面临生命危险。而长期处于危险境况中，这些过度的心理紧张大大超出人体所能承受的内外刺激而长期作用于人体，给人造成强烈紧张感和极大的压力。警察个体自身长期不能摆脱压力体验和紧张感，很容易引起心理障碍，发生心理危机。由于警察职业的特殊性，警察的因公伤亡是不可避免的。但是，持续高发的伤亡数字却不得不令人心酸和深思。

（三）收入水平低，警察待遇处于公务员中下层

我国对公安的投资占国家各项投资的 1%，而发达国家平均为 3% ~5%，发展中国家为 9%，② 我国警察部门经费的严重短缺造成了警察福利长时间保持在一个较低的水平上。在经济高速发展的今天，各种违法犯罪活动也层出不穷，由于各种原因，我国的警力还略显局促，随之而来的就是工作压力的繁重和由此引发的警察福利水平的相对下降。和繁重的工作不成正比的是警察的工资。对于警察的工资，社会上一般认为比较高，河南县级每月人均工资为 1500 元，从数字上看警察的工资确实不低，比十几年前警察的工资明显地提

---

① 韦有华、汤盛钦：《几种主要的应激理论模型及其评价》，载《心理科学》1998 年第 21 卷。

② 孙中华：《从世界警察体制看我国警察体制的改革》，载《浙江公安高等专科学校学报》2003 年第 5 期。

高。但是，一些民警私下谈到，不当警察是体会不到这份工资的不易的，如果计算加班加点的时间，警察每小时的报酬立刻缩了不少水。同是武装性质的纪律部队，警察的工资收入已远远落在军队的后面，按规定，部队的工资应比公安人员高5%。可是，近两年来，这种正常的距离拉大了。1997年之后，部队两次调资，以团职为例，平均增加收入400元左右，公安机关却基本没有增长。国外警察收入不错，刚入行的新警察年薪就超过4万美元，甚至是中国警察收入的5～10倍还要多。①

（四）工作不规律，常年加班无暇顾及家庭

警察随叫随到，服从性特别强，而且一旦有事件发生，就如昆明暴恐事件，对于17000多名昆明民警来说，自暴恐事件之后，随之而来的是长达一个月的每天24小时待命状态。② 因警力不足、工作强度大，疲于奔命地加班，超负荷的工作，让民警难以兼顾家庭，夫妻、亲子矛盾，身体健康状况亦成为难以回避的问题。

四、在职警察抽样调查结果

（一）调查对象基本情况

调查对象基本情况，具体参见表1：

表1 调查对象基本情况

人口学变量		人数（人）	百分比（%）
性别	男	271	58.2
	女	195	41.8
年龄（岁）	21～30	136	29.2
	31～40	221	47.4
	41～50	93	20
	51～60	16	3.4
工龄（年）	1～10	221	47.4
	11～20	189	40.6
	21～30	56	12

① 卢嘉、时勘、杨继锋：《工作满意度的评价结构和方法》，载《中国人力资源开发》2001年第1期。

② 马荣春、王超强：《论犯罪化与非犯罪化》，载《犯罪研究》2012年第6期。

续表

人口学变量		人数(人)	百分比(%)
学历	大专及以下	117	25.1
	本科	337	72.3
	硕士及以上	12	2.6
婚姻状况	未婚	96	20.6
	已婚	338	72.5
	离异	32	6.9
	丧偶	0	0
是否担任领导工作	是	84	18
	否	382	82

（二）警察离职倾向在部分人口学统计变量上的差异性检验

1. 不同年龄警察的离职倾向的方差分析

将警察的年龄划分为四个年龄阶段即21～30、31～40、41～50、51～60，采用单因素方差分析的方法进行差异性检验（方差齐性检验结果显示方差均为齐性，因此事后检验采用LSD法），比较不同年龄在各个变量上是否存在显著差异，具体结果参见表2：

表2 不同年龄方差平均数多重比较检验结果

年龄(岁)			MD	Std Error	*sig*
离职倾向	21～30	31～40	1.11256*	0.5287	0.036
		41～50	1.75198*	0.6527	0.008
		51～60	1.56985	1.2821	0.221
	31～40	21～30	-1.11256*	0.5287	0.036
		41～50	0.63942	0.5996	0.287
		51～60	0.45730	1.2559	0.716
	41～50	21～30	-1.75198*	0.6527	0.008
		31～40	-0.63942	0.5996	0.287
		51～60	-0.18212	1.3129	0.890
	51～60	21～30	-1.56985	1.2821	0.221
		31～40	-.45730	1.2558	0.716
		41～50	0.18212	1.3129	0.890

从表中可以看出，在离职倾向方面，21～30岁的警察与31～40岁、41～50岁的警察个体之间存在着显著地差异，表现在21～30岁警察的离职倾向均高于31～40岁、41～50岁的警察个体，而其他几个年龄阶段的警察个体在离职倾向上均未发现显著差异。

2. 不同工龄警察的离职倾向的方差分析

根据工作年限，将监狱警察的工龄划分为三个工龄阶段即（1～10、11～20、21～30），采用单因素方差分析的方法进行差异性检验（方差齐性检验结果显示方差均为齐性，因此事后检验采用LSD法），比较不同工龄在各个变量上是否存在显著性差异，具体结果见表3：

表3　不同工龄的平均数的多重比较检验结果

工龄(年)			MD	Std Error	*sig*
离职倾向	1～10	11～20	0.928*	0.312	0.003
		21～30	0.338	0.470	0.472
	11～20	1～10	-0.928*	0.312	0.003
		21～30	-0.589	0.478	0.219
	21～30	1～10	-0.338	0.470	0.472
		11～21	0.589	0.478	0.219

从表3的统计结果中可以看出，在离职倾向方面，只有1～10年与11～20年工龄的警察表现出显著性差异，结果显示工作年限少于等于10年的警察比多于10年的警察表现出更高的离职倾向。而工龄在11年以上的警察在离职倾向中并未表现出显著性差异。

3. 不同婚姻状况警察的离职倾向的差异分析

结果显示，已婚警察和未婚警察的离职倾向没有显著差异（$P>0.05$），具体结果见表4：

表4　不同婚姻状况警察离职倾向的结果

婚姻状况	人数(人)	离职倾向($x \pm s$)
未婚	163	2.53±1.05
已婚	193	2.60±1.08
F值		0.597
P值		0.440

4. 不同学历警察的离职倾向的差异分析

结果显示，不同学历的466名警察离职倾向没有显著差异（P＞0.05），具体结果见表5：

表5　不同学历合同制警察离职倾向的结果

学历	人数（人）	离职倾向（x±s）
中专	83	2.41±0.86
大专	215	2.60±0.94
本科	158	2.77±0.80
总计	356	2.59±0.91
F值		2.801
P值		0.062

（三）警察离职倾向的得分情况

466名警察总体离职倾向得分为3.183分，其中离开单位倾向得分为1.583分，而离开警察职业倾向得分为1.60分。数据说明整体而言，我国警察的离职倾向中等偏低，离职意愿并不强烈。

（四）警察离职因素与离职倾向的Pearson相关分析

结果显示，在工作压力维度中警察工作及专业、工作量及时间分配、社会环境影响呈显著正相关（P＜0.01），其他两个维度与离职倾向无相关性。在职业倦怠的三个维度中，情绪耗竭、去个性化与离职倾向呈显著正相关（P＜0.01），职业效能与离职倾向呈负相关（P＜0.05），即工作压力越大离职倾向越高，职业倦怠越强离职倾向越高（见表6）。

表6　警察离职因素与离职倾向的相关分析

项目	离职倾向	
	相关系数	P值
警察专业及工作	-0.227^{**}	0.000
工作量及时间分配	0.371^{**}	0.000
工作环境及资源	0.021	0.686
他人影响	-0.149^{**}	0.005
管理及人际关系	−0.083	0.117

续表

项目	离职倾向	
	相关系数	P 值
情绪耗竭	0.460**	0.000
去个性化	0.352**	0.000
职业效能	0.237**	0.000

（五）问卷调查数据统计分析

通过数据统计分析，可以总结得出：

（1）所调查的我国警察离职倾向处于偏低水平。

（2）警察人口特征变量对离职倾向产生影响，不同年龄、不同工龄等都是影响离职倾向的因素。

（3）警察的工作压力总体处于高压水平，工作压力与离职倾向呈正相关，即工作压力越大离职倾向越高。

（4）警察的职业倦怠感处于较高的水平，职业倦怠与离职倾向呈正相关，即职业倦怠感越强离职倾向越高。

（5）工作压力和职业倦怠呈正相关，工作压力越大职业倦怠感越强。

（6）工作压力和职业倦怠对离职倾向有预测作用，减轻工作压力、降低职业倦怠，可以减少离职倾向。

五、结论

（一）警察离职倾向在人口基本情况变量上的研究

通过研究发现，不同性别的警察在离职倾向上存在着显著差异。主要表现在男性警察在离职倾向上均高于女性警察，也就是警察中男性相比于女性离职倾向更高。造成这样差异的主要原因是警察自身因素和社会因素所导致的。男性警察为外勤主力，而女性警察工作任务更多的是内勤或行政，相对压力较小。男性警察常年面对形形色色的罪犯，这对男性警察会造成一定程度的影响。这些因素会导致男性警察比女性更想离开工作岗位。

通过研究发现，不同年龄的警察在离职倾向上存在着显著差异。21～30岁的警察个体与31～40岁、41～50岁的警察个体之间存在着显著差异，表现在21～30岁警察个体的离职倾向均高于31～40岁、41～50岁的警察个体，而其他几个年龄阶段的警察个体在离职倾向上均未发现显著差异。造成这些差异的主要原因可能是刚去工作的年轻人还不适应工作环境，不能对工作任务得心应手，成就感较低。人生阅历也不丰富，有时可能无法面对工作中的压力并且自己也不能有效地排解压力。警察工作性质的单一，也会让年轻的警察觉得枯燥乏味。而30岁以上的警察基本上有家庭，对家庭和社会的责任心就更重一些，并能从工作中总结自己的经验，能胜任自己的工作，从而离职倾向会比30岁以下的警察低。

通过研究发现，不同工龄的警察在离职倾向上存在着显著差异。只有1～10年与11～20年工龄的警察表现出显著差异，结果显示工作年限少于等于十年的警察比多于十年的警察表现出更高的离职倾向。这可能是由于工龄较少的警察较年轻，虽然有积极的热情投入工作，但处于职业生涯中的早期阶段，主要是学习如何处理日常工作中出现的问题，比较枯燥，个人成就感得不到满足，所以工龄较短的警察离职倾向较高。

（二）警察离职倾向整体状况的研究

本研究统计结果显示，警察离职倾向为3.183，离职倾向整体偏低，其中间值为5。这说明警察的离职倾向较低，不愿意离职。研究结果产生的原因可以从当前中国职业结构和社会发展来看，警察是通过国家正规公务员考试严格筛选的工作人员，国家对公务员重视程度逐渐增加，工资待遇不断上涨，住房问题逐渐解决。警察虽然承受着巨大的职业压力，但公务员毕竟是份稳定、不错的职业，稳定的满足可以很好地弥补他们对工作的不满，从而并不会表现出太高的离职倾向。从中国人的国民性格而言，中国人习惯于“既来之，则安之”，警察即使面对单一的工作和较高的工作压力表现出工作倦怠，也会隐藏自己的真实情绪，通过某种方式找到心里平衡，很少有人会直接作出离职的选择。

（三）警察离职因素与离职倾向的相关分析

1. 工作压力对离职倾向的影响

研究结果表明，466名警察总体工作压力处于较高水平。我国警察的压力在工作量及分配时间的维度上比较高，与目前大多数公安机关警力短缺、工作量大、工作负荷过重以及非警务工作太多有关，琐碎的事情占据了大多数的时间。即便工作量很大、很辛苦，但仍难达到社会民众的满意度，势必造成了警察更大的工作压力。警察专业及工作方面的维度主要表现在警察工作的性质单调、重复性高，且危险系数大，警察可以继续深造的机会太少。

经多元线性逐步回归分析，社会影响因素对离职倾向有显著的预测作用。社会认可是影响警察离职的主要因素。目前，人们法律意识的逐渐增强，社会治安状况的日益复杂，警察承担的角色越来越多，导致其身心疲惫，工作效率下降，工作压力也随之产生。经 Pearson 相关分析，结果表明工作压力与离职倾向呈正相关，即工作压力越大离职倾向越高，主要表现在工作量及时间分配、警察专业及工作方面、工作环境、社会人际关系方面的压力。

2. 职业倦怠对离职倾向的影响

本研究结果表明，职业倦怠处于较高水平，主要表现在去个性化得分最高，情绪耗竭较高，两个维度得分越高职业倦怠感越强。情绪耗竭是代表倦怠的个人应激维度，是工作倦怠的核心成分，表现为个人的情感资源与生理资源被耗尽，感到情感处于极度疲劳状态。去个性化代表倦怠的人际情境维度，表现为警察以消极、冷漠或极度疏远的态度对待工作等。职业效能代表工作倦怠的自我评价维度，表现为个体感觉自己对工作不胜任，工作无价值、无意义，缺乏个人成就感以致职业动机和热情下降，导致离职以及应付能力降低等，使警察表现为对工作对象冷漠、工作成就感降低以及消极地评价自己。

本研究结果表明，工作压力与职业倦怠呈正相关，工作压力越大职业倦怠感越强。因为警察的工作压力大、工作任务重、社会认同感低，长期的加班和紧张工作使警察普遍处于一个极度疲劳的状态。过多的非警务活动使警察经常处于一种紧张状态，继而持续处于身心疲惫的状态。

（四）离职倾向因素间的相关性分析

1. 危险系数与收入水平成反比

警察的执法环境恶劣，执法风险高，长期处在危险境况中，过度的心理应激将大大超出人体承受力的内外刺激而作用于人体，给人体造成强烈紧张感和极大的压力体验，容易引发焦虑、狂躁、易怒等不良情绪，极不利于正常的家庭生活。因此，尽管很多危险职业具有高薪的诱惑，而终生从事高危职业的人却很少，大多是工作几年后就转行从事更为安全或具有弹性工作时间的职业。

警察作为全球十大危险职业之一，伤亡原因包括：意外事故死亡、暴力袭击伤亡、积劳成疾而殉职、抢险救灾牺牲等。由于警察职业的特殊性，警察的因公伤亡是不可避免的。1949 年到 1980 年，在 30 多年的时间里，我国警察因公伤亡的人数一直维持在很低的水平。但是，改革开放后的 20 多年，警察因公伤亡的人数却呈逐年上升的趋势。与其他高危职业如赛车手、股市操盘手、飞机试飞员、渔业人员相比，其他职业虽然也带有明显的危险性，但是人们被其身后带来的巨大利益驱使，而在我国，像警察、扫雷员、消防员等高危职业则来自于政府职能部门，其作为政府服务性单位而非营利组织，待遇保障要差很多，从而造成了高危低薪的现象。

2. 工作时间的不规律性进一步加大工作压力

随着国家民主法治建设的快速发展，人民群众的法治意识不断增强，公安机关的执法环境发生了很大变化：其一，近年来国际国内形势发生了广泛而深刻的变化，影响国家安全和社会稳定的不确定因素明显增多，大多数社会矛盾和问题因而进入到公安工作领域。[①] 其二，整个社会对公安工作提出了更高的要求，对警察的职业角色也有了更高的期望。如主管治安刑事案件的警察，24小时待命的110民警、消防警察，国内重大政治事件的安保警察，重要节日的公共场所治安警察，负责交通枢纽畅通的交通警察，在重大自然灾害来临时安抚群众、运输救灾物资的警察，等等，无一不是为了国家和人民的人身财产安全在24小时待命，这就决定了警察工作时间的不规律性，工作时间的不规律导致日常生活的不规律，长时间不规律的生活使得心里承受着巨大的精神压力，而工作时间的不规律性也说明了工作的不可预见性，这种不可预见性自然而然地使人容易产生对未知事物的压力感。

同时，随着改革开放，追求物质利益在生活中的价值主导趋势越来越明显，使警察的从业动机由追求职业的荣誉感、神秘感和自豪感转化为追求现实的稳定收入、较好福利等功利价值倾向。以往的“忘我利他、舍小家为大家”的价值趋向已经不是社会价值观的全部内容，兼顾多方利益的多元价值选择逐步为公众所认可，而警察职业所要求的无私奉献精神在遭遇多种价值观时也易于使个体感到困惑与不解，从而产生未知的压力。

警察是工作压力密集型的特殊群体，是个耗精力和心力的职业，公安工作任务重、责任大、要求高，具有紧急性、突发性，这就要求警察必须经常处于高度应激状态，随时准备应对突发状况。

结合职业的高危低薪特点，从事警察职业本身就增大了工作压力。家庭是一个人不可分割的一部分，警察也不例外，由于警察职业的特殊性，工作时间越长，陪伴家人的时间就会越短，有时还会引起家人的抱怨。这些不满会逐渐增加警察的生活压力和心理压力，也会对他们的执法过程造成一定的影响。

3. 职业重负影响身心健康，造成伤亡率上升

调查显示，人的身心健康与乐观、社会支持和压力有关。越乐观的人，社会支持越好，身心越健康，而压力越大身心越趋于不健康。机体长期处于某种环境压力下，如家庭拥挤，处于困境和争吵中等都可以增加社会压力，影响心理健康。心理压力变化不利于健康。压力可以使人感受积极状态的能力受到损害从而导致消极状态，这种损害是影响健康的危险因素。在压力反应指标中，以主观幸福感作为指标。主观幸福感作为个体依据自己定的标准对自己生活质量的总体评价，是反映某一社会中个体生活质量的一个重要的心理参数，包括

---

① 陈子光:《影响知识分子工作动机和工作满意度的主要因素》，载《应用心理学》1990年第5期。

正性情感、负性情感和生活满意感三个维度，与社会支持、生活事件、经济收入相关，可以直接影响人们是否能继续从事一项职业。警察的职业压力既是影响警察健康的重要因素，又是影响其工作绩效的重要变量，它既会成为警察工作的动力，又会成为警察工作的阻力。

六、研究中的不足与展望

由于警察是一个特殊群体，工作环境复杂、工作性质单调、工作时间超长以及工作内容繁杂和特殊，导致警察所承受的心理压力远远高于一般人。针对本研究的成果，积极开发、提升警察的心理资本，有助于提高积极的情绪和情感，有助于缓解警察的工作倦怠感，有助于弱化离职倾向，提高警察的工作效能。

本研究也同时存在一定的不足，致使数据的得出存在不尽学科和精准的问题。

首先是取样问题。在本研究中，由于男警较多，被调查对象样本分布不是很均匀，我们无法使人口学统计变量均呈现正态分布，所以这就导致在某些人口学统计变量上的被调查数据呈偏态分布，这在一定程度上影响了研究结果。

其次，对警察工作压力、工作倦怠与离职倾向的相关研究，由于时间仓促，人力、精力等因素受到限制，本研究采用的是静态资料，进行的是横向研究，没能从长期动态考察，也没有进行纵向的比较研究，所以具有一定的局限性。

最后，对于本研究的调查结果没能进行干预和再次评价。本研究成果期盼可以将理论运用到实际中，真正对警察离职倾向的预测评估起到帮助作用，提高警察的工作满意度，缓解工作倦怠感，弱化离职倾向。

专题十六

国家治理能力现代化视野下公安机关履职能力的提升

王柏杨*

党的十八届三中全会把“完善和发展中国特色社会主义制度，推进国家治理体系和治理能力现代化”作为全面深化改革的总目标。高水平的公共安全秩序对整个国家治理现代化起着基础性和保障性的作用，对予公安机关进行改革创新、提升公共安全治理能力具有重要的指导意义。

一、国家治理能力现代化的要义

（一）时代背景分析

社会公共事务的复杂化、专业化、系统化与政府职能的有限性之间的矛盾日益尖锐，国家治理面临市场失效和管理能力不足的两难境地。有鉴于此，“治理”逐渐成为一种颇具解释力的理论分析框架。

1．国际视角

（1）全球化催生政府治理变迁。全球化给各国既提供了变革、发展的机会，也带来了全方位的冲击，尤其给传统政府管理模式带来了挑战。在全球化背景下，政府的理念要作出调整，以适应时代要求；政府的管理职能要进行改革，由“运动员”角色转为“裁判员”；政府要从内部和外部进行“授权”，一方面增加行政系统内部的活力，另一方面必须接受来自外部的监督。总体来看，全球化造成国家的权威衰减，销蚀着国家与政府的主导作用，传统的政府管理模式已不能完全适应全球化的大背景，催生政府与诸多非政府主体对社会事务的协同治理。

（2）新公共管理运动的经验借鉴。20 世纪 70 年代末和 80 年代初，英国

---

* 王柏杨，中国人民公安大学 2014 级博士研究生。

撒切尔内阁和美国里根政府对公共部门组织和管理进行了彻底改革，而后这场行政改革浪潮席卷欧美主要发达国家及其他国家，被称为“新公共管理运动”。这场改革围绕综合运用市场机制和科层制体系来高效提供公共产品和服务而进行，主张主要包括政府以“顾客”需求为导向、政府职能是“掌舵”而不是“划桨”、打造企业型政府、政府公共管理中引入竞争机制、强化政府绩效评估，等等。新公共管理运动对政府的角色进行了重新定位，认为公共事务不应由政府一家管理，应由非政府组织、个人等进行共同管理，多中心治理、治理变革、协同治理才是出路。

2. 国内环境

（1）现有治理能力凸显不足。当下，我国正从传统社会向现代社会、从农业社会向工业社会和信息社会、从封闭社会向开放性社会进行变迁和发展，呈现出社会利益与价值多元、社会结构与规范快速变迁、社会矛盾与冲突不断凸显等景象，传统的政府管理模式及治理能力已不相适应，政府治理理念、政府治理主体、政府管理职能、政府权力运行等诸多方面均应作出调整和改革。碎片化、短期行为，政出多门以及部门主义和地方主义，正日益削弱治理能力。事实上，当代中国政治生活已经在一定程度上产生了某种治理性转向，如政治主体凸显公共的特性，政治理念的公共价值取向，政治权力有了一定的“公意”内涵等，因此应推动这种转向往纵深处发展。

（2）民众参与意识日渐苏醒。长久以来，政府作为管理社会的唯一主体，借由各种公共机构行使管控的权能，并与民众形成自上而下的“管理者—被管理者”的控制关系。社会转型逐渐唤醒并增强了人们权利、平等意识和自由、法治观念，民主政治的发展催生并推进了民众的参与活动，民众积极要求充分地了解、平等地参与政治管理和社会事务中。政府由管理管制走向协同治理，将适合社会自治的部分放给非政府组织和个人，使民众能够直接参与社会治理，这不仅满足了民众的知情权、监督权、表达权和参与权等方面的需要和愿望，更为深层的意义还在于其可以化解政府与民众之间，尤其是干群之间的矛盾和误解。

（二）治理理论界说

从“管理”走向“治理”仅一字之差，却彰显了完全不同的治国理政理念与方向。因此，有必要对作为国家治理现代化理论支撑的“治理理论”进行分析。

1. 概念厘清

治理是作为一种指称政治活动或政治行为意义的词语，在中国古典文献中有良治善政之意涵。治理的英文 Governance 源于古拉丁文和古希腊语中的

“掌舵”一词，并长期与统治（Government）交叉使用。

20世纪90年代，在世界银行和全球治理委员会等国际机构的倡导下，“治理”的含义发生了演进，逐渐成为社会科学领域的时髦概念和分析框架。关于“治理”（Governance）的概念，1995年全球治理委员会给出的定义最具代表性和权威性：治理是各种公共的和私人的个人和机构管理其共同事务的诸多方式的总和，它是使相互冲突的或不同的利益得以调和并采取联合行动的持续过程。① 治理的理论和实践已波及社会和政治生活的方方面面，其语义范围远超出了传统意义，成为一种被赋予现代化色彩的理念性词汇。

2. 特点分析

治理理论不同于传统的“统治”和“管理”理念，通过对比统治与治理的不同，可以加深对治理特点的认识。治理与统治至少有两方面不同：一是两者的主体不同，统治的主体只能是政府机构，而治理的主体不限于此；二是两者的权力运行逻辑不同，统治是自上而下的发号施令，而治理是上下互动的协作。此外，俞可平教授还指出两者的权威性质不同、权威来源不同以及两者的作用所及的范围不同。②

治理是一种政府、社会组织和个人等多种主体合作与互动的过程。主张用治理代替统治，反映出西方学者认识到单纯政府或市场是无法实现资源的最优配置，陷入了“市场失灵”与“政府失灵”的两难境地，因此西方国家行政改革的共识之一是“多一些治理，少一些统治”。

3. 善治目标

治理作为一种工具，也不是万能的，它也有很多局限性。统治与治理都有各自的终极目标，统治追求善政，治理追求善治。

治理概念迄今在学界尚未达成共识，可想而知，作为治理理想形态的善治也必定是个广受争议的概念。俞可平教授将良好治理状态称之为“善治”（Good Governance），并总结出善治具有合法性、透明性、责任性、法治、回应、有效、公民参与、稳定、公正、廉洁等特征。③ 就如何处理国家与社会关系，善治理论不断演进，并形成了三代理论：以“政府治理”为核心的善治理论1.0版，以“社会治理”为核心的善治理论2.0版，以“公共治理”或

---

① 陈振明主编：《政策科学：公共政策分析导论》，中国人民大学出版社2003年版。

② 俞可平著：《论国家治理现代化》，社会科学文献出版社2014年版。

③ 俞可平著：《敬畏民意——中国的民主治理与政治改革》，中央编译出版社2012年版。

“协同治理”为核心的善治理论3.0版（见表1）。①

表1 善治的三代理论

	善治理论1.0版	善治理论2.0版	善治理论3.0版
价值理念	国家中心主义	社会中心主义	协同主义
核心理论	政府治理	社会治理	协同治理
管理主体	政府	社会组织、公民个人	政府与社会合作
追求目标	公共事务国家管理	公共事务社会管理	公共事务公共管理

治理和善治理论的实质是解释国家权力如何回归社会，如何实现还政于民、民生政府、法治政府与民主政治，因此它构成了国家治理现代化的理论基础之一。

（三）基本要义诠释

1. 国家治理现代化

国家治理（State Governance）可以理解为通过国家与地方的分权、国家与市场的分权以及国家与社会的分权，实现政府组织、市场和市民社会以协商合作的方式共同对社会实施控制与管理的过程。② 国家治理是一个开放性和系统性的概念，可以从多角度分析。横向上，国家治理分为经济、政治、社会、文化和生态等方面的治理；纵向上，国家治理可以分为基层社会的、地方的和全国性的治理等。

所谓现代化，是指通过科技革命所带来的力量爆发，由此使得人类活动领域不断扩张的趋势以及这种趋势使人类社会内部在结构与文化等方面持续分化与变动的历史过程。③ 国家治理是在扬弃国家统治和国家管理基础上形成的，需要不断演进以达到现代化目标。然而，就“国家治理现代化”的界定，学术界众说纷纭，见仁见智，尚无定论。笔者认为国家治理现代化可以理解为政治上的民主化、经济上的市场化和文化上的多元化，在国家建设的各个领域实现制度化、科学化、规范化、程序化，最终达到现代化。

1964年周恩来在《政府工作报告》中提出“四个现代化”，而国家治理

① 人民论坛编：《大国治理：国家治理体系和治理能力现代化》，中国经济出版社2014年版。

② 刘世军、刘建军：《大国的复兴：国家治理体系与治理能力现代化》，上海人民出版社2014年版。

③ ［美］C. E. 布莱克著：《现代化的动力》，段小光译，四川人民出版社1988年版。

现代化作为“第五个现代化”则更强调了非物质层面的制度、体制和机制的现代化，注重制度持续完善和长久发展。

2. 国家治理能力现代化的要义

国家治理体系与国家治理能力是一个有机整体，具有内在统一性。国家治理体系是在党领导下管理国家的经济、政治、文化、社会、生态文明和党的建设等各领域体制机制、法律法规安排所构成的制度体系，是一整套紧密相连、相互协调的国家制度。国家治理能力则是运用国家制度管理社会各方面事务的能力，包括改革发展稳定、内政外交国防、治党治国治军等各个方面。①

国家治理能力现代化涉及三个基本问题：治理主体、治理机制和治理评估。具体而言，治理主体至少有四个，即中国共产党、人民政府、社会组织以及人民群众；治理机制为运用法律、行政、经济、道德、教育、协商等在内的“多中心”、“网络化”、“协同化”的多重手段和方式；治理评估至少有五个标准：公共权力运行的制度化和规范化、民主化、法治、效率和协调。②

总体考察，现代化的国家治理能力应包括集合全民意志的目标凝聚能力、推进全面进步的领导发展能力、确立善治格局的制度创新能力、保障公平正义的社会平衡能力、回应公众需求的公共服务能力以及有效化解危机的应急处置能力，其要义在于实现政府对社会单向度的管控向协同共治、合作治理转变，达到国家治理效能或效率长足提升的目标。

二、公安机关履职能力现状分析

公安机关作为推进公共安全治理能力现代化的重要力量，面对经济转型发展、社会结构调整和治安形势不断变化的新情况，已凸显出诸多能力不足之处。

（一）尚未达到国家治理现代化的新要求

结合前文所述评估国家治理水平的标准，国家治理体系的构建与优化和治理能力现代化的基本目标是增强政府的治理能力和自主性，提升社会自治能力，提高公民参与公共事务管理的能力，维护社会秩序。其中有效维护国家安全，确保社会安定有序、长期稳定繁荣发展，实现人民安居乐业是一个重要标志。当前，维护社会公共安全的职责大部分由公安机关承担。警务是维护社会

---

① 习近平：《切实把思想统一到党的十八届三中全会精神上来》，载《人民日报》2014年1月1日。

② 俞可平：《衡量国家治理体系现代化的基本标准》，载《南京日报》2013年12月10日。

治安秩序的一系列制度、机制、程序和方法，警务现代化是国家治理现代化的重要表征。这从全局性的战略高度重新定义了公安工作，对公安机关提出了新的要求，标志着公安工作进入一个新的发展阶段。

随着利益格局发生变化、利益关系重新调整，利益冲突不断产生，出现了各种社会风险和公共安全问题，我国社会生活不断涌现的新的不安全因素已打破了原有的公共安全格局，这一形势为解决和应对上述问题提出了新的更高的要求。然而，公安机关以往化解社会矛盾的体制机制不尽完善，很多处理突发事件的方式方法不够妥当，亟须改革创新，树立系统思维和整合思维，以回应国家治理能力现代化的新要求。

（二）应对国际安全威胁挑战的准备不足

国际层面，我国国家安全、社会安全面临着双重威胁：既面临如军事压力、政治颠覆的传统安全因素威胁，也面临着如金融危机、环境污染、资源短缺、国际恐怖主义等具有“非军事”、“跨国共治”等特征的非传统安全威胁。这两种安全威胁相互交织、相互影响、相互转化，构成了交织型安全威胁，成为了具有全新特点的安全挑战。这大大扩展了安全的内涵与外延，安全延伸到政治、经济、文化、社会、环境等各个领域。由于欠缺对安全威胁新特点的详尽分析，对安全局势整体把握不足，公安机关维护安全的效能受到制约。长期以来，警务工作的着力点分散于应对传统安全威胁及纷繁复杂的非传统安全威胁，未能形成打击合力，且对于新出现的交织型安全威胁措手不及。同时，遭受安全威胁的主体呈现多元化，国家并不是唯一的国际行为体，也不是安全的唯一主体。警务工作在关注国家宏观安全的同时，还必须关注个体安全、群体安全、国内社会安全、国际社会安全、人类安全等，公安机关将面临保障多元主体安全的巨大压力。

（三）处置国内社会公共安全突发事件的整体防控能力不高

回望国内，当前社会治安防控水平和治安治理能力存在缺陷，公共安全治理陷入困境。在西方敌对势力“西化”、“分化”战略的支持下形成的包含民族分裂势力、宗教极端势力、暴力恐怖势力在内的“三股势力”政治化、联合化、暴力化的趋势愈加明显，社会安全局势紧张。目前，国内有组织的恐怖袭击事件已经突破了新疆、西藏等边疆地区，正蔓延至人群密集的内地大中型城市，造成的伤亡损失后果严重。另外，我国正处于发展关键期、改革攻坚期、矛盾凸显期，利益冲突多发，刑事案件案发数量居高不下，且暴力犯罪活动呈上升势头，严重暴力案件占相当比重。由于人民内部矛盾累积，社会公共安全突发事件以及群体性事件暴增，其利益诉求的表达日趋偏激和非理性化。传统警务理念、防控能力以及执法手段已不能完全应对新的安全需求，公安机关通过改革与创新提升处置公共安全突发事件的整体防控能力势在必行。

(四) 公安管理体制机制性束缚尚待破解

当前，公安机关管理体制、运行机制、队伍建设等均有一定程度的不适应问题，综合警务效能不高。

(1) 内部管理制度混乱。一是公安系统层次过多，警令不畅，不利于公安部统一管理与指挥，造成政策的执行效率低下，难以落到实处；二是职责同构，部门林立，公安机关内部机构设置长期实行的是上下级相对应的制度，即所谓的“上下一样粗”的职责同构现象，导致了机构臃肿与雷同；三是警力不足，负担过重，大机关、小基层的“倒金字塔”状况导致基层民警不堪重负。

(2) 外部执法环境恶劣。一是条块矛盾突出，公安系统作为“条”的权力过弱，地方作为“块”的影响力过强，警令受阻于地方党政的政令，制约公安机关快速反应与整体作战能力；二是非警务活动繁多；三是警务保障不力，严重影响和制约了公安工作正常开展。

(五)“先试先行”的公安改革创新缺乏理性梳理

“摸着石头过河”和“由点到面”的改革推进方式是我国改革开放的基本经验。我国常采取“试点”的方法，将成功的地方经验吸收到中央制定的政策中并推广至全国。

考察新中国成立后的警务演进史，大致可将其划分为专政型警务阶段、合法型警务阶段、专业型警务阶段和服务型警务阶段，形成多种理念和多种警务模式并存交织的局面。[①] 近年来，全国公安系统分别于2008年开展以公安信息化建设、执法规范化建设、构建和谐警民关系为内容的“三项建设”，于2009年开展以化解社会矛盾、创新社会管理、公正廉洁执法为内容的“三项重点工作”，于2014年推进以基础信息化、警务实战化、执法规范化、队伍正规化为内容的“四项建设”，对刑侦、派出所、巡警、治安行政管理、社区警务及队伍管理机制等进行了突破，改革创新的步伐日趋加快。不仅如此，各地公安机关不断推陈出新，涌现出一大批改革创新的案例。

理性分析，无论是公安部主导的全国性改革方案，还是地方公安机关主动进行的警务创新，大部分注重的是解决当时当地的实际问题，而缺少对经验教训的理性总结。因此，亟须对近年来公安机关的改革创新归纳升华，在范围上突破以往仅围绕警察职业化、专业化、现代化的局限，在内容上突破以往改革

① 许韬著：《治道变革与公众参与：转型时期中国警务革新的法学审视》，中国政法大学出版社2012年版。

仅仅为了满足打击犯罪、维护社会治安秩序的需要，将公安改革创新置于国家治理与社会治理改革的宏大背景下，实现由偏重打防管控到公共安全治理的转向，实现公安机关的历史性转变与跨越。

三、国家治理能力现代化引导下的公安机关履职能力提升路径选择

面对国家治理能力现代化的新要求以及安全新局势，公安机关要突破机制体制障碍，不断提升警务效能。本部分对各地公安机关进行的各有侧重、特色鲜明的改革实践进行梳理总结，试图为公安改革提供路径选择的参照，为公安机关治理现代化提供有益借鉴（见表2）。

表2　公安机关提升（公共安全治理）能力的路径总结

	典型案例	基本内涵	主要做法	成效分析
理念创新式	江苏苏州：创意警务；山东枣庄：主动警务；山东高青：六小警务	理念先行，革新警务理念，为公安工作发展注入动力	将创意警务、主动警务、危机警务、情报主导警务等理念应用于公安工作	民警的积极性、主动性、绩效水平得到提高，智力资源转化为现实战斗力
结构变革式	吉林辽源、黑龙江大庆：压缩组织层级；上海、重庆、江苏、福建福州：警种整合	对公安系统内部组织结构进行再设计	纵向结构上，缩减公安组织层次，进行扁平化改革；横向结构上，整合警种，多警合一	在不增加人力物力的条件下，基本通过结构变革提高公安工作效率和效益
流程再造式	北京：立案公开；江苏南京：警务信息综合应用平台	对公安工作的基本流程进行小范围的方式方法创新	开发新型办公平台，利用信息科技、网络技术等	公安工作流程更加顺畅，警务综合效能得以提升
队伍建设式	江苏无锡：公安铁军；江苏南通：民警职业生涯规划工程	以队伍建设促公安工作发展	改革公安队伍的入口、出口、考评、奖惩等环节	激发民警工作热情，增强队伍凝聚力、战斗力

续表

	典型案例	基本内涵	主要做法	成效分析
便民亲民式	广东肇庆："平安肇庆"；北京："平安北京"；福建厦门：厦门警方新媒体矩阵	创新为民服务的工作方式，推行民生警务、"微警务"	开通公安微博、公安微信等方便警民联系的即时通信平台	便于倾听民意、警民互动、为民办事、信息发布，警民鱼水情深
公众参与式	浙江湖州：警务广场	引导公众参与警务活动，实现公共安全的警民协同治理	对外宣传警务工作，采纳公众意见建议，为公众参与公安工作提供平台	警民关系日渐融洽，公共安全治理水平不断提高

（一）理念创新式

理念是行动的先导。在警务改革创新的大潮中，涌现出诸多警务新理念，对于公安工作发展具有巨大驱动力。

1. 苏州市公安局：创意警务

创意警务是一种新型的警务理念，例如，大连警务工作的一道风景线是女子骑警队，浙江省台州市公安局每月 6 日的警民恳谈活动是警务公关的成功案例，这些都是创意警务的典型事例。而苏州市公安局始于 2008 年的创意警务实践活动具有系统性、体系性、典型性，较好地体现出创意警务的内涵。

在具体警务实践中，苏州市公安局着眼于警务的内涵式发展和警力无增长改善，将创意产业的理论与警务原理相结合，更新传统警务观念，搭建创意警务平台，改革警务体制与勤务机制，优化警务资源，积极组织推进创意警务实践。例如，苏州市公安局向民警开通"创意警务之窗"，为民警发布自己的创意提供平台，鼓励广大民警开动脑筋想点子解决实际工作难题；又如，在新形势下对传统巡防机制进行反思，进行大巡防机制的配套改革，进一步确保派出所巡防常态运作；再如，在安全防范服务中，研发的电信诈骗防范软件，开通银行"网上金融警务室"防诈骗，构建虚拟社会防控预警平台等。从本质上分析，创意警务要求的是警务革新，充分发挥公安民警的智慧，改进工作方法，通过集思广益破解现实难题。

2. 枣庄市公安局：主动警务

自 2005 年，山东省枣庄市公安局着力推进主动警务，树立公民直接参与和全民皆警的新型警务工作观，主要做法包括：（1）大信息格局建设，物色社会信息员并由民警负责联系；（2）基层基础建设，实行"民警包村、保安驻村”、“治安双保”，即保险到户、保安驻村；(3) 千分制考核，把全年的任务量化成分值层层分解直至每一个民警，奖优罚劣，形成有效的激励约束机制。

主动警务理念变以往“接警—出警—处置案件”的被动模式为“情报—宣传—合作—预防犯罪”的主动模式，强调以人为本、专群结合、警民互动，充分挖掘社会资源维护公共安全。同时，主动警务理念在警务机制上体现为警力下沉、警务前移。例如，枣庄市公安局将警力下沉到派出所、警务室，派驻民警进社区，并加强对重点时段、路段和区域的巡逻控制，掌握社会治安的主动权。另外，枣庄市公安局注重制度建设，激发了民警的工作热情，为理念创新提供坚实的制度后盾。

（二）结构变革式

公安结构是公安组织结构的简称，公安结构有纵向结构和横向结构之分。纵向结构即公安体制，现行公安体制集中表述为“统一领导，分级管理，条块结合，以块为主”，其中“条”是指公安系统的五级架构，而“块”则是指县以上地方各级党委、政府对公安机关的领导关系。横向结构即部门、警种的结构。

1. 纵向结构变革

以“分部—分级、集权—统一、命令—服从”等为特征的科层制组织结构是现代社会组织的通用模式，这实现了组织的理性化管理。但随着公安机关组织规模的扩大和控制要求的增强，逐步形成了管理幅度较小而管理层次较多的高、尖、细的锥形组织结构形态，造成人员冗余、响应迟缓、效能低下等诸多弊端。纵向结构变革的要旨在于组织机构层级的缩减，在警力无增长改善论的指导下，通过压缩组织层级实现组织结构形态扁平化，通过警力下沉增加一线警力。

近年来，各地公安机关在公安体制方面进行了若干改革尝试，集中指向组织结构层次的缩减。例如，吉林省辽源市公安局撤销了市区2个分局和19个派出所，成立若干个警察署，警察署直接隶属于市公安局。

2005年以来，黑龙江省大庆市公安局开展以“扁平化”管理为主要模式的警务改革，产生了持久广泛的影响。大庆市局根据警务实际，撤销派出所层级，合并市区公安分局和派出所，新组成20个公安分局（含公交、油田两个专业化分局），行使县级公安机关和派出所的职权，变原来的“市公安局—公安分局—派出所”为“市公安局—公安分局”两级。新分局打破了传统行政区划中一区一个分局的限制，合理分配各公安分局的编制，科学配置警力资源，实现了机构管理的扁平化。大庆公安改革效果显著，通过组织层级结构的调整实现了警力下沉，降低了警务运行成本，也增强了警察的组织服务能力。

2. 横向结构变革

过于重视警种的专业化分工将系统化的警务工作人为地割裂开来，组织整体效率受到影响，出现分工过细、警种过多、部门林立的问题。在此意义上，警种的重新整合应是当前公安横向结构变革的重点。

例如，江苏、重庆等地进行交警、巡警合并，福州市公安机关将交警、巡警的路面勤务职能和警力整合到派出所，形成派出所“三队一室”的组织架构。上海市公安局“三警合一”的探索别具特色，将交通警察、巡逻警察、治安警察进行统一调配，以动态的巡逻、巡防勤务为基本载体，以信息工作为核心内容，使人口、治安、交通管理、情报收集、路面巡逻、打击破案、服务群众等各项职能融为一体，一警多责、一警多能、一警多用；在警力配置上，警力优先充实到基层派出所，并将传统的交通、治安、巡逻民警统一归并到派出所管理，每个社区民警都有自己的责任段，实行警长负责制和所领导跟班作业，实行属地化管理，对社区治安的控制、管理、服务全方位负责。

（三）流程再造式

流程再造式虽然着眼于小范围的警务方式方法的改革，但它是源于实践的具体方法，效果成效同样十分显著，以下仅以北京市公安局推行立案公开为例介绍流程再造式的地方实践。

2010 年 11 月起，北京市公安局以西城分局 28 个派出所为试点推行立案公开，依法主动公开案件主要进展情况，同时公开接受民众对执法办案工作的监督评议，取得了良好的社会效果。在总结前期工作的基础上，北京市公安局 2011 年 7 月 1 日在全局范围内推行立案公开工作，基本建立起立案公开制度。在北京市局实践探索的基础上，2012 年公安部下发了《公安机关执法公开规定》，已于 2013 年 1 月 1 日全面施行。

具体而言，立案公开制度是一系列规范公安机关工作的规则总和，指公安机关各办案单位通过信息化手段，主动将除涉密案件外的刑事、治安案件进展情况、办理民警等信息，向案件的当事人及相关人员公开。北京市公安局的一位负责人曾说：“立案公开事实上是以刑事、治安案件的受理立案为节点，对案件全流程的公开，准确说应是‘推行立案公开，深化警务公开’。”

北京市局利用现有技术研发两个网络系统平台，一个是民警的案（事）件信息管理系统（市局“执法办案平台”），另一个是民众的立案公开查询系统。在具体操作中，执法办案单位办理的案（事）件全部录入市局“执法办案平台”，对符合公开条件的案件进行内外网自动数据交换，群众凭身份证和自设密码通过首都之窗政务网站、电子信息屏、电话等方式查询以下信息：

（1）主办民警的信息，包括姓名、警号、个人联系方式、办案单位名称及办公电话等；（2）案件信息，重点公开办理程序、进展阶段、涉案财物追回情况等法律要求告知的办案环节，行政案件办理情况和结果。

立案公开是警务公开制度的重要组成部分，是在传统警务公开基础上进一步深化的新型公开方式。截至2012年9月，立案公开工作开展1年多，北京市公安局已公开案件19万余件，群众满意度始终保持在90%以上。[①] 民众最大的期待就是执法办案的公正、公开，这些数据反映出立案公开制度转变了民警的工作导向，密切了警民关系。

（四）队伍建设式

坚持政治建警、素质强警、从严治警、科学用警，努力建设一支过硬的公安队伍，这是提升公安治理现代化水平的根本保证。江苏省无锡市公安局在队伍建设上将从严治警与从优待警相结合，打造一支公安铁军队伍，具有典型意义。

一方面，无锡市局坚持从严治警，坚持以制度管人管事，坚定不移地用铁的纪律、铁的手腕、铁的心肠，打造“无锡公安铁军”品牌，积极践行“扬铁军声威，做群众亲人”的无锡警察精神。始终坚持对违法乱纪行为“零容忍”，不折不扣执行公安部的“五条禁令”、“三项纪律”等，并且因地制宜制定出台“四个严禁”规定，严禁民警进入营业性歌舞娱乐场所、酒吧和到洗浴场所包厢消费、娱乐。2008年以来，全局查处民警违法违纪案件160多起，涉案民警达200多人次，开除、辞退违法违纪民警100余人，人数达全省之最。

另一方面，无锡市局注重从优待警，对民警生活上体恤、权益上保障、待遇上善待，制定《无锡市公安局惠警便警工作手册》，对民警继续（学历）教育、身心健康、医疗救助、优抚慰问等都作了详细规定，例如，开通民警危重疾病紧急救治“绿色通道”，建立民警大病特困救助基金，提供民警子女就学协调服务，建设民警生日“五个一”工程等。与此同时，无锡市局还重视辅警队伍建设，辅警由市局统一录用、统一管理、统一考核、统一着装标识，突破现有编制的束缚，缓解了警力的不足。

无锡市局严管厚爱的诸多队伍管理措施跳出了“从严治警一本书、从优待警一句话”的怪圈，真正实现能者上、平者让、庸者下、劣者汰，破解了“能上不能下、能进不能出”的难题，进而激活每个人的潜在动力，实现警务

---

① 孙莹：《立案公开让110投诉同比下降67.05%》，http://news.enorth.com.cn/system/2012/09/15/010008576.shtml，2012-09-15。

效能的提升。

（五）便民亲民式

随着网络信息科技、即时通信技术的广泛应用，各地公安机关探索利用微博、微信等工具能更好地进行警民沟通，回应百姓的诉求，提高为民办事的实效，“微警务”初现端倪。

2010 年，公安微博“平安肇庆”开通，公安微博开始蓬勃发展，并形成了具有“集群化”特点的广东模式、以反馈治安问题为主的北京模式及以基层公安与民警个人为主的厦门模式，极为方便警民沟通，推动公安工作向亲民方向发展。

2012 年，公安微信“平安肇庆”开通，公安微信在全国如雨后春笋般涌现。2014 年 7 月 13 日发布的《中国政务微信发展年度分析报告》显示，全国政务微信的总量为 6000 家左右，其中公安微信数量达 1094 个，与民生关系最为密切。与公安微博相比，公安微信更具“私密性”，成为警民关系的“连心桥”、为民办事的“服务台”、信息发布的“麦克风”、服务实战的“微助手”和警察形象的“展示牌”，是公安机关民生警务的重要抓手。例如，2015 年 3 月 14 日，福建省厦门市公安局向市民开放“厦门警方新媒体矩阵”，这是一款以微信矩阵为载体、整合公安业务办理功能的新型平台，百姓使用微信就可以办理 8 大类 25 项公安业务，如开具无犯罪记录证明、申请落户、办理出入境手续等，节省了群众为办理有关手续往返公安机关的时间。

（六）公众参与式

在公共安全秩序构建中，应努力建设由公安机关主导、各方社会力量广泛参与的新型公共安全治理体系，发挥社会资源的积极作用。在此选取“警务广场”模式分析点评。

2009 年 10 月起，“警务广场”警务战略在浙江省湖州市开始实施。“警务广场”指公安机关依托广场、公园等公众活动场所和互联网，搭建群众参警议警、警务协商、民主监督的平台，建立开放、参与、合作、共赢的民意导向型警务新模式，最大限度地保障人民群众的知情权、参与权、表达权、监督权，推进警务民主化，打造警务共同体，使公安工作充分体现民意、广泛汲取民智、更好保障民安、促进平安和谐。[①]“警务广场”警务战略的主要内容是：（1）开展广场警务活动，建立制度化的广场警务活动日；（2）打造“警务广场”品牌，按照警务广场的精神对已有公安互联网门户网站进行改版，重点

---

① 金伯中：《一场引领警务变革的公安新文化运动——湖州警务变革的文化解读》，载《公安学刊——浙江警察学院学报》2014 年第 5 期。

改进警民互动、网民参与、安全预警等板块；（3）统筹发挥好“大走访”、“警民恳谈”等已有载体的作用，整合成一个警民沟通的大平台；（4）强化民意的研判和回应，开展惠民警务活动，对各种渠道收集到的信息进行整理与分析，组织开展回应民意、维护民权的警务大行动。①

“警务广场”模式的最大特点就是让社会组织和居民一起来参与，为公民参与提供了有效的平台与广阔的载体，将市民与政府、媒体、企业等部门有机地联系起来，对社会问题的及时发现、多元利益的合理协调、各种力量的高效调动发挥了重要作用。湖州公安的改革顺应了政府改革的大趋势，体现了国家和社会治理现代化的大方向，反映了对改革深层次问题的大思考。②

综上，公安机关要紧紧围绕全面深化改革的总目标，按照《关于全面深化公安改革若干重大问题的框架意见》的基本精神着力提升履职能力，大力推进“四项建设”，构建现代警务运行机制，为实现国家治理现代化保驾护航。

参考文献：

[1] 郭德宏：《中国现代社会转型研究述评》，载《安徽史学》2003 年第 1 期。

[2] 罗许成著：《全球化与当代中国马克思主义国家理论的新发展：一种国家治理的视角》，浙江大学出版社 2009 年版。

[3] 肖文涛：《国家治理现代化的时代意蕴》，载《福建日报》2014 年 2 月 17 日。

[4] 朱旭东：《国家治理视角下的中国警务现代化》，载《人民公安报》2014 年 1 月 26 日。

[5] 姜维清著：《交织——国家安全的第三种威胁》，世界知识出版社 2011 年版。

[6] 闫吉文：《枣庄市公安局创新警务机制撑起平安天地》，载《山东法制报》2010 年 2 月 22 日。

[7] 赵炜：《公安机关结构改革论纲》，载《公安研究》2013 年第 5 期。

[8] 曹力伟著：《公安改革全方位探索——大庆市的实践与思考》，中国

① 金伯中主编：《民意导向警务与社会管理创新》，群众出版社 2011 年版。

② 王长江：《湖州公安改革的意义、特点及其深化》，载《公安学刊——浙江警察学院学报》2014 年第 5 期。

人民公安大学出版社2011年版。

[9] 杨帆：《北京实施立案公开后受理市民投诉同比下降52.8%》，载《京华时报》2011年12月20日。

[10] 江苏省无锡市公安局：《以队伍建设为根本 全力打造公安铁军》，载殷建国主编《现代警务研究（第一卷）》，群众出版社2012年版。

[11] 杜昌营、刘东强、张玲玲：《防骗便民25项业务可通过微信办理》，载《人民公安报》2015年3月20日。

专题十七

法治公安背景下的现代警务运行机制

王文菡* 田海龙** 尚 磊***

为全面贯彻党中央关于建设“法治中国”的要求，在全国公安机关深化执法规范化建设推进会上，公安部部长郭声琨提出要打造法治公安、促进公平正义。法治公安建设作为推动公安改革的助力，既是建设平安中国的前提，也是不断改善现代警务运行机制的动力。

一、法治公安要义

（一）法治中国对公安工作提出的要求

法治就是以法律作为治理的根本依据，法治国家就是国家以法律作为治理国家的根本依据，就是从根本上抛弃以人为权力中心的国家治理方式。党的十八届三中全会通过的《中共中央关于全面深化改革若干重大问题的决定》提出，要推进法治中国的建设，由此，法治中国开始成为我们新的奋斗目标。2013 年在北京召开的全国公安厅局长会议上，中央政法委书记孟建柱也强调了要深入学习党中央关于法治中国建设的要求。与此同时，学界关于“法治中国”也开始了一系列探讨，其中就有学者认为：“法治中国是指法治主体在法治信念与法治精神的导引下，以法治思维和法治方式制约法治的客体，实现全体人民平等参与、平等发展的权利，通过提升中国在全球的法治竞争力实现国家发展的根本价值。”① 这就为全面理解“法治中国理念”、深入探讨“法治中国”建设对公安工作的要求提供了参考。

---

* 王文菡，中国人民公安大学 2014 级硕士研究生。
** 田海龙，中国人民公安大学 2014 级硕士研究生。
*** 尚磊，中国人民公安大学 2014 级硕士研究生。

① 汪习根：《论法治中国的科学含义》，载《中国法学》2014 年第 2 期。

从广义空间层次来看，法治中国根据法律约束对象的不同应该包括“法治国家、法治社会与法治政府”。法治国家就是法治化的国家，就是以约束公权力方式实现现代意义上的民主。一切公权力的运行都必须依法运行，公权力的任何违法行为包括对公民和法人合法权益的侵犯，都必须依法承担应有的法律责任。① 法治国家的实现需要国家设立一系列符合要求的权力执行机关，这就对我国的公安工作提出了较高的要求。法治的基础是完备的法律制度。我国已经在2010年形成中国特色法律体系，相关公安机关执法规范制度也已经制定出台，今后法治重点将转向“有法必依、执法必严和违法必究”。这就要求公安机关要根据法律制度明确自身职能定位、规范自身权力行使，严格按照法律规定执行法律的同时切实贯彻“为人民服务”的宗旨，执法过程中进行“角色换位”思考，提高群众对公安工作的满意程度，努力实现民主最大化。法治社会就是法治化的社会，倡导公民法制意识不断增强，以法律作为规范社会行为的根本依据，既要维护社会的稳定，又要使不断出现的社会矛盾得以公平、公正地解决，依靠公民民主自觉意识实现社会的稳定与繁荣。法治社会的实现不仅需要广大群众约束自我行为，同时还要求公安执法者提升自身法制素养、坚持依法办案并贴心为人民服务，在实现社会良性发展的同时增强警察权威。法治政府既是指依照法律规定设立的行政机构，又是指能够严格按照法律规定履行其职责、实现职能目标的政府。政府依法行政主要包括三个方面：第一，政府严格按照法律规制自身权力行使，杜绝权力越界；第二，政府严格按照法律行使权力、保障人权，防止权力侵害；第三，政府行使权力要有事前、事中以及事后监督，防止权力徇私及腐败。公安机关作为政府职能部门之一，应该严格按照法治政府的要求，将“执法为民、公平正义和服务大局”的理念深入贯彻到公安执法者的行动中，完善执法监督。

（二）法治公安含义初探

“法治公安”是公安部根据党的十八大精神确立的改革方向，但是，具体到什么是“法治公安”、怎样实现“法治公安”却仍然没有清楚的界定。根据社会主义法治理念，有学者提出：“各级公安机关和广大民警，只有真正做到了依法治警、执法为民、公平正义、服务大局、党的领导这五个方面，法治公安才算建成，缺一不可。”② 单从理念根据来讲，以社会主义法治理念指导法

① 最高人民法院中国特色社会主义法治理论研究中心编写：《法治中国——学习习近平总书记关于法治的重要论述》，人民法院出版社2014年版。

② 徐明：《论法治公安的基本内涵——用社会主义法治理念构建法治公安》，载《北京警察学院学报》2014年第5期。

治公安界定，是完全符合法治的基本要求的。但是，公安机关作为具有武装特点的治安行政和刑事司法机关，其工作具有很强的政治性及危险性，从这些特点出发并结合目前公安改革的主要内容，笔者认为法治公安应该主要界定于对外行使国家赋予的权力、对内根据法律规定约束自我权限、依法保障警察执法者的权益和贯穿公安执法过程的监督与评估。具体包括以下四个方面：一是公安机关作为政府职能部门之一，依法切实履行职责是法治公安应有之义，这不仅要求立法机关及时立法，更在于公安机关及时补充执法行为规章制度并加强执法规范化建设，公安机关作为执法机关就决定了法治公安也应该是通过执行法律来践行法治。二是公安机关权力具有强制性的特点，因此有必要对公安机关的权限进行约束，但是，权限的约束不能仅仅依靠于法律的否定性规定，更在于公安机关要积极开展执法规范化和队伍正规化建设。开展民警法律教育普及工作，提升公安机关整体素质，调动下级工作积极性，适当下放权力。三是公安机关践行公平正义的法治理念之时，不仅要将行使权力定位于法治之下的公平正义，更在于作为警察职业的从业者，警察自身的权益也该得到保障，因此，法治公安应该在法律范围内对警察权益进行保障。四是由于“绝对权力导致绝对腐败”，对公安机关权力的监督也是法治公安应有之义，这种监督应该贯穿于公安决策、决策执行及方案执行后评价的始终，特别是针对重大决策，执行前的决策评估十分重要，同时，针对公安机关的监督，不能只依靠媒体以及民众等外部监督，更要加快公安机关内部监督体制的建立与完善，努力将不完善方案的不利降至最低。

总之，法治公安就是建设法治化公安执法机关。具体而言，法治公安就是公安执法机关通过自身法治化思维构建，将依法办案、为民服务、警务保障结合，实现以法为据、警民和谐、社会进步的过程。

二、法治公安背景下现代警务运行机制的框架

（一）现代警务运行机制之概述

近年来，随着社会安全形势的不断变化和公众对公共安全要求的发展，警务运行机制亟须变革，建立现代警务运行机制已经成为警务改革的必然趋势。许多警务工作者对现代警务以及其运行机制进行过理论与实践的探索。向池山认为现代警务就其本质而言，是以市场经济和法制社会为基础的、以保障人权或公民权利不受侵犯为核心内容和根本内容的警察制度。秦剑平认为警务机制是指警务运行过程中不同勤务主体的相互关系及其联系，是公安工作总体目标与勤务机制、运行环境系统的耦合，是警务体制外在的作用形式。徐浩、龙文权认为警务运行机制，是指公安机关在机构设置和处理公安工作等方面的规

章、规则和运行方式。具言之，警务运行机制是全新的符合高节奏、高速度运转的现代化社会治安管理需求的公安工作方式。以上定义有其合理之处，但因其并不全面或历时久远，所以需对现代警务运行机制重新定义。

现代警务运行机制是在历次警务改革的基础上发展而来的，因而要探究现代警务运行机制就离不开对警务改革发展历史的考察。从世界警务改革的历史来看，现代警务经历了四个阶段，被称为“四次警务革命”，即警察职业化、警察专业化、警察现代化和社区警务。① 第一次警务革命以 1829 年英国内政大臣罗伯特·比尔所建的英国伦敦大都市警察为标志。罗伯特·比尔制定新警察的 12 条原则，强调以预防为主，重视警民关系，增加服务职能，使其成为新旧警察的分水岭，被誉为第一次警务革命。第二次警务革命发生于 19 世纪末 20 世纪初，其核心是通过专业化摆脱地方政治对警察的控制，使警察成为一支独立的、高效率的文职队伍。其主要措施是加强培训，注重工作专业化，引进军事化管理。第三次警务革命以欧美各国警察现代化为标志。20 世纪 30 年代到 70 年代，西方主要资本主义国家逐步完成了警察的现代化，引进与完善车辆巡逻、建立了电子信息系统。与此同时，各国的警力均有巨大的增长；二十世纪六七十年代至今仍在发展演变中的“新警察模式改革”，即社区警务运动被认为是第四次警务革命。以上历次的警务改革总是以当时的经济与社会发展、社会治安形势为背景。例如，第二次警务革命的背景是 19 世纪末 20 世纪初西方国家社会矛盾冲突激烈但是警察组织却效能低下、腐败成风，所以警察必须进行专业化改革。因此现代警务机制的构建是警务机制变迁的一个动态过程，是时代发展在警务运作模式和具体方法上的体现，具有强烈的历史性和时代必然性。据此，结合我国政治经济社会的现状，可以说现代警务运行机制是以现代的政治经济社会制度为基础，以提高公安机关的履职能力和水平为目标，以提高人民群众的安全感和满意度为核心而建立的一系列组织机构、警务制度及警务运作方式的组合。

（二）法治公安对现代警务运行机制的要求

从 1997 年 9 月“依法治国”被第一次写入党的十五大报告，并被确立为党领导人民治理国家的基本方略，到 2014 年 10 月召开的党的十八届四中全会，审议通过了《中共中央关于全面推进依法治国若干重大问题的决定》，提出了全面推进依法治国的总目标——建设中国特色社会主义法治体系，建设社会主义法治国家，依法治国在中国扎实地被推进。作为在公安工作领域对全面推进依法治国总方略的积极响应，2013 年公安部印发《公安机关深化执法规

① 王大伟：《西方警务改革的历史与趋势》，载《人民公安》2001 年第 23 期。

范化建设工作任务和阶段目标》提出建设法治公安的目标；2015 年全国公安厅局长会议上，公安部长郭声琨再次提出要以建设法治公安目标为引领，进一步提升公安机关依法履职能力和队伍作风形象。在建设法治公安的背景下，现代警务运行机制要做到哪些才能满足其要求？首先需要澄清，本文是把现代警务机制看作一个整体进行探讨的，而不再把其分割为具体的警察组织机构、各种警务制度及警务运行方式。

首先，要以保障公民权利不受侵犯为根本，建立人权型警务。公民权面临两方面的威胁：一是私权的侵害，另一个就是公权的侵害。私权的侵害可以通过公权的救济来避免。例如，公安机关通过履行打击犯罪、维护社会治安秩序的使命来保证公民权利不受私权的侵害。但公民权不仅要防范来自私权的侵害，更要防范来自公权的威胁。公安机关是我国人民民主专政的重要工具，作为公权力的代表，与公民的关系最为密切，加之公安机关固有的强制执行力，所以公民权最易遭到警察权的侵害。例如，以呼格吉勒图案为代表的一系列冤假错案，都是因为警察权的滥用而漠视了公民的合法权利造成的。这些冤假错案不仅给人民群众带来极大的伤害，更使公安机关的执法公信力大打折扣，还造成了公民对社会公平正义和司法公正的不信任。因此一些学者提出要创建人权型警察，强调公安民警要树立以人为本的理念，强化保障人权的意识，在执法活动中做到既维护法律的尊严，又体现对当事人的尊重。2015 年 2 月通过的《关于全面深化公安改革若干重大问题的框架意见》提出，完善适应证据裁判规则要求的证据收集工作机制，完善严格实行非法证据排除规则和严禁刑讯逼供、体罚虐待违法犯罪嫌疑人的工作机制，建立健全讯问犯罪嫌疑人录音录像制度和对违法犯罪嫌疑人辩解、申诉、控告认真审查、及时处理机制，完善侦查阶段听取辩护律师意见的工作制度。这体现了我国公安机关越来越重视对公民权尤其是对犯罪嫌疑人权利的保护。对公民权的保障不仅反映了现代警务运行机制的法治化水平，更反映了国家的法治成色。

其次，要以法律为准绳，建立法治型警务。法律的本质是统治阶级意志的反映，同时也是社会成员普遍意志的反映和公民权利的根本性保障。法律对公民和警察机关具有不同的功能作用。对公民来说，法律是一种权利保障，可以使公民权免受非法侵害；对于警察来说，法律起到一种规范作用，可以防止警察权的滥用。法治公安就是以社会主义法治来统领公安工作，公安机关行使权力必须依照法律规定，在法治公安的背景下，现代警务运行机制的设计和实施必须以法律法规为依据和指南，如机构设置、决策机制、执行机制、保障机制、监督机制、考评机制等必须在现有的法律框架下进行。只有这样才能促进警务运行机制的优化，才能确保严格规范公正文明执法，才能提高公安机关的执法水平和执法公信力，才能使人民群众在每一项执法活动、每一起案件办理中感受到社会的公平正义。

最后，要以服务群众为核心，建立服务型警务。警察机关是国家政权的重要组成部分，警察具有阶级专政与社会管理两重性质，因此警务运行机制必然会受到政府行政管理方式的影响。现代意义上的西方公共行政理论的发展大致分为两个时期：一个是1887年至20世纪70年代末公共行政时期，另一个是1980年至今的公共管理时期。公共行政时期又可划分为传统公共行政时期和新公共行政时期。传统公共行政时期奉行行政效率至上的价值观，强调行政管理的执行性。而新公共行政时期则更关心社会公平。新公共管理一般是指20世纪80年代以来在美国、英国、澳大利亚和新西兰出现的关于行政改革的理论和实践。新公共管理认为政府的职能不是“划桨”而是“掌舵”，并积极采用企业的管理方法和经验，引进竞争机制，视公众为政府的顾客，将公众的满意度作为评价政府绩效的主要指标。在此背景下，党的十六届六中全会首次提出要建设服务型政府，强化社会管理和公共服务职能。行政管理方式的转变对警务运行机制提出了新的要求。建设服务型警务将是我国警务改革和现代警务运行机制的现实选择。在现代警务运行机制中，警察的公共服务职能将变得更加重要，这也符合建设服务型政府的要求。同时，实行公众导向，强化警察的平民特性，使警务活动主动迎合公众的基本安全需求，把提供优质的公共安全产品和公众满意度作为绩效评价的基本标准，在警务工作中充分体现人文关怀，就能有效解决“全心全意为人民服务”和社会主义法治理念在公安工作中落实的问题。

在法治公安的背景下，警务机制的运行必须遵循法的精神，以公正、明确、规范和公开的方式开展每一项执法活动，维持安定的社会秩序，保护人民群众的合法利益，从而实现警务工作的依法进行。

三、法治公安背景下现代警务运行机制对策性选择

（一）法治公安背景下现代警务运行机制面临的困境

改革是由问题倒逼而产生的，公安工作正在由以前的法制化向法治化转变，由封闭式转变为开放式，由静态化转变为动态化。公安机关原有的警务运行机制已经不适应当前的社会治安工作，在当前社会新形势下，公安工作已经暴露出诸多问题。

1. 公安管理体制不顺畅

我国现行的公安管理体制为“统一领导，分级管理，条块结合，以块为主”。“条块结合”（双重领导体制）的领导方式势必会导致上级公安机关与地

方政府的权限交叉，责权利的不统一，降低基层公安机关的运行效率，使公安机关权力分散，不利于其协调运作。制约公安机制发展的主要问题在于组织运行机制中的机构设置和职权上下不一，工作运行机制中存在非警务活动、队伍管理机制中进口不严、出口不畅及编制管理上失控、后勤保障机制中经费保障不到位等原因。

2. 公安法律体系不完备

当前公安机关组织机构、队伍建设、法律责任、保障机制、执法监督等方面的法律规定模糊不清，大大影响了执法办案人员的判断能力，致使公安人员处于不利的被动地位，降低了警察的执法办案水平。

3. 公安监督机制不规范

从结构上看，首先从外部监督来讲，公安机关缺乏各级人大的监督，各级人大常委会的立法监督缺乏力度，备案审查制度不健全。从内部监督来讲，公安机关的内部监督不足，公安机关组织建设、队伍建设、监督惩罚等方面制度不规范，无法满足其实际需要。

4. 公安人事管理机制畸形化

（1）规章制度的不健全，公安机关在人事决策上造成严重的主观随意性和用人方面的不正之风，对于警察及辅警的管控得不到有效落实，警察素质低，暴力执法，执法犯法情况时有发生，使公安机关在办案执法过程中对社会产生了不良影响，降低了警察的执法公信力，不利于人民群众安全感、满意度的形成。

（2）公安警力资源人口比重较小，浪费严重，大量警力由于机构设置的交叉重叠，人事管理多头，职责不明，工作步调不一致，难以形成合力。尤其是非警务活动的有增无减（地方党委、政府的调遣和指派牵扯警力），不仅加大了公安机关的业务量，而且造成了警民关系的紧张。导致出现公安机关在维护秩序上，管控失灵；警察逐步形成无限警务，管不胜管；警察职能代行，警力不足等诸多问题。

5. 公安保障机制有待进一步优化

公安民警的工资待遇受地方经济发展水平的限制，有些地方的公安经费得不到落实，装备还很落后，这些情况势必会损坏作为公安民警自身的荣誉感，降低公安民警为人民服务的工作积极性。此外，上级公安机关为了提高地区的治安水平给出硬性指标，不符合当地的实际情况，诱使一些民警作出违法违纪的事情（如利用职务之便增加灰色收入、消极执法、消极腐败），通过不正当行为来满足上级指派的硬性指标，通过灰色收入改变自身的经济水平，这些情况都会不同程度地加剧警民关系的不和谐。

6. 公安警务实战能力难以胜任当今复杂的社会形势

目前，各级公安机关的实战能力较弱。首先，公安机关实战部门实战指挥意识不强。从近年来处置的严重暴力犯罪案件的情况来看，存在着指挥决策能力和应变能力相对较弱，对作战过程的利害得失、警力编程、警力部署、行为程序等诸方面分析判断不够明确等问题，尤其是对危险评估不够，造成民警行动带有很大的盲目性，从而导致很多不必要的损失和伤亡。其次，民警缺乏战斗意识和安全防范意识。在实战过程中，许多参战民警往往是勇敢有余而谋略不足，对安全处置的方法和科学的战术方法理解不足，从而造成战斗的失败和警察因过度使用暴力而承担法律责任。最后，各级公安院校普遍重理论研究，轻实战操作，公安民警在警校中接触大量理论知识，但理论与实践相脱节，不能真正结合在一起，使之在实际工作中往往无所适从。

（二）法治公安背景下现代警务运行机制应对困境的出路

1. 注重基层改革，建立新型派出所警务模式

西安市公安局为了增强群众安全感，提高警务处置效率，建立了警务站，将民警的办公场所转移到街面，进一步推动警力下沉、警务前移，不断提高人民群众的“见警率”。此外，这些警务站为进一步应对突发事件和暴恐案件也将发挥积极作用。据统计，警务站运行后，全市派出所民警总数较之前净增加556人、辅警总数增加871人。警务站的运行，对于警察总数的需求很大，这就需要因地制宜。根据不同地区、不同环境及其地理位置的要求，结构性地提高警察数量以应对当地社会治安状况，打破公安工作惯性思维、建立全新工作机理。

西安市公安局深度调整街面布警格局，建立了141个巡逻网格、20个反恐应急点和环西安边际的53个治安检查站，形成了数百个街面巡逻防控作战单元覆盖全市大街小巷的综合格局。西安市三环路以内的综合派“一室一站三队”（指挥研判室、警务站、社区警务队、治安管理队、责任区刑警队）的结构，使派出所民警由过去的“身兼数职”变为“各司其职”，有效推动了巡特警、社区民警专职化和刑侦队伍的专业化，有效维护了当地治安。

2. 普及法律知识，完善公安法律体系

不以规矩，不能成方圆。法律的权威是维护党和国家社会秩序稳定的关键，法治公安背景下，法律贯穿了警务运行机制的各个方面，合理的机制需要法律的明确规范。警察只有知法懂法才能合理运用国家强制力这把利剑去为民服务，而不侵害人民的合法权益，因此法律成为执法者必须懂得的基本前提。随着时代的发展，法律体系的完善也是公安机关所迫切需要完成的。党的十八大以来，提出了依法治国的战略理念，《中华人民共和国公安法》在当前社会

新形势下迫切需要出台。该法应为指导和规范公安工作、统领公安各个领域法律法规的基本法，对于公安工作的管理体制、组织机构、队伍建设、权利与义务、法律责任、保障机制、执法监督等内容作出明确规定。同时，尽快启动修改1995年制定的《人民警察法》，按照法治中国建设的目标方向，依据宪法精神、法治原则、人权保障原则完善警察职责和警务管理内容，实现全面深化公安改革目标，抓住司法体制改革整体推进部署，切实做好法律的制定与执行。

3. 改进公安决策机制

公安机关的现行领导体制为“集体领导下的首长负责制”，在现实生活中，公安机关个别领导“一人做主，主导大局”的现象时有发生，导致决策质量低下，他们往往仅凭个人经验，独断专行，给公安机关造成不可挽回的损失。要改变公安机关主管领导独断局面，真正做到重大决策征求集体意见；充分发挥“专家组”的专业知识咨询指导作用；运用现有资源建立多渠道、多方面的信息网络，提高公安管理决策的科学性与正确性；建立重大决策终身责任追究制度及责任倒查机制，保障民主集中制原则在公安决策机制中能够切实贯彻下去。

要建立科学民主的决策机制就必须按照满意原则，同时把握综合选定原则、分层决策原则、兼顾需要与可能原则，以决策目标面临的现实环境为条件，使方案设计具有开放性，在方案实施过程中根据反馈情况及时作出修正，追求定性与定量的辩证统一，实现决策的科学民主，最终确保满意方案的有效组织实施。①

4. 完善公安激励机制

激励机制是公安工作的一项重要内容，这对于广大公安民警提高工作绩效，激发自身所肩负的神圣使命感，增强工作积极性、主动性和创造性，具有十分重要的意义。

（1）加强警察物质保障。公安激励机制离不开物质与精神的推动，以物质激励为保障，可以解决公安民警基本的生活需求，但毕竟每个地区的经济水平和治安情况有所不同，在保持各地工资经费应有的差异性基础上，提高公安民警的福利水平，例如，降低民警退休年龄的限制，提高民警养老保险待遇，为民警子女提供便利的上学就业通道，解决广大公安民警的后顾之忧。当前我国通过全面深化公安改革已经逐步提高警察的工资水平，警察待遇“略低于

① 楼志浪：《完善公安决策工作机制提高民主科学决策能力》，载《公安学刊——浙江公安高等专科学校学报》2006年第2期。

军队，高于地方”，这必将大大促进警察的工作积极性。

（2）建立民警精神动力源。现在大多数民警都有一种“制服情结”，希望通过警察这一职业，帮助他人，服务人民，实现自身的人生价值。对于这些同志，我们应加强角色教育，通过宣传警察的先进人物、感人事迹，增强自身的使命感和责任感，对于每一位民警所流下的每一滴汗水，上级领导都要予以重视，要让他们切实感觉到自己的努力没有被忽视，让基层民警有更多的获得感。组织各省市评选期度、年度优秀民警也是其中的一项有力举措，同时在民主集中制的原则下，建立公正合理的警察升迁机制，与警察的工作绩效挂钩，刺激警察工作积极性。

（3）建立运行良好的惩处机制。首先要让民警明确自己的责任与权力，让每一位执法民警甚至辅警学习熟悉相关法律知识，严格在法律的规定下行使自己的权力，避免警察在执法过程中侵害公民的权利。这次公安改革要求在审讯室安装摄像头，意在保护犯罪嫌疑人自身的合法权益，今后公安队伍在执法过程中要知法守法，既要收集嫌疑人的犯罪证据也要收集其没有犯罪的证据，科学合理地作出评判，做到“绝不放过一个坏人，也绝不冤枉一个好人”。

其次明确问题发生的原因，这实际上是对发生问题的定性过程，问题发生的原因有很多，例如，执法人员的疏忽、能力不足、徇私舞弊，再进一步讲又涉及具体的制度机制问题，明确问题发生原因后，寻找问题处理办法。

最后确定惩处办法、惩处对象，惩处方式与强度既不能太硬也不能太软，太硬会降低民警工作积极性，太软又会使惩处形同虚设，失去原有的意义。因此上级领导除了对其进行批评教育以外，将其与年终考评挂钩，使之涉及自身切身利益，增强民警危机意识也可以对民警形成激励作用。

5. 改革公安人事管理机制

公安人事管理机制是公安警务运行机制的重要组成部分，法治公安背景下，要通过立法逐步改变原有的用人管理机制，使公安机关合理配置警力，提高公安机关办事效率。

（1）因人定岗，以岗选人。人是公安机关来实现公安事业管理目标的重要因素，在当今社会下，人的管理仍然是最为重要的管理，要通过选好、管好基层领导来实现管理目标。在选拔公安人才时一定要注重专业素质，切勿出现只招不用，无法发挥专门人才的专长情况。因人定岗，以岗选人，将具有一定工作技能和高度政治责任心的民警提拔到派出所的各个领导岗位上，以及由此形成结构合理的民警队伍是影响警力的重要因素。

（2）加强公安院校教育培训，逐步提升警察素质。加强公安院校对于警察的法律知识教育和政治素质培养，将法律教育列为公安院校的必修课，提高警察的法律意识，增强法治观念。同时增强警察的警务实战技能，加强警校生的体能素质和格斗技能及其应对突发事件的心理素质，满足当今复杂社会新形势的发展要求。

（3）精简公安管理机构，遵循“精简放权，责权统一”的原则。明确公安机关各部门之间的责权利，剪掉不必要的繁琐程序，逐步落实“谁主管，谁负责”的要求，培育完善社会治安防控体系，形成国家政府力量与社区力量，企事业单位的安保力量、公安力量、辅警力量等相结合。今后还要制定相关的法律法规，明确规定私营个体企业在举办大型社会活动时应当承担的社会治安责任，更好地规范相互之间的协作关系，从而大幅度解放警力资源。

（4）在省级以下实行“条块结合，以条为主”的人事管理体制。公安机关在省级以下可以实行“以条为主”的人事管理体制。社会主义市场经济体制要求我们必须建立良好的法治环境，公安机关在省级以下实行“以条为主”的人事管理体制，即民警的升、降、进、出决定权划归上级公安机关。这样做有利于各级公安机关的警令、政令畅通，有利于民警依法办事，克服地方保护主义，维护国家法制的统一和尊严。

四川公安采用五项举措推进人事管理改革，创新编制管理，推动警力向重点工作、重点部门、重点岗位倾斜，加大警务辅助人员使用力度；创新选贤任能用人机制，拓展民警职业发展空间，努力营造争当好干部的良好氛围；创新干部培养教育机制，做好高层次人才引进规划，强化民警轮岗交流力度，鼓励优秀年轻干部到基层、到艰苦岗位去磨炼；创新民警绩效考核机制，推动队伍管理精细化；创新职业保障机制，激发民警工作活力，在进一步扩大表彰奖励面的同时，不断拓展优抚渠道，把关爱民警落到实处，以“万警进万家”活动为载体，联系民警家庭，切实解决民警家庭的实际困难。

鄂尔多斯市东胜区公安分局则首先通过建立定性与定量相结合的评估方法，对干部的现实表现、政绩、缺点及其潜能进行具体分析。创新人事管理办法，只要在该层次、该级别处于首要位置，就要对其工作全面负责，是责、权、利的结合体。从基层选拔聘任干部，对于落聘民警找出路、想办法，力争形成措施健全，出口畅通的良好机制。东胜区公安分局建立、完善了六大机制：考察考核机制、评价识人机制、任用决策机制、优秀年轻干部选拔机制、竞争淘汰机制、监督制约机制等。[①] 这六大机制使东胜区公安分局改变了以前用人管人的不正之风，形成了一套完善的公安机关干部管理机制。

---

① 王子川、田芬：《人事管理制度改革是激活公安队伍的原动力——东胜区公安分局人事制度改革纪实》，载《鄂尔多斯日报》2010 年 6 月 11 日。

6. 完善警察权益保障机制

人民警察代表公安机关行使职权时，其执法活动依法受到保护，正当的执法权益不容侵犯，人民警察依法享有法律赋予我国公民的基本权利。但在现实生活中，人民警察权益受到侵害的现象时有发生，暴力袭警、恶意投诉、身心健康堪忧等问题已经愈演愈烈。2008 年上海市人民检察院公布：2008 年 1 月至 8 月，上海市公安民警及受委托从事公务活动的社保队员在执法中遭受暴力侵害情况突出，造成了 1 人死亡、2 人重伤、16 人轻伤、256 人轻微伤的严重后果。算下来，平均每天就有一名民警、社保队员遭袭负伤。与此同时，上海市检察机关共向法院提起公诉暴力袭警案件 241 件 320 人，涉及罪名主要有妨害公务罪、故意伤害罪和故意杀人罪。2014 年上半年，北京市公安局各级维权部门督促办理侵害民警执法权益案（事）件 260 余起，依法处理侵害民警的违法人员 390 余人。其中，刑事拘留人数占处理人数的 69. 04%，比去年同期上升 10. 86%。这不仅使警察工作的积极性受到打击，还给民警的心理与身体造成极大的压力，而且使国家执法权威受到伤害，因此在强调“从严治警”的同时，我们也应该将完善人民警察自身权益保障体系作为确保公安机关正常履行自身职能的重中之重。

（1）在法治公安背景下，要完善国家对警察权益保障的立法。《人民警察法》规定，以侮辱、设障等方法拒绝或阻碍警察依法执行职务的，给予治安管理处罚；有暴力、威胁行为，构成犯罪的，依法追究刑事责任。我国《刑法》规定，对故意阻碍公安机关依法执行公务，虽未使用暴力、威胁方法，但造成严重后果的，按妨害公务罪论处。这些法律在立法理念上将警察视为普通国家公务人员，没有体现出警察这一职业的特殊性，不利于警察合法权益的保障。立法机关应在《刑法》中考虑单独设立“袭警罪”，两会代表已强烈要求将“袭警罪”入刑。此外法律也应该对“撕扯警服和警衔等标志是否算是侮辱，对推搡和抓挠正在执行公务的人民警察的行为进行如何处理等问题”进行明确规定，减少警察的执法阻力。在《人民警察法》中增加维护人民警察合法权益章节，详细规定对人民警察人格侮辱及人身侵害的相关处罚。作为国家法律、法规执行者，对侵害人民警察合法权益的行为应从重处罚。参考国际上通行的对警察执法遇到威胁时，赋予警察强力自卫权的做法，在《人民警察法》中，明确赋予人民警察更大的自卫权。例如，美国相关法律规定警察在执行公务时，任何与其身体上的接触都视为违法，警察有权在保护自己的前提下，向对方采取行动。唯有对《人民警察法》进行进一步的修改完善，才能为警察创造更加良好的执法环境以应对当今社会复杂的社会形势。

（2）要完善公安局机关内部涉及行政奖惩的救济制度。根据《行政复议法》和《行政诉讼法》的有关规定，公民、法人或其他组织对行政机关工作人员的奖惩、任免等决定、命令不服的，不能提起复议或诉讼，认为这是行政机关在职权范围内，对自己的工作人员给予奖惩的行为，当事人无权向法院起诉，公安机关人民警察因受行政惩戒缺乏应有的救济手段。《公安机关追究领导责任暂行规定》第11条规定，责任人对处分决定不服的，可以向批准处分的机关提出复核。对复核决定不服的可以向批准处分机关的上一级机关提出申诉。上级机关对申诉应当作出复查决定。复查决定应通知申诉人和其所在的公安机关。复查、申诉期间不停止原决定的执行。这种仅通过内部申诉解决纠纷的程序使很多人民警察都有所顾忌，不敢“以下犯上”。公安机关内部行政奖惩救济过程必须予以公开透明化，打破滋生腐败的温床，捍卫政府廉洁形象和公安机关声誉，切实保护广大人民警察的合法权益。除此之外，立法机关也要对相关法律作出具体明确的规定。

（3）加强警察执法规范化，尤其在人民警察使用警械和武器时，弥补相关法律规定模糊的缺陷。《人民警察使用警械和武器条例》制定的目的就是保障人民警察依法履行职责，正确使用警械和武器，及时有效地制止违法犯罪行为，维护公共安全和社会秩序，保护公民的人身安全和合法财产，保护公共财产。现行的《人民警察使用警械和武器条例》规定不明确，没有与实际情况结合。应将《警察查缉战术教程》中的相关内容和《人民警察使用警械和武器条例》之规定进行有机地结合，将人民警察使用武器的前提程序化、明确化，使《人民警察使用警械和武器条例》之规定在各种具体情况下都具有更强的可操作性，让人民警察在使用强制手段时有据可查、有法可依。这样更有利于保护公民、公私财产和人民警察自身的安全，同时也有利于对犯罪行为人合法权益进行保护。

参考文献：

[1] 向池山著：《中国社会主义现代警务机制概论》，中国人民公安大学出版社2010年版。

[2] 秦剑平：《对警务运行机制改革的几点认识》，载《公安研究》2005年第7期。

[3] 徐浩、龙文权：《关于警务运行机制和警力配置的实践与思考》，载《公安研究》2002年第12期。

[4] 徐葳、邢颖：《制度变迁视角下现代警务机制研究综述》，载《湖北警官学院学报》2014年第7期。

［5］向党主编：《中国警务改革战略》，中国人民公安大学出版社2010年版。

［6］梁晓军：《浅谈警务运行机制改革》，载《公安研究》2007年第4期。

［7］夏尧江、王英毅：《浅议警察多元化激励机制的建立和完善》，载《公安学刊——浙江公安高等专科学校学报》2003年第6期。

［8］张光、魏永忠：《公安管理学理论研究综述》，中国人民公安大学出版社2013年版。

专题十八

基于京津冀协同发展框架下打防管控疏的警务合作机制架构研究

魏永忠*

2014 年 2 月 26 日，习近平总书记视察北京并发表重要讲话，标志着京津冀协同发展上升到国家战略谋划层面。2014 年 4 月 23 日，京津冀警航区域合作会在北京召开，三地公安机关在协商一致的情况下签订了《京津冀警务航空合作机制框架协议》，建立了全国首个警航区域合作平台，推进了京津冀一体化警务协作发展。会后，在当地政府支持下，三地警方多警种联合举行了一场陆空协同的反恐演练，收效甚好。2014 年 8 月，“京津冀协同发展领导小组”以及相应办公室公布，2015 年中央正式启动京津冀一体化战略，这是京津冀警务发展的一个历史新起点。2015 年 4 月 30 日，中共中央政治局召开会议，审议通过《京津冀协同发展规划纲要》，京津冀协同发展迎来实质发展期。为贯彻落实《京津冀协同发展规划纲要》，全力服务京津冀协同发展战略，2015 年 9 月 10 日上午京津冀三省市司法行政厅（局）在北京市司法局签署“1 +4”合作协议，这标志着京津冀司法行政机关深化务实合作、服务协同发展拉开新的序幕。2015 年 10 月 23 日，河北省“全省公安队伍正规化建设现场推进会”在廊坊市召开，廊坊警方在警务实战中与京津警方对标，目前在京津冀（廊坊）区域警务合作中已形成反恐防爆、警务协作、情报共享、联勤联动、教育培训五大公安队伍建设机制。

一、与本课题相关的研究成果现状

目前，虽然与本课题相关的研究成果不多，但数量不多的成果却在有些方面作出了积极有益的探索。如戴艳梅、孟立君、陈俊旭在《京津冀协同发展

---

* 魏永忠，中国人民公安大学公安管理学院副院长、教授，学科带头人。

背景下的河北公安边防工作研究》（2014）一文中，分析了京津冀协同发展对边防工作中治安、出入境、人口管理等方面的影响，剖析了当前公安边防工作存在的不足，提出了完善服务模式，加大技术投入，加强部门间协作，加强人口管理，加强辖区治安维护，加强执法规范化建设等一系列措施，为京津冀协同发展服务。杨文杰在《京津冀协同发展背景下影响河北省流动人口经济融合度相关因子的实证分析》（2014）中提到，解决京津冀流动人口的社会保障问题，需要破除户籍制度坚冰，降低户籍性质对流动人口社会福利的影响。重点在于将省政府“关于深化户籍制度改革的实施意见”真正落到实处，建立城乡统一的新型户籍管理制度，循序渐进地剥离附属在户籍上的社会福利待遇。范晓明、陈晨在《浅析京津冀一体化之警务大数据建设》（2015）中指出，作为一项系统工程，京津冀警务深度合作任重道远，以警务大数据为平台，“科技＋合作”双驱动模式无疑是京津冀警务快速融合的一剂良方，警务大数据在犯罪预防、快速响应方面优势明显、前景广阔，将有效提升京津冀警务合作的质量和效率。吴志强基于京津冀一体化的现状，在《创新新形势下首都消防工作服务京津冀一体化协同发展》（2015）一文中强调指出，京津冀一体化协同发展，是党中央、国务院作出的重大战略决策，是社会经济发展的国家重要战略。首都消防部队必须主动作为、超前谋划、锐意进取，主动将消防工作融入经济发展大局谋划推进，全方位推进京津冀区域消防警务深度合作，立足长远统筹推进公共消防基础建设，着力健全优质高效群众满意的消防管理体系。郭其云、陈震、夏一雪等人在《基于京津冀一体化的应急救援联动机制》（2015）中提出，为构建京津冀应急救援力量协同体系，应建立以消防部队为主体的应急救援联动机制，成立京津冀重大灾害应急管理委员会，设立常设化的实体机构。并初步探索了京津冀应急救援力量管理体系的建立原则和体系结构，分别从战勤保障、专家技术支持以及通信保障等跨区域作战的主要问题阐述了京津冀消防部队联合作战的可行性及需要注意的问题。提出从补偿制度、联席会议制度、经费保障制度、官员问责制度等方面完善制度建设。伍先江在《京津冀一体化视角下流动人口服务管理问题研究》（2015）一文中，分析了京津冀流动人口服务管理工作现状，指出京津冀流动人口服务存在的问题，提出在京津冀一体化背景下，流动人口服务管理应该贯彻“六个一”，即一个服务管理体制、一个综合服务管理信息系统、一个统一管理平台、一支流动人口管理队伍、一个流动人口居住证、一个信息共享和业务协作机制。靳高风在《京津冀一体化进程中社会治安问题及对策思考》（2015）中提出，坚持社会治理的系统治理、源头治理的原则，通过这种统一化和整体化，减少城镇化、工业化进程中的盲目性、无计划性和分割性，进而来减少产生未来社会治安恶化问题的源头性因素，以避免京津冀一体化过程中的社会治安问题。李宁在《护航京津冀协同发展推动京津冀警务融合——充分发挥首都公安机关在疏解北京非首都功能进程中的作用》（2015）中提出，在有序疏解北京非首都功能、逐步实现京津冀区域一体化的进程中，要充分发挥公安机关职能作用，自觉地为京津冀协调发展主动护航、高效护航、全程护航、全面护航，通过提前准备、互通共享、责任共担、系统对接、积极引导、有效疏解等方式共同加强对三地社会治安防范力量的业务指导、组织引导和督促检查，加强隐患排除和安全保障。

二、目前理论研究存在的局限性

以上理论研究虽然从不同的方面指出了京津冀协同发展框架下公安工作存在的问题并进行了对策分析，但从某种程度上说却具有很大的局限性，具体体现在：

一是从研究方向来看，大部分研究仍然局限在经济层面上讨论京津冀协同发展的相关问题，尚未上升到单独的警务发展层面。如杨文杰教授的《京津冀协同发展背景下影响河北省流动人口经济融合度相关因子的实证分析》一文，其重点在于研究影响河北省在京津冀协同发展背景下的流动人口经济融合度问题，但却涉及了部分公安机关的户籍管理问题。

二是从研究内容来看，有关京津冀警务合作方面的研究，大多属于户籍、消防、边防等方面的内容，然而在日常的刑事侦查、治安管理等社会日常秩序的维护方面则有所欠缺。

三是从研究的深度来看，大部分仍然集中在理论层面上的研究，尚未上升到公安警务活动的实践层面上。

三、开展本课题应重点突破的问题

京津冀协同发展框架下的警务合作涉及方方面面的内容，既有交通、消防、边防等公安职能部门的内容，又有户籍、治安、侦查等日常警务方面的内容。本课题重在对“京津冀协同发展”框架下打防管控疏一体化警务合作机制相关概念、要素、范式、机制体系架构、运行规则等问题进行研究，在理论阐述上既有创新性，又于实践具有重要指导意义。经过统计，目前已有的在“京津冀一体化”框架下进行的研究基本都集中在经济领域，重点关注经济体制改革、宏观经济管理与可持续发展、环境科学与资源利用、工业经济、旅游、金融等问题，而有关的社会安全稳定问题却缺乏研究，关于警务合作的研究同样缺乏。本课题是这一领域研究的丰富和发展。另外，在目前的公安机关警务工作和理论研究中，只涉及了“打、防、管、控”四个部分，但是本课题在打防管控之外还提出了“疏”的观点，从研究内容上看又是一种创新。

四、基于京津冀协同发展框架下打防管控疏警务合作机制架构

稳定的区域环境是促进地区经济发展、政治和谐、社会繁荣、群众参与的重要保障。如何创造一个和谐稳定的区域环境，确保京津冀三地充分发挥当地的地理、资源和政策优势，顺应时代发展的潮流，缓和日益激化的社会矛盾和冲突，有效打击犯罪，维护社会治安稳定，公安机关扮演着重要的角色。京津冀协调发展是新时期新阶段中共领导集体充分立足中国国情，为深入贯彻落实科学发展观所作出的重大战略部署。三地公安机关应充分利用好京津冀协同发展这一重要平台，通过资源共享、警力互助、警务协作、联勤联动等方式有计划地开展警务技术合作，形成优势互补、互利共享、安全高效、责任共担的跨区域打击犯罪新机制。目前，在当地政府的支持下，京津冀三地的警务合作已基本成型，合作成果也初见成效。如2014年4月23日，京津冀警航区域合作会在北京召开，三地公安机关在协商一致的情况下签订了《京津冀警务航空合作机制框架协议》，建立了全国首个警航区域合作平台，推进了京津冀一体化协作发展。会后，三地警方多警种联合举行了一场陆空协同的反恐演练，收效甚好。2015年10月23日，河北省“全省公安队伍正规化建设现场推进会”在廊坊市召开，廊坊警方在警务实战中与京津警方对标，目前在京津冀（廊坊）区域警务合作中，已形成反恐防暴、警务协作、情报共享、联勤联动、教育培训五大公安队伍建设机制。

京津冀协同发展框架下社会安全稳定打防管控疏一体化警务合作机制正是京津冀三地警方依托当前的地理、资源和政策优势，抓机遇、迎挑战、创新社会治理举措、全面维护社会和谐稳定的重要战略举措。传统的社会治理模式即打防管控一体化的社会治安防控体系，它集打击、防范、管理和控制为一体，是公安机关从预防和制止违法犯罪，维护社会治安稳定，促进社会公平正义，服务经济社会发展的神圣职责使命出发，充分发挥职能作用，综合运用各种手段、措施、方法和力量，对社会治安问题所进行的打击、防范、管理和控制的系统和机制。目前这一一体化防控体系已逐步完善，形成了以110为龙头、以交巡警管线、派出所控片、警务区守点、群防群治组织看家护院，警民结合，动静结合，点线面结合，人防、物防、技防结合，统一指挥、快速反应、打击

有力、防范严密的社会治安防控网，有效地维护了地区稳定。[①] 新时期、新阶段随着社会经济的快速发展、开放程度的不断提高，跨区域流窜犯罪、外来人员犯罪以及不法人员城乡跳跃、交叉作案等犯罪现象尤为常见。然而由于政府部门更新发展缓慢、适应能力弱、各项监管措施不到位等导致社会矛盾斗争激烈，跨区域犯罪频发。传统的打防管控一体化的弊端也逐渐显现出来，打击、防范、管理、控制，这些仅仅是从表面上根治社会问题，要想从根本上解决问题，疏导是必不可少的。何为疏？疏者，通也，疏字本义为清除堵塞，使其畅通。笔者认为，通常情况下，人们采取各项措施的最终目的都是防止不好的情况发生，即任何行为最终都可归结为一个目的：防范。同样，疏的目的也在于防范，属于防的一种。然而由于其在社会治理中的特殊重要地位，且又往往得不到人们的有效重视，因而我们把它单列出来，提高到与打防管控并重的地位。社会问题同样如此。当出现社会问题时，单纯依靠管理和惩罚措施来治理是不够的，后续的疏导工作同样尤为重要。如对于那些扰乱社会治安秩序，危害人民生命财产安全的违法分子来说，在经过法律的制裁，行政的处罚，社会的道德舆论谴责之后，如何通过有计划的心理疏导以及必要的帮助，来保障这些不法分子服刑之后的生活，防止他们重新走上违法犯罪道路，是极为重要的。此外，公安机关是具有武装性质的暴力机关，是我国人民民主专政的重要工具，担负着维护社会大局稳定，促进社会公平正义，保障人民安居乐业的神圣使命。群体性矛盾是新形势下的人民内部矛盾的特殊表现形式，针对当前群体性事件多发的状况，公安机关必须综合运用各种方法，如社会教育、媒体导向等，建立健全思想工作社会化、疏导工作经常化、矛盾化解规范化等疏导和化解群体性矛盾的工作运行机制。[②] 可见疏导工作在公安工作中所发挥的重要作用。京津冀协同发展框架下的警务机制合作面临着方方面面的问题，任何一个小的方面问题未能得到及时有效地解决就有可能产生更大的连锁反应。而其中的打防管控疏一体化警务合作机制的建立，就必须依靠相应的配套措施来保障实施。完善京津冀协同发展框架下的打防管控疏警务合作机制架构应重点建设九大机制：

（一）领导决策常态机制

区域间的警务合作要在中央公安机关和各地方党委、政府领导力度加大的

---

① 戴艳梅、孟立君、陈俊旭：《京津冀协同发展背景下的河北公安边防工作研究》，载《第九届河北省社会科学学术年会论文集》经济科学出版社 2014 年版。

② 杨文杰：《京津冀协同发展背景下影响河北省流动人口经济融合度相关因子的实证分析》，载《第七届河北省社会科学博士论坛文集·京津冀协同发展研究》经济科学出版社 2014 年版。

情况下，特别注意强调各区域警务活动的主体地位，更加突出警务活动主体在跨区域警力资源配置中的基础性作用。[①] 京津冀协同发展框架下的区域警务合作机制要想有效运行，首先，必须建立一个以公安部为龙头的权威性领导决策机构进行统筹领导。其次，由于京津冀警务合作机制涉及方方面面，有突发性警务合作机制也有长效性警务合作机制，有战略层面的也有战术层面的，有资金和技术方面的合作也有人才和业务方面的合作，因而必须建立一套长效的运行机制，统筹协调，责任明确、科学决策，这样才能保证这一制度得以顺利实施。

（二）固化联席会议机制

所谓联席会议，是指由某个团体或组织自愿发起的、自由参与的会议，旨在通过召开联席会议的形式，加强联系与沟通，相互学习借鉴经验，研究探索新经验、新方法。从公安实践来看，联席会议应定义为：没有隶属关系但有工作联系的公安机关，为了解决法律没有规定或规定不够明确的问题，或者针对该地区某类突发的社会治安问题或违法犯罪问题，由一方或多方牵头，以召开会议的形式，在充分发扬民主的基础上，达成共识，形成具有约束力的规范性意见，用以指导工作，解决问题。京津冀三地警方的日常警务合作并非一帆风顺，三地警方在涉及自身利益时往往会消极应对，怠于合作，这就需要建立一套有效的联席会议机制为三地警方提供一个平等协商、相互沟通的平台。此外，联席会议可采用轮流制，即由三地公安厅厅长或市长轮流担任主席，其他厅长或市长任副主席，设立一定的任期，一般一年左右，由轮值主席根据当地维稳形势和任务职责提议与召开，紧急情况下也可由副主席向主席提出请求，建议召开会议，这样既可以确保各项工作任务落实到位，也可以根据形势的发展变化灵活应对。

（三）警务信息沟通共享机制

随着科学技术的迅猛发展，互联网以其海量信息、快速传播、超地域性以及实时共享等优势快速进入人们的生活并逐渐成为一种不可或缺的信息和沟通渠道。网络新媒体的普及使得信息的快速传递和共享成为协作治理地区稳定的重要因素。目前京津冀三地警方受地域、观念等因素导致合作各方之间的信息不对称，未能充分发挥信息资源的战略性价值。因此，必须进一步完善三地的

① 范晓明、陈晨：《浅析京津冀一体化之警务大数据建设》，载《北京警察学院学报》2015 年第 6 期。

警务信息沟通渠道，打破警种、部门、地域之间的信息“壁垒”与限制，[①] 规范警务信息的收集、整合、共享机制以及信息流程管理机制，形成优势互补、互利共享、安全高效、责任共担的跨区域打击犯罪新机制。

（四）专业人才库异地联通机制

当今世界各国之间综合国力的竞争日益发展成为科技和人才的竞争。专业人才是指在某一方面拥有突出技能、业务精湛的特殊人才。跨区域警务合作中同样也要重视专业人才的特殊贡献，实现现有警力资源的效用最大化。京津冀三地警方应积极探索建立京津冀地区警务一体化的高端人才专家库、社会应急救援人力资源中心库，适时调用有关专家参与一些诸如处突活动的处置指导。特别是当制定一些警务合作的重大决策时，应通过邀请有关专家学者出席会议，[②] 集思广益，提高决策的科学性和民主性，同时还可以防止公安机关的政策失误，实现最大的社会效益。通过建立专业人才互通机制，实现优势互补、资源共享，发挥区域资源的最大效用功能。

（五）社会安全风险预警通报机制

城镇化加剧了社会的不安定因素，城市又处于各种公共事件发生的最前沿，因此区域警务合作必须要重视如何应对突发公共事件这一重大课题。当前应根据《中华人民共和国突发事件应对法》及国务院颁布的《国家突发公共事件总体应急预案》等相关法律法规，在此基础上，加快建立三地重大突发事件的风险评估机制、协调指挥机制、应急处置机制等，既要及时掌控影响地区稳定的群体性事件及灾害苗头，加强态势研判和风险评估，从源头治理，防止发生连锁反应，[③] 又要提前制定应急预案，使得事件发生时能够积极组织区域警力资源从容高效应对，切实提高实战能力。

（六）重大活动安保联勤互助机制

安保，全称保卫安全，有平安、安全、安定、使平安无事等含义。目前，各国警察把保卫保护重要任务或保卫重点活动等行为称为安保。在一些特殊节日、重大事件或者有重要人物出席时，各地区往往会通过区域间的联防协作，在重点人员防控、重大案件侦控、危险物品和车辆查控等方面提高安保成效，

---

① 吴志强：《创新新形势下首都消防工作服务京津冀一体化协同发展》，载《中国消防》2015 年第 12 期。

② 郭其云、陈震、夏一雪等：《基于京津冀一体化的应急救援联动机制》，载《消防科学与技术》2015 年第 34 卷第 11 期。

③ 郭其云、陈震、夏一雪等：《基于京津冀一体化的应急救援联动机制》，载《消防科学与技术》2015 年第 34 卷第 11 期。

以期共同完成重大安保任务，确保区域安全稳定。① 北京作为全国政治中心，承担着多种世界性、区域性、全国性的大型活动或会议的安保工作，天津、河北作为北京的重要战略功能区，在面临一些重大安保工作时自然是首当其冲与北京通力合作，共同完成安保任务，确保警务工作的顺利开展。

（七）跨区域犯罪协同配合机制

网上跨区域流动人口在促进涌入地经济发展、社会进步、文化交融的同时，也引发了一系列的不安定因素。跨区域犯罪案件的频发导致社会治安形势日益严峻，传统的、封闭式的社会自治模式已无法适应新的社会发展需求，为有效打击跨区域犯罪，维护京津冀地区和谐稳定，促进当地经济平稳快速发展，京津冀三地警方应加强跨区域犯罪的协同配合、互查共破机制。主要内容包括协查案件线索、协抓犯罪嫌疑人、协助案件取证、网上协作配合、快速应急反应和联合行动等。②

（八）联合警务实战演练机制

公安部党委提出的大力推进基础信息化、警务实战化、执法规范化、队伍正规化建设的“四项建设”，是当前和今后一个时期进一步加强和改进公安工作和队伍建设的重要战略思路。警务实战化，使训练全面对接实战、无缝融入实战，不断增强实战本领是确保公安机关临危不乱、全面充分有效地发挥其维稳服务职能的重要保证，必须确保警务实战演练的常规化。目前京津冀警方对于警务实战演练极为重视，如 2014 年 4 月京津冀三地警方多警种联合举行了一场陆空协同的反恐演练，收效甚好。

（九）创新社会治安群防群治机制

群防群治是群众性、互助性自防自治活动的简称。具体来说，是指在各级党委、政府以及专门机关的领导指挥下，群众自己组织起来，预防和治理违法犯罪活动，维护所在地区、单位治安稳定的一种自发性活动，是社会治安综合治理工作的一项重要工作原则，是公安机关专门工作与群众路线相结合的重要战略举措。群众在实施社会治安群防群治活动中必须听从派出所或民警指挥，在民警或治安员的带领下，做好巡逻看护、情报信息收集等群防群治工作。此外，对于公安机关所布置的工作任务一定要认真完成，发现各种安全隐患和违法犯罪情况时一定要及时向值班民警汇报。

---

① 伍先江：《京津冀一体化视角下流动人口服务管理问题研究》，载《京津冀协同发展的共赢之路》，当代中国出版社 2015 年版。

② 伍先江：《京津冀一体化视角下流动人口服务管理问题研究》，载《京津冀协同发展的共赢之路》，当代中国出版社 2015 年版。

京津冀协同发展框架下社会安全稳定打防管控疏一体化警务合作机制的建立，是全面深化公安改革、顺应时代发展潮流、创新社会治理机制的重大决策，三地公安机关必须予以高度重视。此外，还应通过权威性的领导决策机制、联席会议协调机制、情报信息共享机制、专业人才互通机制、重大安保互助机制、突发事件共处机制、跨区域犯罪治理协同配合机制、联合警务实战演练机制、社会治安群防群治机制等相应的配套措施予以保障。

参考文献：

[1] 靳高风：《京津冀一体化进程中社会治安问题及对策思考》，载《京津冀协同发展的共赢之路》，当代中国出版社2015年版。

[2] 李宁：《护航京津冀协同发展推动京津冀警务融合——充分发挥首都公安机关在疏解北京非首都功能进程中的作用》，2016年1月公安改革创新奖优秀论文。